WISSEN FÜR DIE PRAXIS

Weiterführend empfehlen wir:

**FOKUS Sozialrecht**
www.fokus-sozialrecht.de

Weitere Titel unter: www.WALHALLA.de

Wir freuen uns über Ihr Interesse an diesem Buch. Gerne stellen wir Ihnen zusätzliche Informationen zu diesem Programmsegment zur Verfügung.

Bitte sprechen Sie uns an:

E-Mail: WALHALLA@WALHALLA.de

http://www.WALHALLA.de

WALHALLA Fachverlag · Haus an der Eisernen Brücke · 93042 Regensburg

Telefon 0941 5684-0 · Telefax 0941 5684-1 11

WALHALLA

Thomas Knoche

# Grundlagen – SGB II: Bürgergeld, Grundsicherung für Arbeitsuchende

## Textausgabe mit praxisorientierter Einführung

3., neu bearbeitete Auflage

**Bibliografische Information der Deutschen Nationalbibliothek**
Die Deutsche Nationalbibliothek verzeichnet diese Publikation in der Deutschen Nationalbibliografie; detaillierte bibliografische Daten sind im Internet über www.dnb.de abrufbar.

Zitiervorschlag:
**Thomas Knoche,** Grundlagen – SGB II: Grundsicherung für Arbeitsuchende
Walhalla Fachverlag, Regensburg 2023

3., neu bearbeitete Auflage

**Hinweis:** Unsere Werke sind stets bemüht, Sie nach bestem Wissen zu informieren. Alle Angaben in diesem Buch sind sorgfältig zusammengetragen und geprüft. Durch Neuerungen in der Gesetzgebung, Rechtsprechung sowie durch den Zeitablauf ergeben sich zwangsläufig Änderungen. Bitte haben Sie deshalb Verständnis dafür, dass wir für die Vollständigkeit und Richtigkeit des Inhalts keine Haftung übernehmen.
Bearbeitungsstand: Januar 2023


Produktion: Walhalla Fachverlag, 93042 Regensburg
Umschlaggestaltung: grubergrafik, Augsburg
Printed in Germany
ISBN 978-3-8029-7248-5

# Schnellübersicht

# Vorwort

Zum 01.01.2005 wurden die Regelungen der früheren Arbeitslosenhilfe und Sozialhilfe für erwerbsfähige Hilfebedürftige zu einer Grundsicherung für Arbeitsuchende – geregelt im Zweiten Buch Sozialgesetzbuch (SGB II) – zusammengeführt. Erwerbsfähige und deren Angehörige erhalten seitdem Leistungen auf der Grundlage des SGB II, wenn sie ihren Bedarf wegen Arbeitslosigkeit oder zu niedrigem Erwerbseinkommen nicht aus eigenen Mitteln oder durch die Hilfe anderer decken können.

Seit Schaffung dieser sogenannten Hartz IV-Regelung gibt es eine Flut von Widersprüchen, Klagen und Gerichtsentscheidungen, die wiederum in Gesetzesänderungen und -reformen fließen. Seit Inkrafttreten wurde das SGB II bereits über 70 Mal geändert.

Die seit Ende 2021 regierende Ampelkoalition wollte eine grundlegende Änderung des SGB II mit der Einführung des Bürgergelds. Zum 01.01.2023 wurde das Bürgergeldgesetz im Bundesgesetzblatt verkündet. Ob es sich hierbei tatsächlich um einen Paradigmenwechsel handelt oder eine Auffrischung von Hartz IV, darüber sind die Meinungen geteilt. Das Gesetzgebungsverfahren geriet Ende 2022 ins Stocken, nachdem die CDU-geführten Länder dem Bürgergeld die Zustimmung verweigerten. Da die Neuordnung des SGB II aber nach dem Willen der Ampelkoalition auf jeden Fall zum 01.01.2023 in Kraft treten sollte, musste sie im Vermittlungsausschuss weitgehend den Forderungen der Opposition nachgeben. Damit entfällt die Einführung einer sechsmonatigen „Vertrauenszeit", während der keine Leistungen gemindert werden können. Außerdem wurde die Pläne zur Erhöhung des Schonvermögens deutlich gekürzt, von 60.000 auf 40.000 Euro, sowie von 30.000 Euro auf 15.000 Euro für jedes weitere Haushaltsmitglied. Dazu kommt die Verkürzung der „Karenzzeit" von zwei auf ein Jahr, in der weder das Schonvermögen noch die Angemessenheit der Wohnung überprüft wird. Die mit dem Bürgergeld auf den Weg gebrachte Erhöhung der Regelsätze wurde wie geplant umgesetzt.

Teile des Bürgergeldgesetzes treten erst zum 01.07.2023 in Kraft. Darauf wird im Text jeweils hingewiesen. Im Gesetzestext des SGB II finden Sie Passagen die ab 01.07.2023 gelten kursiv abgedruckt.

Den zuständigen Behörden ist es bis zum 30.06.2023 erlaubt, für den Begriff Bürgergeld auch den Begriff „Arbeitslosengeld II" oder „Sozialgeld" zu verwenden (vgl. die Übergangsregelung in §65 Abs. 9 SGB II). Diese Begriffe sind bis dahin also nicht falsch und werden sicher noch einige Zeit in Formularen und Behördenschreiben auftauchen. Wir haben bereits jetzt in der Einführung durchgängig den Begriff „Bürgergeld" verwendet.

Auch mehr als achtzehn Jahre nach Einführung der Grundsicherung für Arbeitsuchende ist die Rechtslage also stetig im Fluss. Hilfreich ist es daher, auf eine Textausgabe zurückgreifen zu können, die nicht nur die Vorschriften beinhaltet, sondern darüber hinaus in einer aktuellen Einführung einen praxisorientierten Überblick zur Bedeutung und Tragweite der wesentlichen Neuregelungen vermittelt.

*Thomas Knoche*

## Abkürzungen

| | |
|---|---|
| Abs. | Absatz |
| Alg II-V | Arbeitslosengeld II/Sozialgeldverordnung (bis 31.12.2022; ab 01.01.2023 Bürgergeld-Verordnung) |
| Az. | Aktenzeichen |
| BA | Bundesagentur für Arbeit |
| BAföG | Bundesausbildungsförderungsgesetz |
| BGBl. | Bundesgesetzblatt |
| BKGG | Bundeskindergeldgesetz |
| BSG | Bundessozialgericht |
| BVerfG | Bundesverfassungsgericht |
| KdU | Kosten der Unterkunft |
| ff. | fortfolgende |
| mtl. | monatlich |
| RB | Regelbedarf |
| RBEG | Regelbedarfsermittlungsgesetz |
| RBS | Regelbedarfsstufe |
| RBSFV | Regelbedarfsstufen-Fortschreibungsverordnung |
| SGB I | Sozialgesetzbuch – Zweites Buch (Allgemeine Vorschriften) |
| SGB II | Sozialgesetzbuch – Zweites Buch (Bürgergeld, Grundsicherung für Arbeitsuchende) |
| SGB III | Sozialgesetzbuch – Drittes Buch (Arbeitsförderung) |
| SGB V | Sozialgesetzbuch – Fünftes Buch (Gesetzliche Krankenversicherung) |
| SGB VI | Sozialgesetzbuch – Sechstes Buch (Gesetzliche Rentenversicherung) |
| SGB X | Sozialgesetzbuch – Zehntes Buch (Verwaltungsverfahren und Datenschutz) |
| SGB XII | Sozialgesetzbuch – Zwölftes Buch (Sozialhilfe) |

## Übersicht zu den Leistungsgrundsätzen des SGB II

Seit 01.01.2005 erhalten alle bedürftigen Erwerbsfähigen und ihre Angehörigen Leistungen nach dem Zweiten Buch Sozialgesetzbuch (SGB II); wer Leistungsberechtigter ist, ist in Kapitel 2 beschrieben.

Diese Grundsicherung für Arbeitsuchende soll es Leistungsberechtigten ermöglichen, ein Leben zu führen, das der Würde des Menschen entspricht.

Es gilt der Grundsatz des Forderns (§ 2 SGB II) und Förderns (§ 14 SGB II):

- Gefordert wird von den Leistungsberechtigten und von den mit ihnen zusammenlebenden Personen, dass sie selber aktiv werden, um ihre Hilfebedürftigkeit zu verringern oder zu beenden. Beispiele sind die Bereitschaft, bei der Erstellung einer Eingliederungsvereinbarung (bis 30.06.2023) oder eines Kooperationsplans (ab 01.07.2023) mitzuarbeiten oder die Inanspruchnahme vorrangiger Leistungen. Tun sie das nicht, kann dieser Verstoß gegen die Mitwirkungspflichten Konsequenzen haben (siehe dazu Kapitel 5).
- Die Träger der Leistungen nach diesem Buch unterstützen erwerbsfähige Leistungsberechtigte umfassend mit dem Ziel der Eingliederung in Arbeit. Dabei soll die Grundsicherung dazu beitragen, die Hilfebedürftigkeit der betroffenen Personen zu beenden oder zumindest zu verringern – insbesondere durch Beratungsleistungen, Leistungen zur Eingliederung in Arbeit sowie durch finanzielle Leistungen zur Sicherung des Lebensunterhalts (siehe dazu ausführlich Kapitel 3 und 4).

### Beratungsleistungen

Nach § 14 SGB II sollen die Jobcenter beraten

- zu Selbsthilfeobliegenheiten und Mitwirkungspflichten,
- zur Berechnung der Leistungen zur Sicherung des Lebensunterhalts
- zur Auswahl der Leistungen im Rahmen des Eingliederungsprozesses.

Die Jobcenter sollen bei der Gestaltung ihres Beratungskonzepts auch Beratungsleistungen berücksichtigen, die die Leistungsberechtigten von den Agenturen für Arbeit nach dem Dritten Buch Sozialgesetzbuch (SGB III) erhalten. Die Jobcenter werden zugleich verpflichtet, bei der Wahrnehmung ihres Beratungsauftrags eng mit den für die Arbeitsförderung zuständigen Dienststellen der Bundesagentur für Arbeit zusammenzuarbeiten.

Dies gilt insbesondere für:

- Berufsberatung, einschließlich einer Weiterbildungsberatung (§§ 29 ff. SGB III)
- Eignungsfeststellung (§ 32 SGB III)
- Berufsorientierung (§ 33 SGB III)

**Bürgergeld ab 01.07.2023**
In der Neufassung des § 14 SGB II wird die eigenständige Funktion der Beratung als Unterstützungsleistung für die Leistungsberechtigten und deren Erreichung der Ziele des SGB II, bzw. einzelne Fortschritte in diese Richtung, klargestellt. Beratung umfasst auch Auskunft und Rat zum Kooperationsplan, zur Kooperationszeit sowie zum mit dem Bürgergeld neu eingeführten Schlichtungsverfahren.

Die Berater der Jobcenter sollen Auskunft geben

- über die Berechnung der Leistungen zur Sicherung des Lebensunterhalts,
- zu den anderen möglichen Eingliederungsleistungen sowie
- zur Möglichkeit der Inanspruchnahme von Leistungen anderer Träger.

### Leistungen zur Eingliederung in Arbeit

Bei der Beantragung von Leistungen sollen vom Jobcenter unverzüglich Leistungen zur Eingliederung in Arbeit erbracht werden (§ 3 Abs. 2 SGB II). Es soll also ein „Sofortangebot" unterbreitet werden, um den Betroffenen unverzüglich in Arbeit oder bei fehlendem Berufsabschluss in Ausbildung zu vermitteln.

Dafür soll es für jeden Leistungsberechtigten einen persönlichen Ansprechpartner bei der Agentur für Arbeit geben (§ 14 SGB II).

Mit jedem Leistungsberechtigten wird eine Eingliederungsvereinbarung (§ 15 SGB II) abgeschlossen, die bestimmen soll

- welche Leistungen er erhält,
- wie die Eigenbemühungen aussehen müssen,
- welche anderen Sozialleistungen eventuell noch infrage kommen.

**Bürgergeld ab 01.07.2023**
Die Vorschriften zur Eingliederungsvereinbarung gelten nur bis 30.06.2023. Ab 01.07.2023 wird dieses Institut ersetzt durch einen Kooperationsplan. Der Kooperationsplan soll der „rote Faden" für die Arbeitssuche sein; er wird gemeinschaftlich von Jobcenter-Beschäftigten und Bürgergeld-Beziehenden erarbeitet und soll dann in verständlicher Sprache niedergeschrieben werden.

Anders als die formale Eingliederungsvereinbarung ist der Kooperationsplan für beide Seiten rechtlich unverbindlich und bietet selbst keine Grundlage für den Eintritt von Leistungsminderungen; so wird es deshalb auch keine Rechtsbehelfsbelehrung in einem Kooperationsplan geben. Er wird auf seine wesentliche Funktion als Instrument zur kooperativen Planung des Integrationsprozesses konzentriert. Die Zusammenarbeit soll mit einem Verfahren zur Ermittlung der Kompetenzen des Hilfesuchenden beginnen (Potenzialanalyse).

Für Konfliktfälle im Zusammenhang mit der Erstellung, Durchführung oder Fortschreibung eines Kooperationsplans wird ein Schlichtungsverfahren eingeführt (§ 15a SGB II). An dem Schlichtungsverfahren soll eine unabhängige, nicht weisungsgebundene Person teilnehmen. Das Schlichtungsverfahren muss nach spätesetens vier Wochen beendet sein. Während des Schlichtungsverfahrens sind Sanktionen ausgeschlossen.

Als Eingliederungsleistung stehen – je nach Vorliegen der Voraussetzungen – zur Verfügung:

- Einstiegsgeld (§ 16b SGB II)
- Eingliederung Selbstständiger (§ 16c SGB II)
- Arbeitsgelegenheiten (sog. Ein-Euro-Jobs) (§ 16d SGB II)
- Beschäftigungszuschuss zur Eingliederung von Langzeitarbeitslosen (§ 16e SGB II)
- Freie Förderung (§ 16f SGB II)
- Förderung bei Wegfall der Hilfebedürftigkeit (§ 16g SGB II)

- Förderung schwer zu erreichender junger Menschen (§ 16h SGB II)
- Lohnkostenzuschuss für einen „sehr arbeitsmarktfernen" Personenkreis (§ 16i SGB II)

Kommunale Leistungen können darüber hinaus sein (§ 16a SGB II):

- Betreuung minderjähriger/behinderter Kinder
- häusliche Pflege von Angehörigen
- Schuldnerberatung
- psychosoziale Betreuung
- Suchtberatung.

Für Erwerbsfähige stehen neben diesen Leistungen auch alle wesentlichen Eingliederungsleistungen des SGB III zur Verfügung (siehe Katalog in § 16 SGB II).

**Bürgergeld ab 01.07.2023**
Zum 01.07.2023 werden weitere Leistungen eingeführt:

- Erwerbsfähige Leistungsberechtigte erhalten unter bestimmten Voraussetzungen einen sogenannten Bürgergeldbonus in Höhe von 75 Euro monatlich, wenn sie eine berufliche Weiterbildung, Qualifizierung machen (§ 16j SGB II).
- Die Jobcenter können ein Coaching (sog. ganzheitliche Betreuung) bewilligen, um Bürgergeldbeziehende für eine Ausbildung oder Beschäftigung zu befähigen (§ 16k SGB II).

**Leistungen zur Sicherung des Lebensunterhalts**

Die finanzielle Grundsicherung teilt sich in folgende Leistungsbereiche auf:

- Bürgergeld (vormals Arbeitslosengeld II) für erwerbsfähige Leistungsberechtigte
- Bürgergeld für nicht erwerbsfähige Leistungsberechtigte, die mit dem Erwerbsfähigen in einer Bedarfsgemeinschaft leben (vormals Sozialgeld)
- Mehrbedarfe
- Einmalbedarfe
- Sonderbedarfe

- Leistungen zur Bildung und Teilhabe (Bildungspaket)
- Kosten und Unterkunft für Leistungsberechtigte (KdU)
- Abweichende Leistungserbringung, dazu gehören
  - Leistungen bei medizinischer Rehabilitation aus der Rentenversicherung und bei Anspruch auf Verletztengeld nach der Unfallversicherung,
  - Zuschuss zu Versicherungsbeiträgen
  - Leistungen für Auszubildende

Diese Leistungen stehen unter dem Vorbehalt der Anrechnung von Einkommen und Vermögen (siehe dazu Kapitel 2).

Leistungen zur Sicherung des Lebensunterhalts sind in Kapitel 3 ausführlich beschrieben. Zu den Existenzsicherungsleistungen gehören auch die Kosten für das Wohnen; sie sind in Kapitel 4 beschrieben.

# Anspruchsvoraussetzungen



2

## Leistungsberechtigte

Leistungen nach dem SGB II erhalten gem. § 7 SGB II Personen, die

2

- zwischen 15 Jahre und Erreichen der Altersgrenze (§ 7a SGB II) alt sind,
- erwerbsfähig sind (§ 8 SGB II),
- hilfebedürftig sind (§ 9 SGB II)
- und ihren gewöhnlichen Aufenthalt in Deutschland haben.

Ebenfalls berechtigt zum Erhalt von Leistungen (Sozialgeld) sind Personen, die mit dem Hilfebedürftigen in einer Bedarfsgemeinschaft leben.

**Bürgergeld ab 01.07.2023**
Die Erreichbarkeit ist ab 01.07.2023 eine weitere Anspruchsvoraussetzung zum Erhalt von Leistungen nach dem SGB II. Näheres regelt dann § 7b SGB II.

### Was ist eine Bedarfsgemeinschaft?

Zur Bedarfsgemeinschaft gehören

- der erwerbsfähige Leistungsberechtigte selbst,
- im Haushalt lebende Eltern oder ein Elternteil eines minderjährigen, unverheirateten, erwerbsfähigen Kindes sowie der im Haushalt lebende Partner dieses Elternteils,
- der Ehegatte oder Lebenspartner, wenn er nicht dauernd von ihm getrennt lebt,
- eine Person, die mit dem erwerbsfähigen Leistungsberechtigten in einem gemeinsamen Haushalt so zusammenlebt, dass nach verständiger Würdigung der wechselseitige Wille anzunehmen ist, Verantwortung füreinander zu tragen und füreinander einzustehen,
- die dem Haushalt angehörenden minderjährigen, unverheirateten Kinder des erwerbsfähigen Leistungsberechtigten oder seines Partners, soweit sie kein eigenes Einkommen haben.

Zur Bedarfsgemeinschaft zählen auch nur zeitweise im Haushalt eines Hilfeempfängers lebende Kinder, die ihren Lebensmittelpunkt beim geschiedenen Ehepartner haben, jedoch in den Zeiten, in denen der

Hilfeempfänger sein Umgangsrecht ausübt, höhere Lebenshaltungskosten verursachen (sog. temporäre Bedarfsgemeinschaft). Die Ausübung des Umgangsrechts kann in vielfältiger Form erfolgen: Vom „Wechselmodell" (das Kind ist die Hälfte der Zeit bei der umgangsberechtigten Person) bis hin zum Aufenthalt an Wochenenden und in den Ferien sind viele Varianten denkbar. In all diesen Fällen besteht ein Anspruch entsprechend der Dauer des Aufenthalts.

Die Partner müssen nicht verheiratet sein; das Vorliegen einer eheähnlichen Lebensgemeinschaft führt zu einer Bedarfsgemeinschaft. Nach § 7 Abs. 3 Nr. 3c SGB II wird vermutet, dass eine eheähnliche oder lebenspartnerschaftsähnliche Gemeinschaft besteht, wenn nach verständiger Würdigung der wechselseitige Wille der Partner anzunehmen ist, dass sie Verantwortung für einander tragen und für einander einstehen. Diese Kriterien, bei deren Vorliegen das Bestehen einer Einstehensgemeinschaft vermutet wird, greifen die Vorgaben des Bundesverfassungsgerichtes auf. Dazu gehören insbesondere die Dauerhaftigkeit und Kontinuität der Beziehung, das Bestehen einer Haushalts- und Wirtschaftgemeinschaft sowie die gemeinsame Versorgung von Angehörigen und Kindern (§ 7 Abs. 3a SGB II).

**Wichtig:** Aufgrund der gesetzlichen Vermutung in § 7 Abs. 3a SGB II muss der Antragsteller beweisen, dass trotz Vorliegen eines dieser Indizien keine eheähnliche Lebensgemeinschaft vorliegt.

Wer zur Bedarfsgemeinschaft gehört, ist also zum Leistungsbezug berechtigt. Kehrseite der Medaille ist, dass deren Einkommen und Vermögen zur Prüfung der Hilfebedürftigkeit der Bedarfsgemeinschaft zu berücksichtigen ist.

Jedes Mitglied der Bedarfsgemeinschaft muss sich – soweit er oder sie erwerbsfähig ist – um die Aufnahme einer Arbeit bemühen und so seinen Beitrag dazu leisten, so schnell wie möglich aus der Bedürftigkeit herauszukommen. Dies gilt insbesondere auch für bisher nicht Arbeit suchende Partner der Bezieher von Bürgergeld. Auch diesen Personen stehen alle Maßnahmen der Arbeitsvermittlung und Arbeitsförderung zur Verfügung. Im Gegenzug sind sie verpflichtet, jede zumutbare Tätigkeit, die ihnen angeboten wird, anzunehmen.

Einen eigenen Antrag auf Bürgergeld müssen die Partner grundsätzlich nicht stellen. Der Antragsteller vertritt in dieser Hinsicht die gesamte Bedarfsgemeinschaft (vgl. § 38 SGB II).

2

*Zur Abgrenzung: Haushaltsgemeinschaft*

Die Mitglieder einer Bedarfsgemeinschaft sind bei der Prüfung der Anspruchsberechtigung für Leistungen nach dem SGB II streng von Mitgliedern der Haushaltsgemeinschaft abzugrenzen.

Der Begriff ist weiter gefasst als derjenige der Bedarfsgemeinschaft. Zu einer Haushaltsgemeinschaft, nicht aber zu einer Bedarfsgemeinschaft, gehören beispielsweise:

- Großeltern und Enkelkinder
- Onkel/Tanten und Nichten/Neffen
- Pflegekinder und Pflegeeltern
- Geschwister, soweit sie ohne Eltern zusammenleben
- sonstige Verwandte und Verschwägerte
- nicht verwandte Personen, die im selben Haushalt leben

Leben Hilfebedürftige in einer Haushaltsgemeinschaft mit Verwandten oder Verschwägerten, wird widerlegbar vermutet, dass die Leistungsberechtigten von ihnen finanziell unterstützt werden. Dies gilt jedoch nur dann, wenn es nach deren Einkommen und Vermögen erwartet werden kann (§ 9 Abs. 5 SGB II).

Ist eine Person Mitglied einer Haushaltsgemeinschaft, ohne der Bedarfsgemeinschaft seiner Mitbewohner anzugehören, hat dies Auswirkungen auf die an die Bedarfsgemeinschaft zu zahlenden Kosten der Unterkunft.

**Beispiel:**

In einem Haushalt leben: Vater, Mutter, Großvater, Kind.

Der Großvater bezieht Leistungen zur Grundsicherung im Alter nach dem 4. Kapitel des SGB XII (§ 41 ff.). Die Miete beträgt 400 Euro. Der Großvater gehört der Haushaltsgemeinschaft, nicht aber der Bedarfsgemeinschaft an. Der auf ihn entfallende Mietanteil von 100 Euro kann nicht im Rahmen der Grundsicherung für Arbeitsuchende übernommen werden. Dieser Betrag ist bei Vorliegen der Voraussetzungen vom kommunalen Träger im Rahmen der Grundsicherung im Alter nach SGB XII zu zahlen. Eventuell hat der Großvater auch einen Anspruch auf Wohngeld.

# Erwerbsfähigkeit und Hilfebedürftigkeit



## Erwerbsfähigkeit

Erwerbsfähig nach § 8 SGB II ist, wer unter den üblichen Bedingungen des allgemeinen Arbeitsmarktes mindestens drei Stunden täglich erwerbstätig sein kann und nicht auf absehbare Zeit wegen Krankheit oder Behinderung daran gehindert ist. Es ist hier der rentenrechtliche Begriff der vollen Erwerbsminderung nach § 43 SGB VI bei der Prüfung der Erwerbsfähigkeit zugrunde zu legen.

Dies bedeutet, dass jeder erwerbsfähig ist, dessen volle Erwerbsminderung nicht festgestellt ist. Vorübergehende eingeschränkte Verfügbarkeit oder zeitweise Unzumutbarkeit der Erwerbstätigkeit schließt Erwerbsfähigkeit damit nicht aus. So können beispielsweise auch bedürftige Alleinerziehende einen Anspruch auf Bürgergeld und nicht auf Sozialhilfe haben.

Dies gilt auch bei vorübergehender Arbeitsunfähigkeit wegen Krankheit; diese schließt das Merkmal „Erwerbsfähigkeit" nicht aus.

Ein Arbeitsunfähigkeitsnachweis gegenüber den Jobcentern ist beispielsweise dann erforderlich, wenn Arbeitsgelegenheiten oder die Teilnahme an Eingliederungsmaßnahmen aus gesundheitlichen Gründen nicht wahrgenommen werden können. Berechtigte gelten dann als arbeitsunfähig, wenn sie krankheitsbedingt nicht länger als drei Stunden täglich arbeiten oder an einer Eingliederungsmaßnahme teilnehmen können (siehe § 2 Arbeitsunfähigkeits-Richtlinie).

Nach § 56 Abs. 1 Satz 1 SGB II sind erwerbsfähige Leistungsberechtigte verpflichtet, eine Arbeitsunfähigkeit sowie deren voraussichtliche Dauer unverzüglich anzuzeigen und nachzuweisen. Ein Verstoß gegen diese Pflicht darf nicht sanktioniert werden.

Diese Verpflichtung besteht unabhängig davon, ob der Grundsicherungsträger dem Leistungsberechtigten bereits ein konkretes Arbeitsangebot oder konkrete Maßnahmen zur Eingliederung in Arbeit gemacht hat. Eine AU-Bescheinigung hat im Bereich des SGB II auch den Zweck, dem Grundsicherungsträger im Vorfeld konkreter Arbeitsangebote oder konkreter Maßnahmen zur Eingliederung in Arbeit darüber zu informieren, dass der Leistungsberechtigte für den Zeitraum der krankheitsbedingten Arbeitsunfähigkeit nicht für Leistungen zur Eingliederung in Arbeit (§§ 14 ff. SGB II) zur Verfügung steht.

Die Agentur für Arbeit ist nach § 56 Abs. 1 Satz 2 bis 4 SGB II berechtigt, die Vorlage der ärztlichen Bescheinigung früher zu verlangen. Dauert die Arbeitsunfähigkeit länger als in der Bescheinigung angegeben, so ist der Agentur für Arbeit eine neue ärztliche Bescheinigung vorzulegen. Die Bescheinigungen müssen einen Vermerk des behandelnden Arztes darüber enthalten, dass dem Träger der Krankenversicherung unverzüglich eine Bescheinigung über die Arbeitsunfähigkeit mit Angaben über den Befund und die voraussichtliche Dauer der Arbeitsunfähigkeit übersandt wird. Zweifelt die Agentur für Arbeit an der Arbeitsunfähigkeit der oder des erwerbsfähigen Leistungsberechtigten, so kann sie den Medizinischen Dienst beauftragen, die Arbeitsunfähigkeit zu überprüfen nach § 275 SGB V.

### Hilfebedürftigkeit

Hilfebedürftig ist, wer seinen Lebensunterhalt nicht oder nicht ausreichend aus dem zu berücksichtigenden Einkommen oder Vermögen sichern kann und die erforderliche Hilfe nicht von anderen, insbesondere von Angehörigen oder von Trägern anderer Sozialleistungen, erhält (§ 9 Abs. 1 SGB II). Bei Personen, die in einer Bedarfsgemeinschaft leben, ist auch das Einkommen und Vermögen des Partners zu berücksichtigen (§ 9 Abs. 2 Satz 1 SGB II).

Wichtig in diesem Zusammenhang ist das sog. Nachrangprinzip. Das bedeutet, dass Hilfe nur erhält, wer weder durch Selbsthilfe, also durch Arbeit, Einkommen und Vermögen, seinen Unterhalt sichern kann, noch Hilfe von anderen, also Unterhaltsleistungen oder vorrangige Sozialleistungen (§ 12a SGB II), erhält oder erhalten kann.

Der Einsatz der eigenen Arbeitskraft bezieht sich auf zumutbare Arbeit, § 10 SGB II. Dem erwerbsfähigen Leistungsberechtigten ist jede Arbeit zumutbar, wenn kein wichtiger Grund entgegensteht.

*Zumutbare Arbeit*

Der Hilfeempfänger muss zur Überwindung seiner Notlage auch eine Arbeit aufnehmen, die sowohl von der Entlohnung wie auch qualitativ weit unter seiner bisherigen Tätigkeit oder Ausbildung liegt. Auch ungünstigere Arbeitsbedingungen oder ein weiter entfernter Beschäftigungsort können eine Unzumutbarkeit nicht begründen.

Dem erwerbsfähigen Leistungsberechtigten ist daher im Prinzip jede Arbeit zuzumuten, es sei denn, er ist seelisch, geistig oder körperlich zu der Arbeit nicht in der Lage. Außerdem darf die Arbeitsaufnahme nicht der Versorgung und Erziehung eines Kindes (im Regelfall bis zum dritten Lebensjahr) oder der Pflege von Angehörigen (Sicherstellung der Pflegeleistungen) entgegenstehen.



Auch darf die Arbeit nicht gegen Gesetz oder die guten Sitten verstoßen.

**Beispiel:**

Zwar machen untertarifliche Gehälter die Arbeit grundsätzlich nicht unzumutbar. Wenn die Entlohnung aber nicht den guten Sitten entspricht oder gegen gesetzliche Vorschriften verstößt (z. B. allgemeinverbindliche Tarifverträge, gesetzlicher Mindestlohn am Bau), braucht diese Tätigkeit nicht angenommen zu werden. Eine Lohngestaltung verstößt nur dann gegen die guten Sitten, wenn ein auffälliges Missverhältnis gegenüber dem allgemeinen Lohnniveau für vergleichbare Arbeiten vorliegt. Dies wird in der Rechtsprechung angenommen, wenn der Lohn um mindestens 30 % unter dem einschlägigen Tarifvertrag oder bei Nichtvorliegen eines Tarifvertrages unter dem ortsüblichen Entlohnungsniveau liegt.

Körperliche Gründe liegen vor, wenn der Hilfebedürftige aus Gesundheitsgründen die angebotene Tätigkeit nicht ausführen kann. Dies muss durch Attest oder Gutachten nachgewiesen werden. Drohende Gesundheitsschäden können nicht berücksichtigt werden, wohl aber eine Verschlimmerung des Gesundheitszustandes, die zu einer Vollerwerbsunfähigkeit führen kann.

Auch geistige oder seelische Gründe müssen, ggf. durch psychologische Gutachten, nachgewiesen werden (z. B. Burn-out-Syndrom, Depressionen). Diese psychischen Krankheiten müssen nicht durch eine vorherige Arbeitstätigkeit ausgelöst worden sein. Auch mittelbar sind psychische Aspekte zu berücksichtigen.

**Beispiel:**

Alkoholismus ist als Krankheit zu werten. Befindet sich der Alkoholiker in einer „trockenen" Phase, kann ihm nicht zugemutet werden, als Kellner zu arbeiten, da zu befürchten ist, dass er wieder mit dem Trinken anfängt.

Führt die Aufnahme einer Tätigkeit dazu, dass körperliche Fähigkeiten und Fertigkeiten, die für den bisherigen Beruf benötigt wurden, verloren gehen, ist diese neue Tätigkeit nicht zumutbar (z. B. früheres Mitglied eines Violinorchesters wird am Bau eingesetzt und verliert dadurch seine Fingerfertigkeit). Der Zumutbarkeit steht aber nicht entgegen, dass bei Aufnahme einer neuen Tätigkeit bereits Erlerntes abtrainiert oder vergessen wird. Auch steht der Zumutbarkeit nicht entgegen, dass aufgrund der neuen Tätigkeit eine Fort- und Weiterbildung im ursprünglichen Beruf nicht mehr möglich ist (z. B. Steuerberater wird in einem anderen Beruf eingesetzt und bekommt deshalb neue gesetzliche Regelungen oder Weiterentwicklungen durch Rechtsprechung nicht mehr mit).



## Inanspruchnahme vorrangiger Leistungen

Grundsätzlich ist jeder Hilfebedürftige verpflichtet, die Bedürftigkeit durch Erzielung von Einkommen zu beseitigen oder zu mindern. Dies bezieht sich auch auf die Inanspruchnahme vorrangiger Sozialleistungen; dies stellt § 12a SGB II klar. Dies bezieht sich unter anderem auf einen möglichen Wohngeld- oder Kinderzuschlaganspruch, aber auch auf die Inanspruchnahme einer vorzeitigen Altersrente.

### Verrentung

Bis zum 31.12.2022 galt dieser Vorrang auch für die Inanspruchnahme von Altersrente vor Erreichen der jeweils maßgeblichen Regelaltersgrenze. So verlangte § 12a Nr. 2 SGB II von Leistungsberechtigten, die das 63. oder das 64. Lebensjahr vollendet haben, die Inanspruchnahme von Altersrente wegen Arbeitslosigkeit unter Hinnahme der entsprechenden gesetzlichen Abschläge wegen des Renteneintritts vor der Regelaltersgrenze von 65 Jahren. Sofern Leistungsberechtigte dieser Verpflichtung nicht nachkommen sind, konnten die Träger der Grundsicherung für Arbeitsuchende nach § 5 Abs. 3 SGB II einen entsprechenden Antrag für die leistungsberechtigte Person stellen (in der Literatur oft „Zwangsverrentung" genannt).

**Bürgergeld ab 01.01.2023**
Mit dem Bürgergeldgesetz ist diese Regelung erst einmal auf Eis gelegt. Zwischen dem 01.01.2023 und dem 31.12.2026 wird es keine Zwangsverrentung geben. Dies besagt in § 12a SGB II der neu eingefügte Satz 3.

### Wohngeld

Einkommensschwache Haushalte können einen Anspruch auf Wohngeld haben. Aber: Wohngeld kann nur erfolgreich beantragt werden, wenn bestimmtes Mindesteinkommen vorliegt. Damit kommt Wohngeld nicht für Arbeitslose infrage, da sie ja kein Einkommen erzielen. Sozialleistungen zählen dabei nicht als Einkommen. Für Einkommensschwache dagegen gilt: Kann eine Hilfebedürftigkeit, wie in § 9 SGB II definiert, durch den Bezug von Wohngeld verhindert werden, ist die Beantragung von Leistungen nach dem SGB II nachrangig.

Besteht eine Bedarfsgemeinschaft, wird die Rechtslage kompliziert: Leistungsberechtigte sind in diesem Fall nicht verpflichtet, vorrangig Wohngeld anstatt Bürgergeld zu beantragen, wenn dadurch die sonstigen Mitglieder der Bedarfsgemeinschaft weiterhin hilfebedürftig bleiben. Im Rahmen der Bedarfsgemeinschaft werden dabei Kinder nach § 7 Abs. 3 Nummer 4 SGB II stets einschließlich ihrer Eltern und anderer Mitglieder dieser Bedarfsgemeinschaft betrachtet.

### Kinderzuschlag

Ein Anspruch auf Kinderzuschlag nach § 6a Bundeskindergeldgesetz (BKGG) besteht, wenn die Eltern mit dem Einkommen (und ggf. Wohngeld) zwar ihren Bedarf decken können, nicht jedoch den Bedarf des Kindes. Die Mindesteinkommensgrenze beläuft sich derzeit bei Paaren auf monatlich 900 Euro, bei Alleinerziehenden auf 600 Euro. Der Anspruch auf Kinderzuschlag entfällt, wenn das Einkommen und Vermögen der Eltern den gesamten Familienbedarf einschließlich des Kinderbedarfs abdeckt. Den Eltern steht also kein Anspruch auf Kinderzuschlag zu, wenn ihr Einkommen und Vermögen die Summe aus dem Bedarf an Bürgergeld und dem bereinigten (Gesamt-)Kinderzuschlag überschreitet.

Der Bewilligungszeitraum für den Kinderzuschlag beträgt sechs Monate.

**Wichtig:** Die Berechnung des Kinderzuschlags ist hochkomplex. Auch die Entscheidung, ob Kinderzuschlag beantragt wird, sollte wohlüberlegt sein, denn: Sobald Sie den Kinderzuschlag in Anspruch nehmen, besteht kein Anspruch mehr auf zusätzliche Hilfen nach dem SGB II (z. B. Mehrbedarfe für Alleinerziehende und Schwangere, krankheitsbedingte Zusatzkosten). Informieren Sie sich hier ggf. bei einer Sozialberatungsstelle.

2

## Einkommens-, Vermögensanrechnung

Finanzielle Hilfe in der Grundsicherung wird nur geleistet, wenn Hilfebedürftigkeit vorliegt. Daher müssen zunächst eigene Mittel – also Einkommen und Vermögen – eingesetzt werden, um den Lebensunterhalt zu sichern. Dies gilt jedenfalls dann, wenn bestimmte Freibeträge überschritten sind.

Bei Personen, die in einer Bedarfsgemeinschaft leben, sind das Einkommen und Vermögen des Partners zu berücksichtigen (§ 9 Abs. 2 SGB II). Bei minderjährigen unverheirateten Kindern, die mit ihren Eltern oder einem Elternteil in einer Bedarfsgemeinschaft leben und die die Leistungen zur Sicherung ihres Lebensunterhalts nicht aus ihrem eigenen Einkommen oder Vermögen beschaffen können, sind auch das Einkommen und Vermögen der Eltern oder des Elternteils und dessen in Bedarfsgemeinschaft lebenden Partners zu berücksichtigen. Ist in einer Bedarfsgemeinschaft nicht der gesamte Bedarf aus eigenen Kräften und Mitteln gedeckt, gilt jede Person der Bedarfsgemeinschaft im Verhältnis des eigenen Bedarfs zum Gesamtbedarf als hilfebedürftig.

### Einkommen

Als Einkommen gilt grundsätzlich jede Einnahme in Geld (vgl. § 11 SGB II sowie § 4 Bürgergeld-Verordnung), inbesondere

- Einnahmen aus nichtselbstständiger und selbstständiger Tätigkeit,
- Lohnersatzleistungen wie Elterngeld, Krankengeld, Arbeitslosengeld I,
- Einnahmen aus Vermietung und Verpachtung,
- Sozialleistungen inklusive Kinderzuschlag und Kindergeld (wird als Einkommen dem jeweiligen Kind zugerechnet),
- Kapital- und Zinserträge,
- einmalige Einnahmen (z. B. Abfindung, Erbschaft, Steuererstattung),
- Leistungen der Ausbildungsförderung (Berufsausbildungsbeihilfe, Ausbildungsgeld, BAföG).

Neben der Kernvorschrift § 11 SGB II regelt die Bürgergeld-Verordnung die nähere Ausgestaltung der Einkommensberechnung.

*Nicht zu berücksichtigendes Einkommen*

Was nicht als Einkommen berücksichtigt wird, ist in § 11a SGB II und § 1 Bürgergeld-Verordnung geregelt. Dies sind zum einen Leistungen nach SGB II selbst, Renten und Beihilfen nach dem Versorgungs- bzw. sozialen Entschädigungsrecht, Schadensersatzleistung wegen Verletzung des Körpers, der Gesundheit, der Freiheit oder der sexuellen Selbstbestimmung (keine Vermögensschäden!).



Auch Einnahmen, soweit sie entweder zweckbestimmte Einnahmen sind oder einem anderen Zweck als die Leistungen nach dem SGB II dienen, bleiben anrechnungsfrei; Gleiches gilt für Zuwendungen der freien Wohlfahrtspflege (z. B. Lebensmittelspende, gebrauchte Möbel).

Zweckbestimmte Einnahmen bzw. Einnahmen, die einem anderen Zweck als der Grundsicherung dienen, sind insbesondere:

- Aufwandsersatz bzw. -entschädigungen für rechtliche Betreuer)
- Arbeitnehmersparzulage
- Arbeitsförderungsgeld in Werkstätten für Behinderte
- Ausbildungsgeld für Teilnehmer an Maßnahmen im Eingangsbereich und Berufsbildubereich einer Werkstatt für behinderte Menschen
- Erträge aus gefördertem Altersvorsorgevermögen
- Erziehungshilfe (§ 39 SGB VIII); anrechnungsfrei für das erste und zweite Pflegekind, 75 % anrechnungsfrei für das dritte Pflegekind
- Häusliche Krankenpflege (§ 37 SGB V)
- Hausgeld im Strafvollzug
- Haushaltshilfe im Krankheitsfall (§ 38 SGB V)
- Pflegegeld in der Kinder- und Jugendhilfe
- Pflegegeld zur häuslichen Pflegehilfe, wenn keine gewerbsmäßige Pflege vorliegt
- Schwerstbeschädigtenzulage
- Verletztenrente
- Zuschläge für Sonn- und Feiertagsarbeit und Nachtarbeit, soweit Steuerfreiheit vorliegt (§ 3b EStG)
- Inflationsprämien mit einer maximalen Gesamthöhe von 3.000 Euro, die zwischen 26.10.2022 und 31.12.2024 von Arbeitgebern als freiwillige Zahlung erfolgen

**Bürgergeld ab 01.07.2023**

Nicht als Einkommen berücksichtigt werden ab 01.07.2023 auch:

- alle gesetzlichen Formen des Mutterschaftsgelds (Mutterschaftsgeld konnte bislang höchstens nachträglich und mit viel bürokratischem Aufwand berücksichtigt werden)
- Aufwandsentschädigungen für ehrenamtliche Tätigkeiten bzw. Einnahmen aus nebenberuflichen Tätigkeiten in Höhe von bis zu 3.000 Euro pro Kalenderjahr; die Regel gilt für Einnahmen im Rahmen der sog. Übungsleiterpauschale bzw. der Ehrenamtspauschale
- Erbschaften: Einnahmen aus Erbschaften werden im Zuflussmonat nicht als Einkommen berücksichtigt, werden aber im Folgemonat dem Vermögen zugerechnet. Damit müssen Erbschaften nicht zur Lebensunterhaltssicherung eingesetzt werden und verbleiben aufgrund der der Vermögensfreibeträge mehr als bisher bei den Leistungsberechtigten.

In § 1 Bürgergeld-Verordnung wird näher konkretisiert, welche Einnahmen über die hinausgehen, die im SGB II genannt sind, nicht als Einkommen berücksichtigt werden. Dies sind insbesondere:

- einmalige Einnahmen und Einnahmen, die in größeren als monatlichen Zeitabständen anfallen, wenn sie 10 Euro monatlich nicht übersteigen
- Einsparungen bei den Haushaltsausgaben bei der Inanspruchnahme der Mittagsverpflegung in Schulen, höchstens in Höhe von 1 Euro pro Tag
- nicht steuerpflichtige Einnahmen einer Pflegeperson für Leistungen der Grundpflege und der hauswirtschaftlichen Versorgung
- bei Soldaten der Auslandsverwendungszuschlag und der Leistungszuschlag
- die Eigenheimzulage, soweit sie nachweislich zur Finanzierung einer nach § 12 Abs. 3 Satz 1 Nr. 4 des Zweiten Buches Sozialgesetzbuch nicht als Vermögen zu berücksichtigenden Immobilie verwendet wird; dies gilt auch bei der baulichen Errichtung in Eigenarbeit oder durch Dritte
- Kindergeld für Kinder des Leistungsberechtigten, soweit es nachweislich an das nicht im Haushalt des Leistungsberechtigten lebende Kind weitergeleitet wird

- bei Kindern im Bürgergeldbezug, die das 15. Lebensjahr noch nicht vollendet haben, Einnahmen aus Erwerbstätigkeit, soweit sie einen Betrag von 100 Euro monatlich nicht übersteigen
- freiwillige Verpflegung
- Geldgeschenke an Minderjährige anlässlich der Firmung, Kommunion, Konfirmation oder vergleichbarer religiöser Feste sowie anlässlich der Jugendweihe, soweit sie 3.100 Euro (vgl. § 12 Abs. 2 Satz 1 Nr. 1 SGB II) nicht überschreiten
- Ferienjobs von Schülern allgemein- oder berufsbildender Schulen, die das 25. Lebensjahr noch nicht vollendet haben, bis zu einem Betrag von 2.400 Euro jährlich; Achtung: Dies gilt allerdings nicht für Schüler, die einen Anspruch auf Ausbildungsvergütung haben (bis 30.06.2023)

**Bürgergeld ab 01.07.2023**
Mit dem Bürgergeldgesetz gibt es zum 01.07.2023 deutliche Verbesserungen bei der Behandlung von Einkommen junger Menschen, die auf Bürgergeld angewiesen sind. Dies ist gesondert im Abschnitt „Einkommensanrechnung bei Ausbildung, Nebenjobs und Ferienjobs" erklärt, siehe im Folgenden.

*Absetzbeträge*

Vom Einkommen abzusetzen sind (§ 11b SGB II):

- auf das Einkommen zu entrichtende Steuern und Beiträge
- Sozialversicherungsbeiträge, soweit gesetzlich vorgeschrieben (sog. Pflichtbeiträge) oder nach Grund und Höhe angemessen sind
- gesetzlich vorgeschriebene Versicherungen (z. B. Kfz-Haftpflichtversicherung) oder sonstige angemessene Versicherungen (z. B. Unfallversicherung, Hausratversicherung)
- „Vorsorgeversicherungen" für den Krankheits- oder Pflegefall oder für die Altersvorsorge; geförderte Altersvorsorgebeiträge (z. B. Riester-Rente)
- Werbungskosten
- Erwerbstätigenfreibetrag

  Die ersten 100 Euro pro Monat sind anrechnungsfrei, dieser Grundfreibetrag ersetzt pauschal die Abzüge von Werbungskosten, Altersvorsorgebeiträgen und Beiträgen zu öffentlichen/privaten Versicherung.

2

Darüber hinausgehende Einkünfte sind wie folgt anzurechnen (§ 11b Abs. 3 SGB II):

**Gültig bis 30.06.2023:**

| Bruttolohn | Freibetrag | Maximaler Freibetrag |
|---|---|---|
| bis 100 Euro | 100 % | 100 Euro |
| zusätzlich 20 % des Teils zwischen 100,01 Euro und 1.000 Euro | 20 % | 280 Euro (100 Euro + 180 Euro) |
| zusätzlich 10 % des Teils zwischen 1.000,01 Euro und 1.200 Euro | 10 % | 300 Euro (100 Euro + 180 Euro + 20 Euro) |
| zusätzlich bei Vorhandensein eines minderjährigen Kindes 10 % des Teils zwischen 1.200 Euro und 1.500 Euro | 10 % | 330 Euro (100 Euro + 180 Euro + 20 Euro + 30 Euro) |

**Gültig ab 01.07.2023:**

| Bruttolohn | Freibetrag | Maximaler Freibetrag |
|---|---|---|
| bis 100 Euro | 100 % | 100 Euro |
| zusätzlich 20 % des Teils zwischen 100,01 Euro und 520 Euro | 20 % | 184 Euro (100 Euro + 84 Euro) |
| zusätzlich 30 % des Teils zwischen 520,01 Euro und 1.000 Euro | 30 % | 328 Euro (100 Euro + 84 Euro + 144 Euro) |
| zusätzlich 10 % des Teils zwischen 1.000,01 Euro und 1.200 Euro | 10 % | 348 Euro (100 Euro + 84 Euro + 144 Euro + 20 Euro) |
| zusätzlich bei Vorhandensein eines minderjährigen Kindes 10 % des Teils zwischen 1.200 Euro und 1.500 Euro | 10 % | 378 Euro (100 Euro + 84 Euro + 144 Euro + 20 Euro + 30 Euro) |

**Wichtig:** Anstelle der Beträge von Versicherungen, Altersvorsorge und Werbungskosten wird ein Pauschalbetrag von insgesamt 100 Euro monatlich abgesetzt, wenn das monatliche Einkommen weniger als 400 Euro beträgt; erst bei einem höheren Einkommen kann der Leistungsberechtigte die tatsächlichen Beträge absetzen (§ 11 Abs. 2 SGB II). In § 6 Bürgergeld-Verordnung werden zur Berechnung dazu Pauschbeträge für vom Einkommen abzusetzende Beträge genannt, insbesondere:

- für private Versicherungen monatlich 30 Euro,
- für Wegstrecken zur Ausübung der Erwerbstätigkeit monatlich 0,20 Euro für jeden Entfernungskilometer (Pendlerpauschale),
- für Mehraufwendungen für Verpflegung bei auswärtiger Tätigkeit bei mindestens zwölfstündiger nachgewiesener Abwesenheit 6 Euro je Kalendertag.

Auch Aufwandsentschädigungen für ehrenamtliche Tätigkeiten und Übungsleiter (sog. Übungsleiterpauschale) sowie Taschengeld des Bundesfreiwilligendienstes oder des Jugendfreiwilligendienstes bis 250 Euro monatlich werden bis 30.06.2023 nicht auf den Regelsatz angerechnet. Ab 01.07.2023 werden diese Aufwandsentschädigungen bis zu einer Höhe von 3.000 Euro im Jahr gar nicht erst zum Einkommen dazu gerechnet (siehe oben).

### Einkommensanrechnung bei Ausbildung, Nebenjobs und Ferienjobs

**Bürgergeld ab 01.07.2023**
Mit dem Bürgergeldgesetz gibt es zum 01.07.2023 deutliche Verbesserungen bei der Behandlung von Einkommen junger Menschen, die auf Bürgergeld angewiesen sind. Das betrifft sowohl

- Ferienjobs von Schülerinnen und Schülern
- Einnahmen während einer Ausbildung oder eines Studiums und
- Einkünfte aus der Ausbildungsförderung, wie BAföG, Berufsausbildungsbeihilfe oder Meister-BAföG.

*Ferienjobs*

Einnahmen aus Ferienjobs von Schülern und Schülerinnen allgemein- oder berufsbildender Schulen, die das 25. Lebensjahr noch nicht vollendet haben, werden ab 01.07.2023 vollständig freigestellt und somit als Einnahmen nicht mehr berücksichtigt (§ 11a Abs. 7 SGB II).

Durch eine in den Schulferien ausgeübte Erwerbstätigkeit können sich leistungsberechtigte Schülerinnen und Schüler selbstbestimmt durch eigene Arbeitsleistung Wünsche erfüllen, die aufgrund der Hilfebedürftigkeit der Eltern sonst nicht umsetzbar wären.



*Nebenjobs, Einkünfte während der Ausbildung (unter 25-Jährige)*

Ab 01.07.2023 gilt nach § 11b Abs. 2b Satz 1 SGB II ein Freibetrag für Einkünfte während der Ausbildung und/oder aus Nebenjobs junger Menschen bis zum 25. Lebensjahr in Höhe von 520 Euro bei

- außerhalb der Schulferien erzieltem Erwerbseinkommen beim Besuch einer allgemeinbildenden oder berufsbildenden Schule,
- Erwerbseinkommen während einer dem Grunde nach BAföG-förderfähigen Ausbildung,
- Erwerbseinkommen neben einer mit Berufsausbildungsbeihilfe (BAB) förderfähige Ausbildung.

Ausbildungsvergütung und Erwerbseinkommen, das nicht neben einer der genannten Schul-, Hochschul- oder Berufsausbildungen erzielt wird, wird nach den „normalen" Regeln angerechnet.

Der Betrag von 520 Euro entspricht dem Betrag der Geringfügigkeitsgrenze nach § 8 Abs. 1a SGB IV. Er wird also bei einer Änderung der Geringfügigkeitsgrenze angepasst, was wiederum mit der Entwicklung des Mindestlohns zusammenhängt.

Bislang, also bis 30.06.2023, haben Auszubildende, insbesondere Studierende, die die vorrangigen Leistungen nach dem BAföG beziehen, nur in der Ausbildungsförderung einen monatlichen Freibetrag in Höhe von 520 Euro. Für Studierende, die Ausbildungsförderung nach dem BAföG und zusätzlich Leistungen nach dem SGB II beziehen, bleiben mithin Einnahmen aus einer geringfügigen Beschäftigung zwar im BAföG komplett unberücksichtigt, bei der Berechnung der Leistungen nach dem SGB II werden sie jedoch als Einkommen berücksichtigt.

Die Anhebung des monatlichen Absetzbetrages ab 01.07.2023 bedeutet daher eine Angleichung an die Regelung aus dem Berufsausbildungsförderungsgesetz; damit wird eine unterschiedliche Behandlung in den Hilfesystemen und damit eine Ungleichbhandlung beseitigt.

**Beispiel:**

Mara ist 21 Jahre alt und macht eine Ausbildung. Sie verdient 700 Euro Brutto und damit 600 Euro netto.

**Rechtslage bis 30.6.2023:**

Bislang hätte sie einen Grundfreibetrag von 100 Euro plus den Erwerbstätigenfreibetrag in Höhe von 120 Euro (20% von 600 Euro), gesamt also 220 Euro. Damit werden 380 Euro angerechnet (600 Euro minus 220 Euro). Von ihrem Nettolohn blieben ihr also 220 Euro.

**Rechtslage ab 01.07.2023:**

Nun hat sie einen Grundfreibetrag von 520 Euro und einen Erwerbstätigenfreibetrag von 24 Euro (30% von 80). Vom Nettolohn werden nur noch 56 Euro angerechnet (600 Euro minus 520 Euro minus 24 Euro). Mara kann also 544 Euro von ihrer Ausbildungsvergütung behalten.

*Freibetrag für Einkünfte aus Ausbildungsförderung für überwiegend über 25-Jährige*

Es gilt ab 01.07.2023 ein Freibetrag für Einkünfte von 100 Euro für folgende Einkünfte aus Ausbildungsförderung:

- BAföG und vergleichbare Leistungen der Begabtenförderungswerke mit Ausnahme des BAföG-Kinderbetreuungszuschlags
- Berufsausbildungsbeihilfe (BAB) mit Ausnahme der Kinderbetreuungspauschale des BAB
- Reisekosten bei Leistungen zur Teilhabe am Arbeitsleben für Menschen mit Behinderungen, die von der Agentur für Arbeit geleistet wird (§ 127 Abs. 1 Satz 1 SGB III i. V. m. § 73 SGB IX)
- Ausbildungsgeld für Menschen mit Behinderungen (§ 122 SGB III)
- Unterhaltsbeitrag des Aufstiegsförderungsgesetzes (Meister-BAföG)

Höhere Freibeträge bei Bezug dieser Leistungen gibt es nur für konkret nachgewiesene Kosten, für bestimmte Versicherungen, bestimmte Ausgaben für die Altersvorsorge oder notwendige Ausgaben für die Ausbildung.

Diese Regelung betrifft alle, die nicht von der Regelung nach § 11b Abs. 2b Satz 1 SGB II profitieren, also hauptsächlich Leistungsberechtigte in Ausbildung, die 25 Jahre und älter sind.



## Vermögen

**Bürgergeld ab 01.01.2023**
Wer Bürgergeld erhält, darf seit dem 01.01.2023 im ersten Jahr des Leistungsbezugs das Ersparte behalten (sog. Karenzzeit). So muss Vermögen erst dann eingesetzt werden, wenn es höher als 40.000 Euro für die erste Person der Bedarfsgemeinschaft ist. Für jede weitere Person bleiben jeweils weitere 15.000 Euro geschützt. Nach einem Jahr Karenzzeit bleibt Vermögen bis 15.000 Euro pro Person in der Bedarfsgemeinschaft unangetastet (siehe unten).

Für Bewilligungszeiträume, die schon 2022 begonnen haben, gelten noch die Freigrenzen der Corona-Sonderregelungen, also 60.000 Euro plus 30.000 Euro pro weiterer Person in der Bedarfsgemeinschaft.

Mit dem Start des Bürgergelds am 01.01.2023 bekommen alle Bürgergeldbeziehenden eine Karenzzeit, also auch Menschen, die vor Einführung des Bürgergelds am 01.01.2023 schon Leistungen bezogen haben.

Grundsätzlich sind alle verwertbaren Vermögensgegenstände zu berücksichtigen (z. B. Bargeld, Sparguthaben, Wertpapiere, Grundstücke, Häuser, Eigentumswohnungen oder Lebensversicherungen). Verwertbar ist Vermögen, wenn es für den Eigentümer nutzbar ist, das heißt für das Bestreiten des Lebensunterhalts für sich und seine Angehörigen durch Verbrauch, Verkauf, Vermietung oder Beleihung verwendet werden kann. Eine Vermögensverwertung bleibt nur dann außer Betracht, wenn diese offensichtlich unwirtschaftlich ist. Verluste von Gewinn- oder Renditeaussichten oder schlechte Rückkaufswerte werden nicht berücksichtigt. Nur wenn die Verwertung mehr als 10 % unter dem Substanzwert bleiben würde, soll die Verwertung als offensichtlich unwirtschaftlich gelten. Allerdings müssen bei der Entscheidung, ob eine Vermögensverwertung in Frage kommt, besondere Härten individuell vom Leistungsträger berücksichtigt werden.

Vermögen muss verbraucht werden, bevor ein Anspruch auf Leistungen zur Sicherung des Lebensunterhalts nach dem SGB II entsteht. Berücksichtigt wird bei der Überprüfung das Vermögen der gesamten Bedarfsgemeinschaft.

*Anrechenfreies Vermögen – Absetzbeträge*

Die Regelungen zur Berücksichtigung von Vermögen bei der Bedürftigkeitsprüfung wurden im Zusammenhang mit der Einführung des Bürgergeldes neu gefasst und entbürokratisiert. Eine Karenzzeit von einem Jahr soll ab 01.01.2023 dazu beitragen, dass sich Bürgergeldberechtigte zunächst keine Sorgen um ihr Erspartes (und im Zusammenhang mit der Karenzzeit bei den Bedarfen für Unterkunft und Heizung auch um ihr Zuhause) machen müssen.

In § 12 Abs. 2 SGB II wird der Betrag genannt, der nach der Karenzzeit vom Vermögen abgesetzt werden kann. Danach ist als Geldvermögen nicht zu berücksichtigen: 15.000 Euro für jede Person in der Bedarfsgemeinschaft.

*Nicht zu berücksichtigendes Vermögen*

Bei den Vermögensgegenständen, die zum nicht verwertbaren Vermögen gehören, muss das Jobcenter außer beim Hausrat keine Angemessenheitsprüfung mehr vornehmen. Zum nicht verwertbaren Vermögen zählen nach § 12 Abs. 1 SGB II:

- angemessener Hausrat
- ein angemessenes Kraftfahrzeug für jede in der Bedarfsgemeinschaft lebende erwerbsfähige Person; die Angemessenheit wird vermutet, wenn die Antragstellerin oder der Antragsteller dies im Antrag erklärt
- für die Altersvorsorge bestimmte Versicherungsverträge; zudem andere Formen der Altersvorsorge, wenn sie nach Bundesrecht ausdrücklich als Altersvorsorge gefördert werden (z. B. „Riester"-Rente oder Banksparpläne)
- andere Formen der Altersvorsorge bei hauptberuflich Selbständigen (insbesondere Fondssparpläne, Gold, Wertpapierdepots oder Bargeld); als angemessen wird ein Betrag angesehen, der sich an der Beitragszahlung zur allgemeinen Rentenversicherung bei einem Verdienst in Höhe des Durchschnittsentgelts orientiert (das sind 2023 etwa 8.000 Euro)

- selbstbewohntes Haus oder eine selbstbewohnte Eigentumswohnung
  - bei bis zu 4 Bewohnenden: ein Haus bis 140 $m^2$ Wohnfläche oder eine Eigentumswohnung bis 130 $m^2$ Wohnfläche
  - bei über 4 Bewohnenden: bis zu 20 $m^2$ mehr je weiterer Person
- Vermögen, das zur baldigen Beschaffung bzw. Erhaltung eines Hausgrundstücks oder einer Eigentumswohnung bestimmt ist, soweit es zu Wohnzwecken behinderter/pflegebedürftiger Menschen dient bzw. dienen soll und dieser Zweck durch Einsatz/Verwertung des Vermögens gefährdet wäre,
- Sachen/Rechte, deren Verwertung offensichtlich unwirtschaftlich ist oder für den Betroffenen eine besondere Härte bedeuten würde.

Außer dem in § 12 Abs. 3 SGB II genannten Vermögen sind Vermögensgegenstände nicht als Vermögen zu berücksichtigen, die zur Aufnahme oder Fortsetzung der Berufsausbildung oder der Erwerbstätigkeit unentbehrlich sind.

§ 8 Bürgergeld-Verordnung stellt klar, dass das Vermögen mit seinem Verkehrswert zu berücksichtigen ist und zwar unabhängig davon, wie dies steuerrechtlich zu werten ist.

## Leistungen zur Sicherung des Lebensunterhalts

3

## Bürgergeld

Der Regelbedarf zur Sicherung des Lebensunterhalts (§ 20 SGB II) umfasst insbesondere Ernährung, Kleidung, Körperpflege, Hausrat, Haushaltsenergie ohne die auf die Heizung entfallenden Anteile sowie persönliche Bedürfnisse des täglichen Lebens. Zu den persönlichen Bedürfnissen des täglichen Lebens gehören in vertretbarem Umfang eine Teilhabe am sozialen und kulturellen Leben in der Gemeinschaft.

### Regelbedarfsstufen

Die Regelleistungen werden in 6 Stufen unterteilt. Mit diesen Geldleistungen müssen alle aufkommenden Kosten gedeckt werden.

**Wichtig:** Der Gesetzgeber ist verpflichtet, basierend auf der Einkommens- und Verbrauchsstichprobe (EVS) des Statistischen Bundesamtes, die Höhe der Regelbedarfe im Regelbedarfs-Ermittlungsgesetz alle paar Jahre neu zu bestimmen bzw. diese jährlich, gemessen an der Lohnentwicklung, fortzuschreiben. Die Regelleistungen ändern sich daher zum Jahreswechsel und werden normalerweise in der Regelbedarfsstufen-Fortschreibungsverordnung bekanntgemacht; für 2023 wurde dies gleich mit dem Bürgergeld-Gesetz miterledigt.

Die monatliche Höhe der Regelbedarfe (RB) beträgt je nach Regelbedarfsstufe (RBS) danach seit 01.01.2023:

| RBS | Leistungsberechtigte | mtl. RB in 2023 |
|---|---|---|
| 1 | Alleinstehende und Alleinerziehende | **502 Euro** |
| 2 | Volljährige Partner innerhalb einer Bedarfsgemeinschaft | **451 Euro** |
| 3* | Erwachsene Leistungsberechtigte (unter 25-Jährige), die keinen eigenen Haushalt führen, weil sie im Haushalt anderer Personen (z. B. Elternhaus, Wohngemeinschaft) leben; auch erwachsene Menschen mit Behinderungen in stationären Einrichtungen | **402 Euro** |
| 4* | Kinder von 14 bis 17 Jahren | **420 Euro** |
| 5* | Kinder von 6 bis 13 Jahren | **348 Euro** |
| 6* | Kinder von 0 bis 5 Jahre | **318 Euro** |

* Plus 20 Euro Sofortzuschlag, siehe § 72 SGB II.

**Regelbedarf nach Personenkreisen**

Je nach „Qualifizierung" der Personen in einem Haushalt ergibt sich also nach den Regelbedarfsstufen eine unterschiedliche Höhe:

| Leistungsberechtigte | SGB II | mtl. RB |
|---|---|---|
| Alleinstehende | § 20 Abs. 2 Satz 1 | 502 Euro |
| Alleinerziehende | § 20 Abs. 2 Satz 1 | 502 Euro |
| Volljährige Person mit minderjährigem Partner | § 20 Abs. 2 Satz 1 | 502 Euro |
| Volljährige Partner, jeweils | § 20 Abs. 4 | 449 Euro |
| Volljährige (18-24 Jahre) Angehörige der Bedarfsgemeinschaft, wenn sie keine Partner sind | § 20 Abs. 2 Satz 2 Nr. 2 | 402 Euro |
| Volljährige (18-24 Jahre) Angehörige, die ohne Zusicherung des zuständigen kommunalen Trägers umziehen | § 20 Abs. 3 | 402 Euro |
| Minderjährige Partner | § 20 Abs. 2 Satz 2 Nr. 1 | 420 Euro |
| Kinder (14-17 Jahre) | § 23 Nr. 1 | 420 Euro |
| Kinder (6-13 Jahre) | § 23 Nr. 1 | 348 Euro |
| Kinder (0-5 Jahre) | § 23 Nr. 1 | 318 Euro |

**Alleinstehend** ist eine Person ohne Partner. Ob formal gesehen noch eine Ehe oder eingetragene Lebenspartnerschaft vorliegt, ist nicht ausschlaggebend. Ausschlaggebend ist grundsätzlich, ob nach den Willen der Partner die Lebensgemeinschaft aufrechterhalten werden soll. Eine berufsbedingte Abwesenheit des Partners (z. B. Wochenendheimfahrer, Auslandseinsätze) sind insoweit ohne Auswirkungen. Bei einer Trennung von Ehegatten ist auch während des Trennungsjahres davon auszugehen, dass die Lebensgemeinschaft nicht mehr aufrechterhalten werden soll.

Bei Partnern von Inhaftierten gilt Folgendes: Selbst wenn das Bekenntnis zur Partnerschaft weiterhin besteht, so kann diese jedoch faktisch nicht vollzogen werden. Mit dem ersten Tag der Unterbringung ist der Inhaftierte zwar grundsätzlich von Leistungen des SGB II ausgeschlossen (§ 7 Abs. 4 Satz 2), er gehört aber weiterhin zur Bedarfsgemeinschaft. Vorhandenes sonstiges Einkommen und Vermögen ist somit auf den Bedarf der übrigen Mitglieder der Bedarfsgemeinschaft anzurechnen. Eine Ausnahme besteht für diejenigen Fälle, in denen von der Erwerbsfähigkeit des Inhaftierten auszugehen ist (z. B. Freigänger, Vollzugslockerungen zum Zweck der Arbeitssuche bzw. Arbeitsaufnahme).



Ein erwerbsfähiges minderjähriges Kind, das selbst bereits ein Kind hat und ohne Partner im Haushalt der Eltern lebt, bildet eine eigene Bedarfsgemeinschaft. Es ist sowohl alleinstehend wie auch alleinerziehend.

**Alleinerziehend** ist eine Person, die allein für die Pflege und Erziehung eines oder mehrerer minderjähriger Kinder sorgt. Dies kann auch dann der Fall sein, wenn der oder die Erziehende mit einer weiteren Person und dem minderjährigen Kind in einer Wohnung lebt. Ob jemand allein die Erziehungsverantwortung im rechtlichen Sinne hat, ist nicht ausschlaggebend. Es kommt vielmehr darauf an, ob jemand alle im Zusammenhang mit der Betreuung und Erziehung eines Kindes anfallenden Tätigkeiten alleine erledigt.

Alleinerziehende erhalten neben der Regelleistung noch einen Mehrbedarf nach § 21 SGB II.

**Unter 25-Jährige:** Unverheiratete Kinder, die im Haushalt ihrer Eltern leben, gehören deren Bedarfsgemeinschaft an, wenn sie das 25. Lebensjahr noch nicht vollendet haben und soweit sie ihren Lebensunterhalt nicht aus eigenem Einkommen oder Vermögen sicherstellen können. Mit Vollendung des 25. Lebensjahres bildet das Kind eine eigene Bedarfsgemeinschaft. Ab diesem Zeitpunkt ist der Regelbedarf nach § 20 Abs. 2 Satz 1SGB II für alleinstehende Personen anzuerkennen (Regelbedarfsstufe 1).

Lebt das unter 25 Jahre alte Kind ohne Partner mit eigenem Kind im Haushalt der Eltern oder eines Elternteiles, bildet es mit seinem Kind eine eigene Bedarfsgemeinschaft. Es ist dann der Regelbedarf für alleinerziehende Personen anzuerkennen (Regelbedarfsstufe 1).

Kinder unter 25 Jahren, die mit einem Partner im Haushalt der Eltern leben, bilden mit diesem Partner eine eigene Bedarfsgemeinschaft. Maßgeblich sind für diese beiden die Regelbedarfe für Partner. Sind beide unter 25 Jahren ist der Regelbedarf für volljährige Partner anzuerkennen (Regelbedarfsstufe 2).

Bei unter 25-Jährigen, die ohne Zustimmung des kommunalen Trägers aus dem Haushalt der Eltern ausziehen, erfolgt eine Reduzierung des Regelbedarfs, § 20 Abs. 3 SGB II.

## Mehrbedarfe



Bestimmte Personengruppen erhalten über die Regelbedarfe hinaus höhere Leistungen nach § 21 SGB II (Mehrbedarfe):

### Schwangere

Mehrbedarf bei Schwangerschaft wird ab der 12. Schwangerschaftswoche bis zum Ende des Monats, in welchen die Entbindung fällt, anerkannt. Die Zahlung erfolgt bis zum tatsächlichen Entbindungstermin. Voraussetzung ist, dass die Schwangere erwerbsfähig und hilfebedürftig ist. Die Höhe der Leistung beträgt 17 % der maßgebenden Regelbedarfsstufe. Daraus ergibt sich:

- bei Regelbedarfsstufe 1 (502 Euro): 85,34 Euro
- bei Regelbedarfsstufe 2 (451 Euro): 76,67 Euro
- bei Regelbedarfsstufe 3 (402 Euro): 68,34 Euro

### Alleinerziehende

Alleinerziehende können wegen der erhöhten Kosten für die Kindererziehung Anspruch auf zusätzliche Leistungen haben. Voraussetzung ist, dass das Kind oder die Kinder minderjährig sind und der Alleinerziehende allein für die Pflege und Erziehung sorgt. Es muss also der Fall vorliegen, dass innerhalb einer Bedarfsgemeinschaft keine andere Person in wirtschaftlicher Hinsicht an der Pflege und Erziehung beteiligt ist.

Ausgehend von der Regelbedarfsstufe 1 (502 Euro) wird ein anteiliger Mehrbedarf je nach Anzahl und Alter der Kinder gezahlt:

| **Kinder/Alter** | **Mehrbedarf** | | | | |
|---|---|---|---|---|---|
| | **12 %** | **24 %** | **36 %** | **48 %** | **60 %** |
| 1 Kind unter 7 Jahren | | | 180,72 € | | |

| Kinder/Alter | Mehrbedarf | | | | |
|---|---|---|---|---|---|
| | 12 % | 24 % | 36 % | 48 % | 60 % |
| 1 Kind über 7 Jahren | 60,24 € | | | | |
| 2 Kinder unter 16 Jahren | | | 180,72 € | | |
| 2 Kinder über 16 Jahren | | 120,84 € | | | |
| 1 Kind ab 7 Jahren und 1 Kind ab 16 Jahren | | 120,84 € | | | |
| 3 Kinder | | | 180,72 € | | |
| 4 Kinder | | | | 240,96 € | |
| ab 5 Kinder | | | | | 301,20 € |



Die Berechnungsvorschrift nach § 41 Abs. 2 SGB II wurde bei dieser Übersicht berücksichtigt.

Geschiedene oder getrennt lebende Eltern, die sich in zeitlichen Intervallen von mindestens einer Woche bei der Pflege und Erziehung des gemeinsamen Kindes abwechseln (gemeinsames Sorgerecht, Umgangsrecht), haben Anspruch auf den hälftigen Mehrbedarf (Urteil des BSG vom 03.03.2009, Az. B 4 AS 50/07 R).

## Menschen mit Behinderungen

*Erwerbsfähige Menschen mit Behinderung*

Es muss eine Behinderung vorliegen. Eine drohende Behinderung reicht nicht aus. Zusätzliche Leistungen werden erbracht, wenn der Behinderte nach § 49 ff. SGB IX Leistungen zur Teilhabe am Arbeitsleben erhält, um die Erwerbsfähigkeit zu erhalten, zu verbessern, herzustellen oder wiederherzustellen und die Teilhabe am Arbeitsleben möglichst auf Dauer zu sichern. Dies können sein: SGB III-Fördermaßnahmen zur Aufnahme einer selbstständigen Tätigkeit, Eingliederungszuschüsse an Arbeitgeber etc. Auch Leistungen in Werkstätten für Behinderte (z. B. Arbeitsförderungsgeld) gehören zu diesen Leistungen.

Auszubildende mit Behinderung, die eine Maßnahme der Berufsvorbereitung einschließlich einer wegen der Behinderung erforderlichen Grundausbildung absolvieren und bei ihren Eltern wohnen, können keinen Mehrbedarf beanspruchen (§ 21 Abs. 4 SGB II).

Die Höhe des Mehrbedarfs beträgt 35 % des maßgeblichen Regelsatzes:

- bei Regelbedarfsstufe 1 (502 Euro): 175,70 Euro
- bei Regelbedarfsstufe 2 (451 Euro): 157,85 Euro
- bei Regelbedarfsstufe 3 (420 Euro): 140,70 Euro



Mehrbedarfe werden auch bei behinderten Menschen, die das 15. Lebensjahr vollendet haben, anerkannt, wenn Leistungen der Eingliederungshilfe nach § 112 Abs. 1 SGB IX erbracht werden (§ 23 Abs. 1 Nr. 2 SGB II).

*Nichterwerbsfähige mit Behinderung*

Nicht erwerbsfähige Schwerbehinderte, die infolge ihrer Behinderung in ihrer Bewegungsfähigkeit im Straßenverkehr erheblich beeinträchtigt sind und deshalb einen Schwerbehindertenausweis mit dem Merkzeichen G haben und die keine vorrangigen Leistungen nach dem SGB II erhalten, bekommen nun einen Bedarf in Höhe von 17 % (§ 23 Abs. 1 Nr. 4 SGB II). Dies gilt aber nicht, wenn bereits ein Mehrbedarf im Rahmen von § 21 SGB II geltend gemacht wird.

## Mehrbedarf für Ernährung

Bei Leistungsberechtigten, die aus medizinischen Gründen eine kostenaufwändige Ernährung benötigen, wird ein Mehrbedarf in angemessener Höhe anerkannt.

Die Höhe des Mehrbedarfs bestimmt sich nach dem ernährungswissenschaftlich erforderlichen Bedarf. Hier werden häufig – sowohl von der Bundesagentur für Arbeit wie auch den Gerichten – die „Empfehlungen für die Gewährung von Krankenkostenzulagen" des Deutschen Vereins für öffentliche und private Fürsorge zugrunde gelegt.

Bei folgenden Erkrankungen ist in der Regel ein krankheitsbedingt erhöhter Ernährungsaufwand zu verneinen. Es ist davon auszugehen, dass der Regelsatz den notwendigen Aufwand für eine Vollkost deckt:

- Hyperlipidämie (Erhöhung der Blutfette)
- Hyperurikämie (Erhöhung der Harnsäure im Blut)
- Gicht (Erkrankung durch Harnsäureablagerungen)
- Hypertonie (Bluthochdruck)
- kardinale und renale Ödeme (Gewebswasseransammlungen bei Herz- oder Nierenerkrankungen)
- Diabetes mellitus (Zuckerkrankheit – Typ II und Typ I, konventionell und intensiviert konventionell behandelt)
- Ulcus duodeni (Geschwür am Zwölffingerdarm)
- Ulcus ventriculi (Magengeschwür)
- Neurodermitis (Überempfindlichkeit von Haut und Schleimhäuten auf genetischer Basis)
- Leberinsuffizienz.

Bei verzehrenden (konsumierenden) Erkrankungen mit erheblichen körperlichen Auswirkungen kann im Einzelfall ein erhöhter Ernährungsbedarf vorliegen, insbesondere bei:

- fortschreitendem/fortgeschrittenem Krebsleiden
- HIV/AIDS
- Multipler Sklerose (degenerative Erkrankung des Zentralnervensystems)
- schweren Verläufe entzündlicher Darmerkrankungen wie Morbus Crohn und Colitis ulcerosa

Bei diesen Erkrankungen ist Vollkost ebenfalls die allgemein empfohlene Ernährungsform. Ein krankheitsbedingter Mehrbedarf ist in der Regel daher nur bei schweren Verläufen zu bejahen oder wenn besondere Umstände vorliegen, z. B. gestörte Nährstoffaufnahme. Dies ist insbesondere der Fall, wenn

- der BMI unter 18,5 liegt (und das Untergewicht Folge der Erkrankung ist) und/oder
- ein schneller, krankheitsbedingter Gewichtsverlust (über 5 Prozent des Ausgangsgewichts in den vorausgegangenen drei Monaten; nicht bei willkürlicher Abnahme bei Übergewicht) zu verzeichnen ist.

Gleiches gilt für andere Erkrankungen, die mit einer gestörten Nährstoffaufnahme bzw. Nährstoffverwertung (Malabsorption/Maldigestion) einhergehen. Ob und gegebenenfalls in welcher Höhe ein

Mehrbedarf besteht, ist im Einzelfall auf der Grundlage des Krankheitsverlaufs und des körperlichen Zustands der leistungsberechtigten Person zu beurteilen. Die Krankenkostzulage ist hier mit 10 % der jeweiligen Regelbedarfsstufe anzusetzen.

### Mehrbedarf für Schulbücher und Arbeitshefte



Hintergrund für diesen in § 21 Abs. 6a SGB II geregelten Mehrbedarf ist die Entscheidung des Bundessozialgerichts vom Mai 2019 (Az. u. a. B 14 AS 6/18 R), wonach die Kosten für Schulbücher als Härtefall-Mehrbedarf zu übernehmen sind, wenn Schülerinnen und Schüler mangels Lernmittelfreiheit ihre Schulbücher selbst kaufen müssen.

Mit dem eigenständigen Mehrbedarf als Ausgleich für Aufwendungen für Kauf oder entgeltliche Ausleihe von Schulbüchern sind auch Arbeitshefte umfasst, soweit sie den Schulbüchern gleichstehen. Das ist der Fall, wenn sie über eine ISBN-Nummer verfügen. Voraussetzung für die Anerkennung als Mehrbedarf ist, dass für die betreffende Schülerin bzw. den Schüler im jeweiligen Bundesland oder in der jeweiligen Schule – ganz oder teilweise – keine Lernmittelfreiheit und damit keine Möglichkeit einer unentgeltlichen Anschaffung oder Ausleihe der Schulbücher bzw. der Arbeitshefte besteht. Zudem muss die Benutzung des Buchs bzw. Arbeitshefts durch die Schule oder den jeweiligen Fachlehrer vorgegeben sein.

### Dezentrale Warmwassererzeugung

Auch gesetzlich geregelt (§ 21 Abs. 7 SGB II) ist ein Mehrbedarf, soweit Warmwasser durch in der Unterkunft installierte Vorrichtungen erzeugt wird (z. B. Boiler). Diese Regelung war notwendig, weil bei den Kosten der Unterkunft (siehe Kapitel 4) grundsätzlich nur die Kosten für zentral bereitgestelltes Warmwasser anerkannt sind. Bei dezentral erzeugtem Warmwasser erfolgt die Abrechnung aber über die Haushaltsenergie (Strom oder Gas). Die Haushaltsenergie ist zwar grundsätzlich mit dem Regelbedarf abgedeckt (siehe § 6 Regelbedarfsermittlungsgesetz, dort Abteilung 4). Nicht berücksichtigt ist jedoch ein erhöhter Energieverbrauch, wie er durch die dezentrale Warmwassererzeugung mit Strom oder Gas entsteht. Zum Ausgleich dieses Mehraufwands ist bei betroffenen Leistungsberechtigten ein in der Regel pauschalierter Mehrbedarf anzuerkennen.

Soweit ein erhöhter Bedarf nicht gesondert nachgewiesen werden kann, berechnet sich der Mehrbedarf nach der jeweiligen Regelbedarfsstufe (RBS) des Berechtigten:

| RBS | Mehrbedarf in % | Mehrbedarf in Euro |
|---|---|---|
| 1 | 2,3 % | 11,55 Euro |
| 2 | 2,3 % | 10,37 Euro |
| 3 | 2,3 % | 9,25 Euro |
| 4 | 1,4 % | 5,88 Euro |
| 5 | 1,2 % | 4,18 Euro |
| 6 | 0,8 % | 2,54 Euro |



### Atypische Bedarfslage, Härtefallregelung

Soweit im Einzelfall ein unabweisbarer, besonderer Bedarf besteht, regelt § 20 Abs. 6 SGB II, dass auch hierfür die Kosten übernommen werden.

Ein besonderer Bedarf liegt vor, wenn er neben den durchschnittlichen Bedarfen, die mit dem Regelbedarf abgedeckt sind, in einer atypischen Lebenslage besteht (atypischer Bedarf). Unabweisbar ist ein solcher Bedarf, wenn er nicht aufschiebbar und daher zur Vermeidung einer akuten Notsituation unvermeidlich ist. Insbesondere darf dieser Bedarf auch nicht durch die Zuwendungen Dritter oder unter Berücksichtigung von Einsparmöglichkeiten gedeckt werden können.

Während der Corona-Pandemie ergingen aufgrund der Regelung in § 20 Abs. 6 SGB II diverse Gerichtsentscheidungen zur Kostenübernahme von FFP2-Masken oder Notebooks für Schüler.

## Einmalbedarfe, Sonderbedarfe

### Einmalbedarfe

Nicht vom Regelbedarf umfasst und daher bei Vorliegen der Voraussetzungen und auf Antrag gesondert zu gewähren sind Einmalbedarfe (§ 24 Abs. 3 SGB II):

- Erstausstattungen für die Wohnung einschließlich Haushaltsgeräten

  Typischer Fall ist der Wohnungsbrand, der eine Neuausstattung der Wohnung notwendig macht. Auch im Falle einer Trennung oder Scheidung, aufgrund des vom Leistungsträger genehmigten Auszuges eines Kindes aus dem Haushalt der Eltern, bei einem neu gegründeten Haushalt wegen Heirat, nach Zuzug aus dem Ausland, wenn ein Wohnungsloser eine Wohnung gefunden hat oder wenn ein Haftentlassener eine neue Wohnung bezieht, kann ein Anspruch auf eine Wohnungserstausstattung bestehen.

- Erstausstattungen für Bekleidung und Erstausstattungen bei Schwangerschaft und Geburt
- Anschaffung und Reparaturen von orthopädischen Schuhen, Reparaturen von therapeutischen Geräten und Ausrüstungen sowie die Miete von therapeutischen Geräten



Diese Leistungen können auch Personen gewährt werden, die keine Leistungen zur Sicherung des Lebensunterhalts erhalten. Hierbei sind die Einkünfte, die über dem individuellen Bedarf liegen, zu berücksichtigen.

Für diese Leistungen muss ein gesonderter Antrag gestellt werden (§37 SGB II). Sie können bis zu einem Zeitraum von sechs Monaten neben dem Antragsmonat (also insgesamt sieben Monate) auf die zu gewährende Leistung angerechnet werden. Maßgeblicher zeitlicher Anknüpfungspunkt ist der Monat, in dem über die Leistung entschieden wird. Bei einem nicht aufschiebbaren Bedarf, der eine sofortige Regelung erforderlich macht, wäre das Ermessen daher regelmäßig auf die Berücksichtigung des Einkommensüberschusses im Antragsmonat reduziert.

## Sonderbedarfe

Kann im Einzelfall ein vom Regelbedarf zur Sicherung des Lebensunterhalts umfasster und nach den Umständen unabweisbarer Bedarf nicht gedeckt werden, wird – bei entsprechendem Nachweis – dieser Bedarf als Sachleistung oder als Geldleistung in Form eines Darlehens gewährt (§24 Abs. 1 SGB II).

Unabweisbar ist ein Bedarf, wenn er nicht aufschiebbar und daher zur Vermeidung einer akuten Notsituation unvermeidlich ist. Es darf auch nicht zu erwarten sein, dass der Leistungsberechtigte diesen Bedarf mit den nächsten Leistungen zur Deckung des Regelbe-darfs ausgleichen kann.

Sonderbedarfe können beispielsweise entstehen durch notwendige Reparaturen (z. B. kaputter Kühlschrank), Diebstahl oder Vernichtung (z. B. durch Überschwemmungen).

**Wichtig:** Der Leistungsberechtigte kann vorrangig auf eine andere Bedarfsdeckung, z. B. auf Gebrauchtwarenlager oder auf Kleiderkammern, verwiesen werden.

## Zuschuss zu Versicherungsbeträgen

3

### Gesetzliche Kranken- und Pflegeversicherung

Grundsätzlich sind alle Bezieher von Bürgergeld in der gesetzlichen Kranken- bzw. Pflegeversicherung pflichtversichert (§ 5 Abs. 1 Nr. 2a SGB V); seit 01.01.2016 gibt es keine Familienversicherung mehr für diesen Personenkreis. Die Beiträge zahlt der Staat (§ 251 Abs. 4 SGB V).

§ 26 SGB II sieht die Zahlung von Zuschüssen zu Versicherungsbeiträgen vor. Dabei werden Bezieher von Bürgergeld (vormals Arbeitslosengeld II und Sozialgeld) angesprochen, die in der gesetzlichen Krankenversicherung weder versicherungspflichtig noch familienversichert sind.

**Wichtig:** Der Träger der Grundsicherung übernimmt nun auch die Versicherungsbeiträge zu Kranken- und Pflegeversicherung für Pflichtversicherte, wenn und soweit die Versicherten allein durch die Tragung dieser Beiträge hilfebedürftig würden.

Ist der Betroffene freiwillig in der gesetzlichen Krankenversicherung versichert, wird für die Dauer des Leistungsbezugs der zu zahlende Beitrag übernommen. Für Personen, die allein durch den Beitrag zur freiwilligen Krankenversicherung hilfebedürftig werden, wird der Beitrag nicht vollständig, sondern im notwendigen Umfang übernommen. Hierüber entscheidet der Leistungsträger nach pflichtgemäßem Ermessen.

### Private Kranken- und Pflegeversicherung

Mit dem GKV-Wettbewerbsstärkungsgesetz gibt es seit 01.01.2009 für alle Einwohner Deutschlands eine Versicherungspflicht in der gesetzlichen oder der privaten Krankenversicherung. § 152 Abs. 2 VAG verpflichtet dabei Versicherungsunternehmen zum Angebot eines branchenweit einheitlichen Basistarifs, dessen Vertragsleistungen in Art, Umfang und Höhe der gesetzlichen Krankenversicherung jeweils vergleichbar sind. Der Beitrag für den Basistarif darf den Höchstbeitrag der gesetzlichen Krankenversicherung nicht übersteigen.

Privatversicherten steht als Mindestversicherungsschutz der Basistarif zu. Der Zuschuss zur privaten Kranken- und Pflegeversicherung ist begrenzt auf die Höhe des halbierten Beitrags im Basistarif (2023: 403,99 Euro). Bleibt der Versicherte bei seinem bisherigen Tarif, möchte er also nicht in den Basistarif wechseln, muss er die Differenz aus eigener Tasche zahlen.



### Gesetzliche Rentenversicherung

Beiträge zur gesetzlichen Rentenversicherung werden seit 01.01.2011 nicht mehr geleistet.

Mit Wirkung zum 01.01.2011 wurde die Rentenversicherungspflicht von Arbeitslosengeld II-Empfängern gestrichen (Haushaltsbegleitgesetz 2011). Zeiten des Bezugs werden seitdem nicht mehr als Pflichtversicherungszeiten in der gesetzlichen Rentenversicherung anerkannt mit der Folge, dass für diese Zeit keine Rentenanwartschaften erworben werden. Diese Zeiten wirken sich nur noch als Anrechnungszeiten aus (§ 58 SGB VI), werden also zu den Versicherungsjahren dazugezählt.

## Leistungen für Auszubildende

Auszubildende, Schüler und Studenten gehören grundsätzlich nicht zum Kreis der Berechtigten für den Leistungsbezug nach dem SGB II, weil sie dem Arbeitsmarkt nicht zur Verfügung stehen und somit nicht vermittelbar sind. Darüber hinaus schreibt § 7 Abs. 5 SGB II vor, dass Auszubildende/Studierende, die dem Grunde mit BAföG oder Berufsausbildungsbeihilfe oder Ausbildungsgeld (bei Auszubildenden mit Behinderung) förderungsfähig wären, keinen Anspruch auf SGB II-Leistungen haben. Dieser Leistungsausschluss bezieht sich auf die Regelleistung zur Deckung der Lebenshaltungskosten. Leistungen zur Deckung der Unterkunftskosten sowie zur Deckung von Sonderbedarfen werden dagegen in Ausnahmefällen erbracht.

In § 27 SGB II werden die für Auszubildende möglichen Leistungen systematisch zusammengefasst.

§ 27 Abs. 2 SGB II regelt den Anspruch Auszubildender auf Mehrbedarfe zum Lebensunterhalt. Soweit der Bedarf nicht durch Einkommen oder Vermögen gedeckt werden kann, kommen folgende Leistungen in Betracht:

- Mehrbedarf für Schwangere (§ 21 Abs. 2 SGB II)
- Mehrbedarf für Alleinerziehende (§ 21 Abs. 3 SGB II)
- Mehrbedarf für medizinisch notwendige, kostenaufwändige Ernährung (§ 21 Abs. 5 SGB II)
- Mehrbedarf für einen unabweisbaren, laufenden, nicht nur einmaligen besonderen Bedarf (§ 21 Abs. 6 SGB II)
- Erstausstattungen für Bekleidung und Erstausstattungen bei Schwangerschaft und Geburt (§ 24 Abs. 3 Nr.2 SGB II )

§ 27 Abs. 3 SGB II beinhaltet darüber hinaus eine sog. „Härtefäll-Regelung" zur Überbrückung von Notsituationen (auch z. B. ein drohender Abbruch unmittelbar vor dem Abschluss, weil eine Finanzierung fehlt). Leistungen werden dann als Darlehen gezahlt.

## Leistungen zur Teilhabe und Bildung

Bedarfe für Bildung und Teilhabe am sozialen und kulturellen Leben in der Gemeinschaft bei Kindern, Jugendlichen und jungen Erwachsenen werden neben dem Regelbedarf gesondert berücksichtigt (§ 28 SGB II).

§ 28 Abs. 1 Satz 2 SGB II definiert den Begriff der Schülerinnen und Schüler. Nur wenn dieser erfüllt wird, besteht ein Anspruch auf Bedarfe für Bildung:

- keine Vollendung des 25. Lebensjahres
- Besuch einer allgemein- oder berufsbildende Schule
- kein Bezug von Ausbildungsvergütung

Die Leistungen des „Bildungspakets" nachfolgend im Einzelnen:

**Ausflüge, Klassenfahrten**

| | |
|---|---|
| Anspruchsberechtigte | Schülerinnen und Schüler<br>Kinder, die eine Kindertageseinrichtung besuchen |
| Leistungsinhalt | Eintägige (Schul-)Ausflüge und mehrtägige Klassenfahrten |
| Höhe der Leistung | Die Aufwendungen werden in tatsächlicher Höhe berücksichtigt. |

### Schulbedarf

| | |
|---|---|
| Anspruchsberechtigte | Schülerinnen und Schüler |
| Leistungsinhalt | Zur persönlichen Schulausstattung gehören neben Schulranzen, Schulrucksack und Sportzeug insbesondere die für den persönlichen Ge- und Verbrauch bestimmten Schreib-, Rechen- und Zeichenmaterialien (Füller, Kugelschreiber, Blei- und Malstifte, Taschenrechner, Geodreieck, Hefte und Mappen, Tinte, Radiergummis, Bastelmaterial, Knetmasse). |
| Höhe der Leistung | Die Höhe des anerkannten persönlichen Schulbedarfs ist pauschaliert und wird seit 01.07.2020 regelmäßig an die allgemeine Lohn- und Preisentwicklung angepasst.<br>Für 2023 gilt ein Bedarf in Höhe von 174,00 Euro im Jahr. Das „Schulbedarfspaket" wird in zwei Stufen ausbezahlt:<br>58 Euro zum 1. Februar und 116 Euro zum 1. August. |

### Schülerbeförderung

| | |
|---|---|
| Anspruchsberechtigte | Schülerinnen und Schüler (überwiegend der Sekundarstufe II) |
| Leistungsinhalt | Die Schülerbeförderungskosten werden in einigen Bundesländern nur bis zum Abschluss der Sekundarstufe I übernommen. Werden dann die Beförderungskosten von keiner dritten Stelle mehr übernommen und ist es dem Leistungsberechtigten nicht zumutbar, die Kosten aus dem Regelbedarf heraus zu bestreiten, so werden die Kosten für die Schülerbeförderung (z. B. Monatskarte) übernommen.<br>Die Aufwendungen für die Schülerbeförderung müssen dabei tatsächlich anfallen und in Zweifelsfällen nachgewiesen werden. |

| | |
|---|---|
| Höhe der Leistung | Berücksichtigt werden die notwendigen Aufwendungen für die Beförderung zur nächstgelegenen Schule des gewählten Bildungsgangs.<br>Auf diesen Betrag ist die Leistung auch dann beschränkt, wenn die Schülerin oder der Schüler tatsächlich eine weiter entfernte Schule besucht. |

3

## Lernförderung

| | |
|---|---|
| Anspruchsberechtigte | Schülerinnen und Schüler |
| Leistungsinhalt | Nur wenn vor Ort keine ausreichenden regulären schulischen Angebote existieren, kann eine ergänzende Lernförderung auf Antrag bewilligt werden; unmittelbar schulische Angebote haben stets Vorrang.<br>Die Lernförderung muss „geeignet“ und „ergänzend erforderlich“ sein, um das „Lernziel“ zu erreichen:<br>■ die Geeignetheit und Erforderlichkeit der Lernförderung bezieht sich auf das wesentliche Lernziel, das sich wiederum im Einzelfall je nach Schulform und Klassenstufe aus den schulrechtlichen Bestimmungen des jeweiligen Landes ergibt;<br>■ das wesentliche Lernziel in der jeweiligen Klassenstufe ist regelmäßig die Versetzung in die nächste Klassenstufe bzw. ein ausreichendes Leistungsniveau. Verbesserungen zum Erreichen einer besseren Schulartempfehlung stellen regelmäßig keinen Grund für Lernförderung dar.<br>Es ist eine auf das Schuljahresende bezogene prognostische Einschätzung unter Einbeziehung der schulischen Förderangebote zu treffen. Ist im Zeitpunkt der Bedarfsfeststellung diese Prognose negativ, besteht kein Anspruch auf Lernförderung. |

| | |
|---|---|
| | Auf eine bestehende Versetzungsgefährdung kommt es nicht an. |
| Höhe der Leistung | Es wird eine „angemessene" Lernförderung übernommen: Angemessen ist Lernförderung, wenn sie im Rahmen der örtlichen Angebotsstruktur auf kostengünstige Anbieterstrukturen zurückgreift. Die Angemessenheit der Höhe der Vergütung richtet sich nach der konkret benötigten Lernförderung und den ortsüblichen Sätzen. |



**Mittagsverpflegung**

| | |
|---|---|
| Anspruchsberechtigte | Schülerinnen und Schüler<br>Kinder, die eine Kindertageseinrichtung besuchen<br>Kinder, für die Kindertagespflege geleistet wird<br>Für Schülerinnen und Schüler gilt dies unter der Voraussetzung, dass die gemeinschaftliche Mittagsverpflegung in schulischer Verantwortung angeboten wird oder durch einen Kooperationsvertrag zwischen Schule und Tageseinrichtung vereinbart ist. |
| Leistungsinhalt | Kosten für ein gemeinschaftliches Mittagessen |
| Höhe der Leistung | Die Bedarfsbemessung der Höhe nach erfolgt anhand der durchschnittlichen Anzahl der Tage, an denen Schülerinnen und Schüler an einer Schule mit angebotener Gemeinschaftsschule die Leistung in Anspruch nehmen können. Abweichungen aufgrund von beweglichen Ferientagen, Unterrichtsausfall, schulinternen Fortbildungen, vorübergehender Erkrankung und Klassenfahrten sind nicht zu berücksichtigen. |

## Außerschulische Bildung und Teilhabe

| | |
|---|---|
| Anspruchsberechtigte | Kinder und Jugendliche bis zur Vollendung des 18. Lebensjahres |
| Leistungsinhalt | Für die Teilhabe am sozialen und kulturellen Leben in der Gemeinschaft werden pauschal 15 Euro monatlich berücksichtigt, sofern bei Leistungsberechtigten tatsächliche Aufwendungen entstehen, in Zusammenhang mit der Teilnahme an:<br>▪ Aktivitäten in den Bereichen Sport, Spiel, Kultur und Geselligkeit<br>▪ Unterricht in künstlerischen Fächern (z. B. Musikunterricht und vergleichbare abgeleitete Aktivitäten der kulturellen Bildung)<br>▪ Freizeiten<br>Neben der Berücksichtigung dieser Bedarfe können auch weitere tatsächliche Aufwendungen berücksichtigt werden, wenn sie im Zusammenhang mit der Teilnahme an den genannten Aktivitäten entstehen und es den Leistungsberechtigten im Einzelfall nicht zugemutet werden kann, diese aus den vorstehenden Leistungen und aus dem Regelbedarf zu bestreiten. Ansonsten zählen beispielsweise Kinoveranstaltungen nicht zu den Leistungen.<br>Auch Fahrtkosten, um diese Veranstaltungen besuchen zu können, sind ausgenommen, wenn nicht die obige Ausnahmeregelung greift. |
| Höhe der Leistung | Das zu berücksichtigende Budget ist pauschaliert auf insgesamt 15 Euro monatlich. |

Die Schulbedarfe und die Schülerbeförderung werden als Geldleistung erbracht. Die kommunalen Träger können mit den Anbietern pauschal abrechnen.

Die anderen Teile des Bildungspakets werden erbracht durch

- Sach- und Dienstleistungen, insbesondere in Form von personalisierten Gutscheinen,
- Direktzahlungen an Anbieter von Leistungen zur Deckung dieser Bedarfe oder
- Geldleistungen; sie können sowohl im Voraus beantragt werden als auch im Nachhinein.



Die kommunalen Träger bestimmen, in welcher Form sie die Leistungen erbringen.

**Wichtig:** Berechtigte Selbsthilfe: Die Leistungen können vom Berechtigten in bestimmten Fällen auch zunächst selbst gezahlt werden (z. B. Anbieter verlangt Barzahlung) und der Leistungsträger erstattet diese Aufwendungen dann nachträglich (§ 30 SGB II).

## Darlehen

Eine Art der finanziellen Hilfestellung für Betroffene ist ein Darlehen – neben oder anstelle der Regelleistung. Der § 42a SGB II schafft die Rahmenvorgaben für alle im SGB II möglichen Darlehen:

- § 16c Abs. 1: Eingliederungsleistungen von Selbstständigen
- § 22 Abs. 2 Satz 2: Darlehen bei Instandhaltung und Reparatur bei Wohneigentum
- § 22 Abs. 6 Satz 3: Darlehen für Mietkaution
- § 24 Abs. 1: Darlehen bei einem unabweisbarer Bedarf
- § 24 Abs. 4: Leistungen zur Sicherung des Lebensunterhalts als Darlehen, soweit in dem Monat, für den die Leistungen erbracht werden, voraussichtlich Einnahmen anfallen
- § 24 Abs. 5: Leistungen als Darlehen, wenn der sofortige Verbrauch oder Verwertung von Vermögen nicht möglich ist oder eine besondere Härte bedeuten würde.

Es gilt der Grundsatz: Anspruch auf ein Darlehen besteht nur, wenn der Bedarf weder durch geschütztes Vermögen, noch auf andere Weise gedeckt werden kann (§ 42a Abs. 1 SGB II).

Folgendes Vermögen ist einzusetzen:

- § 12 Abs. 2 SGB II: für jede Person in der Bedarfsgemeinschaft ein Betrag in Höhe von 15.000 Euro
- § 12 Abs. 4 Satz 1 SGB II: 40.000 Euro für die leistungsberechtigte Person sowie 15.000 Euro für jede weitere mit dieser in Bedarfsgemeinschaft lebende Person während der Karenzzeit (= erstes Jahr nach Antragsstellung)

Das Darlehen kann an einzelne Mitglieder der Bedarfsgemeinschaft oder an mehrere gemeinsam vergeben werden. Zur Rückzahlung verpflichtet ist nach Satz 3 der Darlehensnehmer. Nur wenn es mehrere Darlehensnehmer gibt, sind diese gemeinsam zur Rückzahlung verpflichtet (Gesamtschuldner).

Die Höhe der Rückzahlungsverpflichtung während des Leistungsbezugs wurde auf einen festen Wert von 10 % des laufenden Regelbedarfs festgelegt, unabhängig von der Anzahl und Höhe der Darlehen. Der Rückzahlungsanspruch beginnt grundsätzlich ab dem Monat, der auf die Auszahlung folgt.

**Wichtig:** Mit Ende des Leistungsbezuges wird der noch nicht getilgte Darlehensbetrag sofort fällig. Über die Rückzahlung des ausstehenden Betrags soll aber eine Vereinbarung unter Berücksichtigung der wirtschaftlichen Verhältnisse der Darlehensnehmer getroffen werden.

## Kosten der Unterkunft und Heizung

## Kosten der Unterkunft

Leistungen für Unterkunft und Heizung sind integraler Bestandteil des Bürgergeldes, das den Bedarf für Unterkunft und Heizung als nicht abtrennbaren Teil enthält (siehe § 19 Abs. 1 Satz 3 in Verbindung mit § 22 SGB II).



**Bürgergeld ab 01.01.2023**
Für die Anerkennung der Kosten für eine Wohnung, ein Eigenheim gilt eine Karenzzeit von einem Jahr ab Beginn des Monats, für den erstmals Leistungen nach dem SGB II bezogen werden. Innerhalb dieser Karenzzeit werden die Bedarfe für Unterkunft in Höhe der tatsächlichen Aufwendungen anerkannt; eine Angemessenheitsprüfung findet nicht statt. Eine neue Karenzzeit beginnt, wenn zuvor mindestens drei Jahre keine Leistungen nach SGB II oder SGB XII bezogen worden sind.

Die Heizkosten werden im angemessenen Umfang gewährt, um auf einen sparsamen Umgang mit Energie hinzuwirken. Die Höhe der angemessenen Kosten für Heizung bestimmen die Kommunen selbstständig.

Nach einem Umzug innerhalb der Karenzzeit werden in der Regel nur noch die angemessenen Kosten der Unterkunft übernommen, denn die Karenzzeit soll nur ermöglichen, dass Menschen trotz einer kurzfristigen Notlage in ihrem Zuhause bleiben können. Es sei denn, der Umzug erfolgt mit Zustimmung des Jobcenters oder des Sozialamtes oder der Umzug erfolgt, weil es keine verfügbare Wohnung zu einem angemessenen Preis gibt, etwa wenn eine behindertengerechte Wohnung nötig ist.

Diese Regelungen lehnen sich an das an, was bereits seit Beginn der Pandemie galt und sich bewährt hat: Gerade in der ersten Zeit des Leistungsbezugs sind die Chancen, den Weg in Arbeit zu finden, besonders hoch. Die Menschen sollen den Kopf frei haben für die Arbeitssuche oder Qualifizierung, statt sich um einen Umzug in eine günstigere Wohnung bemühen zu müssen.

Nach der Karenzzeit gilt: Bei der Prüfung, welcher Betrag als Bedarf für Unterkunft und Heizung zu berücksichtigen ist, werden zunächst die Aufwendungen ermittelt und auf ihre Angemessenheit geprüft. Hierbei richtet sich die Angemessenheit des Wohnraums und der

Miete nach den örtlichen Satzungen (§ 22a SGB II), Richtlinien oder Mietspiegeln. Sind die Wohngröße und die Kosten angemessen, werden sie in der Folge als Bedarf für Unterkunft und Heizung berücksichtigt.

Als angemessen gilt der Wohnraum für eine Person bei einer Größe von 45 bis 50 Quadratmetern (qm). Für zwei Personen gelten 60 qm als angemessen, während für jede weitere Person 15 qm zusätzlich zu berechnen sind.



**Wichtig:** Da es keine bundeseinheitliche Regelung gibt, können diese Werte von Kommune zu Kommune leicht abweichen. Maßgeblich sind auch immer die örtlichen Gegebenheiten und Möglichkeiten. So ist nicht anzunehmen, dass in einer Großstadt mit fehlendem Wohnraum die Kostenerstattung verweigert wird, wenn eine Wohnung mit 60 qm Wohnfläche für eine Person noch im Rahmen der angemessenen Kosten ist.

Die Kosten für Unterkunft und Heizung werden grundsätzlich an den Leistungsempfänger erbracht. Nur wenn eine zweckentsprechende Verwendung durch den Leistungsempfänger nicht garantiert werden kann, zahlt der Grundsicherungsträger direkt an den Vermieter.

**Wichtig:** Droht aufgrund von Mietschulden Wohnungslosigkeit, so sollen die Schulden vom Grundsicherungsträger übernommen werden (§ 22 Abs. 8 SGB II).

### Was gehört zu den Unterkunftskosten?

Zu den Leistungen für die Unterkunft (§ 22 SGB II) gehören unter anderem:

- die tatsächliche Miete
- Heizkosten
- mietvertraglich geschuldete Schönheitsreparaturen
- Einzugs- und Auszugsrenovierung, soweit sie notwendig oder vertraglich festgeschrieben sind
- vertraglich vorgeschriebene Wartungskosten

Bei selbst genutztem Wohnraum (Eigenheim, Eigentumswohnung) gehören alle Belastungen, die damit verbunden sind, dazu, wie zum Beispiel:

- Schuldzinsen für Hypotheken
- Grundsteuer und sonstige öffentliche Abgaben
- Versicherungsbeiträge (Gebäudebrandversicherung, Versicherung gegen Feuer, Diebstahl, Haftpflicht)
- Anliegerbeiträge
- Erbbauzins



Modernisierungen zur Wertsteigerung des Wohneigentums gehören ebenso wenig wie Kredittilgungsraten oder eine Hausratversicherung dazu.

### Nebenkosten, Betriebskosten

Grundsätzlich verlangt § 22 SGB II die Übernahme aller tatsächlich anfallenden Nebenkosten, soweit diese angemessen sind. Ausschließlich dann, wenn es Hinweise für unwirtschaftliches Verhalten gibt, können Maßnahmen zur Senkung dieser Kosten ergriffen werden.

Zu den Nebenkosten im Sinne des § 22 Abs. 1 SGB II zählen alle Kosten, die vom Vermieter rechtlich zulässig auf den Mieter umgelegt werden können.

Kosten für Schönheitsreparaturen sind grundsätzlich den Kosten für Unterkunft und Heizung zuzurechnen, wenn sie vertraglich vereinbart sind.

Reparaturen aufgrund der Beschädigung der Mietsache gehören grundsätzlich nicht zum Unterkunftsbedarf. Bei unabweisbarem Bedarf können diese Kosten als Darlehen vom Grundsicherungsträger (§ 22 Abs. 2 Satz 2 SGB II) übernommen werden.

Betriebskostennachzahlungen sind zu übernehmen, wenn die Voraussetzungen für die Gewährung der Hilfe im Zeitpunkt der Nachforderung vorliegen, d. h. wenn zum Zeitpunkt der Nachzahlung noch Hilfebedürftigkeit vorliegt.

### Heizkosten

Heizungskosten sind in tatsächlicher Höhe zu übernehmen, soweit sie angemessen sind (§ 22 Abs. 1 Satz 1 SGB II). Bei der Angemessenheit von Heizkosten ist zu berücksichtigen:

- der individuelle Bedarf, also die persönlichen und familiären Verhältnisse (z. B. Kleinkinder, behinderte, alte/kranke Menschen, Erwerbstätigkeit),
- die Größe und Beschaffenheit der Wohnung (Lage, Bauzustand, Wärmedämmung, Dichtigkeit der Fenster, Raumhöhen),
- die vorhandenen Heizmöglichkeiten (Art, Alter, Zustand und Betriebsart der Heizanlage),
- die örtlichen Gegebenheiten (Klima, Brennstoffpreise).

Liegen konkrete Anhaltspunkte für ein unwirtschaftliches, unangemessenes Heizverhalten vor, muss der Grundsicherungsträger den Leistungsempfänger schriftlich darüber in Kenntnis setzen und ihn zur Kostensenkung auffordern.



Übersteigt die dem Leistungsempfänger zur Verfügung stehende tatsächliche Wohnfläche die für ihn angemessene, besteht ein Anspruch auf Übernahme der Heizungskosten nur anteilig im Verhältnis der angemessenen zu der tatsächlichen Wohnfläche.

### Warmwasser

Kosten für Warmwasser werden als Bedarf für die Unterkunftskosten anerkannt, wenn es sich um zentral bereitgestelltes Warmwasser handelt.

Bei dezentraler Warmwassererzeugung werden die Kosten als Mehrbedarf nach § 21 Abs. 7 SGB II anerkannt und – je nach Regelbedarfsstufe – prozentual berechnet (siehe Kapitel 3).

### Stromkosten

Stromkosten müssen aus dem Regelbedarf, also aus dem Bürgergeld, bestritten werden. Dies gilt auch für erforderliche Nachzahlungen aufgrund der Jahresabrechnung.

Bei „Stromschulden" kommt eine Darlehensgewährung im Rahmen des § 24 Abs. 1 SGB II in Betracht, wenn der Bedarf unabweisbar ist und nicht auf andere Weise (z. B. Ratenzahlungsvereinbarung mit dem Versorgungsunternehmen) gedeckt werden kann.

Sind bereits so hohe Schulden aufgelaufen, dass die Sperrung der Stromversorgung droht, kann eine mit Mietschulden vergleichbare Notlage vorliegen, sodass eine Kostenübernahme durch den Grundsicherungsträger im Rahmen des § 22 Abs. 8 SGB II infrage kommt.

Im Posten für Wohnen und Energie – ohne Miete – sind im Bürgergeld-Regelsatz für Alleinstehende auf ein Jahr hochgerechnet knapp 511 Euro vorgesehen. Laut Mitteilungen der Sozialverbände werden die durchschnittlichen Stromkosten im Jahr 2023 trotz Strompreisbremse um etwa 25 Prozent höher liegen. Ob es im Laufe des Jahres dafür eine Lösung geben wird, ist unklar.



**Wichtig:** Selbst bei Sperrung der Stromversorgung steht dem Träger der Grundsicherung ein erheblicher Ermessensspielraum zu. Voraussetzung für einen Anspruch auf Schuldenübernahme ist jedenfalls, dass der Leistungsberechtigte zuvor alle Selbsthilfemöglichkeiten ausgeschöpft hat (z. B. zivilgerichtliche einstweilige Verfügung gegen den sperrenden Energieversorger).

## Umzugskosten, Kosten der Wohnungssuche

Ist die aktuelle Wohnung (nach der Karenzzeit, siehe oben) unangemessen groß und/oder sind die Mietkosten unangemessen hoch, muss ein Umzug ins Auge gefasst werden.

**Wichtig:** Der Grundsicherungsträger kann zwar zum Umzug auffordern; er kann den Betroffenen aber nicht zwingen. Nach Ablauf einer Karenzzeit (in der Regel sechs Monate) werden nur noch die angemessenen Kosten übernommen; für den übersteigenden Rest muss der Betroffene dann selbst aufkommen.

Wohnungsbeschaffungskosten, Mietkautionen und Umzugskosten können als Bedarf anerkannt werden, mit der Folge, dass die Übernahme durch den Grundsicherungsträger erfolgt. Sie sollen übernommen werden, wenn der Umzug auf Aufforderung erfolgte (weil etwa die Wohnung unverhältnismäßig groß ist) oder aus anderen Gründen notwendig war. Diese Kosten werden grundsätzlich als Darlehen erbracht (§ 22 Abs. 6 Satz 3 SGB II). Für die Darlehensgewährung müssen folgende Voraussetzungen erfüllt sein:

- Der Leistungsempfänger kann den Betrag nachweislich nicht aus eigenen Mitteln erbringen.
- Der Umzug wurde vom Grundsicherungsträger gefordert oder ist aus anderen wichtigen Gründen unvermeidlich.

- Die neue Wohnung ist von der Größe und den Kosten her angemessen.
- Es muss eine schriftliche Zusage des Grundsicherungsträgers vorliegen.

Das Darlehen ist mit 10 % des laufenden Regelbedarfs zurückzuzahlen (§ 42a Abs. 2 SGB II).

Der Anspruch auf Übernahme der Umzugskosten nach § 22 Abs. 6 SGB II beschränkt sich auf die notwendigen angemessenen Kosten. Der Umzug ist grundsätzlich selbst durchzuführen. Ist dies aus gesundheitlichen Gründen, wegen Alters oder Behinderung nicht möglich oder nicht zumutbar, können Kosten, die durch eine Beauftragung einer Umzugsfirma entstehen, übernommen werden. Werden Umzugskosten gewährt, sind alle im Zusammenhang mit dem Umzug notwendigen Kosten zu erstatten. Dabei sind üblicherweise anfallende Kosten in angemessener Höhe zu übernehmen (insbesondere Kosten für Packen, Transport, Versicherung, Benzin; aber auch Verköstigung der Helfenden, Reisekosten von Kindern und Begleitperson).

# Mitwirkungspflichten, Pflichtverletzungen und Sanktionen

## Mitwirkungspflichten, Obliegenheiten

### Allgemeine sozialrechtliche Vorgaben

Wer Sozialleistungen beantragt oder erhält, hat alle Tatsachen anzugeben, die für die Leistung erheblich sind, und auf Verlangen des zuständigen Leistungsträgers der Erteilung der erforderlichen Auskünfte durch Dritte zuzustimmen; ferner hat er Änderungen in den Verhältnissen, die für die Leistung erheblich sind oder über die in Zusammenhang mit der Leistung Erklärungen abgegeben worden sind, unverzüglich mitzuteilen. Diese Mitwirkungspflicht gilt für alle Sozialleistungen und ist deshalb im Ersten Buch Sozialgesetzbuch (Allgemeine Vorschriften, SGB I) in § 60 geregelt. Das gilt natürlich auch für die Beantragung bzw. während des Bezugs von Leistungen der Grundsicherung für Arbeitsuchende.



Im Hinblick auf die Leistungsgewährung kann es für die Bewilligung notwendig sein, Informationen vom Arbeitgeber oder sonstigen Dritten zu erhalten. § 57 SGB II regelt daher eine Auskunftspflicht von Arbeitgebern sowie § 60 SGB II eine Auskunfts- und Mitwirkungspflicht Dritter.

Das persönliche Erscheinen regelt § 61 SGB I. Wer Sozialleistungen beantragt oder erhält, soll auf Verlangen des zuständigen Leistungsträgers zur mündlichen Erörterung des Antrags oder zur Vornahme anderer, für die Entscheidung über die Leistung notwendiger Maßnahmen persönlich erscheinen.

Wer wegen Arbeitslosigkeit Sozialleistungen beantragt oder erhält, soll auf Verlangen des zuständigen Leistungsträgers an Leistungen zur Teilhabe am Arbeitsleben teilnehmen (§ 64 SGB I). Voraussetzung ist, dass bei angemessener Berücksichtigung der Leistungsfähigkeit des Betreffenden zu erwarten ist, dass die Maßnahme seine Erwerbs- oder Vermittlungsfähigkeit auf Dauer fördert oder erhalten wird.

Die Grenzen der Mitwirkung werden in § 65 SGB I behandelt; sie ist nicht notwendig, wenn die Erfüllung dieser Pflicht

- nicht im angemessenen Verhältnis zu Leistung steht oder
- dem Betroffenen aus wichtigem Grund nicht zugemutet werden kann.

§ 66 SGB I regelt die Folgen fehlender Mitwirkung. Kommt danach derjenige, der eine Sozialleistung beantragt oder erhält, seinen Mitwirkungspflichten nicht nach und wird dadurch die Aufklärung des

Sachverhalts erheblich erschwert, kann der Leistungsträger die Leistungen versagen. Voraussetzung ist, dass die Bedingungen für die Leistung nicht nachgewiesen sind. In diesen Fällen kann der Leistungsträger die Leistung bis zur Nachholung der Mitwirkung (§ 67 SGB I) ganz oder teilweise versagen oder entziehen.

Bei der Versagung oder dem Entzug von Sozialleistungen ist § 66 Abs. 3 SGB zu beachten. Danach dürfen Sozialleistungen wegen fehlender Mitwirkung nur versagt oder entzogen werden, nachdem der Leistungsberechtigte auf diese Folge schriftlich hingewiesen worden und seiner Mitwirkungspflicht nicht innerhalb einer ihm gesetzten angemessenen Frist nachgekommen ist. Es genügt hier nicht, dass der Sozialleistungsträger lediglich unter Wiedergabe des Gesetzestextes darauf hinweist, dass die Leistung ganz oder teilweise versagt werden könne, wenn die Versicherten ihrer Mitwirkungspflicht nicht nachkommen.



### Spezialgesetzliche Mitwirkungspflichten

Im SGB II finden sich Ausführungen zu den Mitwirkungspflichten des Leistungsberechtigten, die die allgemeinen Regelungen des SGB I ergänzen:

- Anzeige- und Bescheinigungspflicht bei Arbeitsunfähigkeit (§ 56 SGB II)
- Meldepflicht, insbesondere bei Ortsabwesenheit (§ 59 SGB II i. V. m. § 309 SGB III)

Über die allgemeine Mitwirkungspflicht hinaus bestehen weitere Pflichten des Leistungsberechtigten, die sich aus den Grundsätzen des SGB II (Fördern und Fordern) ergeben bzw. die individuell in einer Eingliederungsvereinbarung oder in einer Kooperationsvereinbarung ab Juli 2023 (§ 15 SGB II) zwischen Jobcenter und „Kunden" festgelegt werden:

- aktive Arbeitssuche
- persönliche Verfügbarkeit und Erreichbarkeit; persönliche Terminwahrnahme
- Annahme zumutbarer Arbeit
- wirtschaftliches Verhalten bzw. Haushalten mit den finanziellen Mitteln

## Pflichtverletzungen, Leistungsminderungen

Bis zum Urteil des Bundesverfassungsgerichtes vom 05.11.2019 waren Leistungsminderungen (Sanktionen) bis zur vollständigen Streichung der Leistung möglich. Das Bundesverfassungsgericht hat mit Urteil vom 05.11.2019 (Az. 1 BvL 7/16) entschieden, dass die Sanktionen nach den zu diesem Zeitpunkt geltenden §§ 31 ff. SGB II mit dem Grundgesetz dann nicht vereinbar sind, wenn die Minderung nach wiederholten Pflichtverletzungen innerhalb eines Jahres die Höhe von 30 % des maßgebenden Regelbedarfs übersteigt oder gar zu einem vollständigen Wegfall der Leistungen führt. Mit dem Grundgesetz unvereinbar sind die Sanktionen zudem, wenn für alle Leistungsminderungen eine starre Dauer von drei Monaten vorgegeben wird.



Als Folge dieses Urteils führte der Gesetzgeber das sogenannte Sanktionsmoratorium ein: Bis zum 31.12.2022 waren Sanktionen vorübergehend nur bei verpassten Terminen und nur in Höhe von 10 % möglich, quasi als Übergangsregelung bis zur Einführung des Bürgergelds.

Mit Einführung des Bürgergelds ist das Sanktionsmoratorium ausgelaufen. Leistungsminderungen sind jetzt in Höhe von bis zu 30 % möglich, also in dem Rahmen, den das Bundesverfassungsgericht erlaubt.

**Pflichtverletzungen** (§ 31 SGB II) sind:

- bis 30.06.2023: Verstoß gegen in der Eingliederungsvereinbarung festgelegte Pflichten/fehlende Eigenbemühungen
- ab 01.07.2023: Weigerung der Aufforderung nachzukommen, die im Kooperationsplan festgehaltenen Absprachen einzuhalten
- Ablehnung zumutbarer Arbeit, Ausbildung oder geförderter Arbeit
- Nichtantritt, Abbruch oder Anlass für Abbruch einer zumutbaren Maßnahme

Eine Pflichtverletzung hat nur dann Auswirkungen, wenn die erwerbsfähige leistungsberechtigte Person vorher über die Rechtsfolgen schriftlich belehrt wurde oder die Rechtsfolgen kannte.

Eine Pflichtverletzung liegt nicht vor, wenn die erwerbsfähige leistungsberechtigte Person einen wichtigen Grund für ihr Verhalten darlegt und nachweisen kann.

**Umfang (§ 31a SGB II) und Dauer (§ 31b SGB II) der Leistungsminderungen:**

Bei der ersten Pflichtverletzung: Kürzung des Bürgergeldes um 10 % des Regelsatzes für höchstens 1 Monat,

Bei der zweiten Pflichtverletzung: Kürzung des Bürgergeldes um 20 % des Regelsatzes für höchstens 2 Monate,

Bei der weiteren Pflichtverletzungen: Kürzung des Bürgergeldes um 30 % des Regelsatzes für höchstens 3 Monate.

Wenn zwischen dem Beginn der ersten Minderung und einer weiteren Pflichtverletzung mehr als 1 Jahr vergangen ist, gilt die Pflichtverletzung wieder als 1. Verstoß.

Leistungsminderungen bei Nichtwahrnehmung eines Termins (§ 32 SGB II) von 10 % des Regelsatzes für 1 Monat je verpasstem Termin, auch bei häufigeren Terminversäumnissen.



**Wichtig:** Zur gleichen Zeit darf es nie mehr als 30 % Kürzung des Regelsatzes geben.

Übrigens: Laut einer Studie des Instituts für Sozial- und Wirtschaftsforschung, INES Berlin im Auftrag des Vereins Sanktionsfrei e. V. sind Sanktionen kein geeignetes Mittel, um Menschen in Beschäftigung zu bringen. Die Studie kann unter https://sanktionsfrei.de/studie eingesehen werden.

## 6 Gesetzliche Grundlagen



6

# Sozialgesetzbuch (SGB) Zweites Buch (II) – Bürgergeld, Grundsicherung für Arbeitsuchende – (SGB II)

**in der Fassung der Bekanntmachung vom 13. Mai 2011 (BGBl. I S. 850, S. 2094)**

Zuletzt geändert durch
Zwölftes Gesetz zur Änderung des Zweiten Buches Sozialgesetzbuch und anderer Gesetze – Einführung eines Bürgergeldes (Bürgergeld-Gesetz)
vom 16. Dezember 2022 (BGBl. I S. 2328)[1])

## Inhaltsübersicht



[1]) Dargestellt ist die Gesetzesfassung ab 1. Juli 2023; die dann in Kraft tretenden Gesetzespassagen sind kursiv dargestellt.

6

## Kapitel 1
## Fördern und Fordern

### § 1 Aufgabe und Ziel der Grundsicherung für Arbeitsuchende

(1) Die Grundsicherung für Arbeitsuchende soll es Leistungsberechtigten ermöglichen, ein Leben zu führen, das der Würde des Menschen entspricht.

(2) $_1$Die Grundsicherung für Arbeitsuchende soll die Eigenverantwortung von erwerbsfähigen Leistungsberechtigten und Personen, die mit ihnen in einer Bedarfsgemeinschaft leben, stärken und dazu beitragen, dass sie ihren Lebensunterhalt unabhängig von der Grundsicherung aus eigenen Mitteln und Kräften bestreiten können. $_2$Sie soll erwerbsfähige Leistungsberechtigte bei der Aufnahme oder Beibehaltung einer Erwerbstätigkeit unterstützen und den Lebensunterhalt sichern, soweit sie ihn nicht auf andere Weise bestreiten können. $_3$Die Gleichstellung von Männern und Frauen ist als durchgängiges Prinzip zu verfolgen. $_4$Die Leistungen der Grundsicherung sind insbesondere darauf auszurichten, dass

1. durch eine Erwerbstätigkeit Hilfebedürftigkeit vermieden oder beseitigt, die Dauer der Hilfebedürftigkeit verkürzt oder der Umfang der Hilfebedürftigkeit verringert wird,
2. die Erwerbsfähigkeit einer leistungsberechtigten Person erhalten, verbessert oder wieder hergestellt wird,
3. Nachteile, die erwerbsfähigen Leistungsberechtigten aus einem der in § 1 des Allgemeinen Gleichbehandlungsgesetzes genannten Gründe entstehen können, überwunden werden,
4. die familienspezifischen Lebensverhältnisse von erwerbsfähigen Leistungsberechtigten, die Kinder erziehen oder pflegebedürftige Angehörige betreuen, berücksichtigt werden,
5. Anreize zur Aufnahme und Ausübung einer Erwerbstätigkeit geschaffen und aufrechterhalten werden.

(3) Die Grundsicherung für Arbeitsuchende umfasst Leistungen zur

1. Beratung,
2. Beendigung oder Verringerung der Hilfebedürftigkeit insbesondere durch Eingliederung in Ausbildung oder Arbeit und
3. Sicherung des Lebensunterhalts.

### § 2 Grundsatz des Forderns

(1) $_1$Erwerbsfähige Leistungsberechtigte und die mit ihnen in einer Bedarfsgemeinschaft lebenden Personen müssen alle Möglichkeiten zur Beendigung oder Verringerung ihrer Hilfebedürftigkeit ausschöpfen. $_2$Eine erwerbsfähige leistungsberechtigte Person muss aktiv an allen Maßnahmen zu ihrer Eingliederung in Arbeit mitwirken, *insbesondere einen Kooperationsplan abschließen.* $_3$*Im Rahmen der vorrangigen Selbsthilfe und Eigenverantwortung sollen erwerbsfähige leistungsberechtigte Personen eigene Potenziale nutzen und Leistungen anderer Träger in Anspruch nehmen.*

(2) $_1$Erwerbsfähige Leistungsberechtigte und die mit ihnen in einer Bedarfsgemeinschaft lebenden Personen haben in eigener Verantwortung alle Möglichkeiten zu nutzen, ihren Lebensunterhalt aus eigenen Mitteln und Kräften zu bestreiten. $_2$Erwerbsfähige Leistungsberechtigte müssen ihre Arbeitskraft zur Beschaffung des Lebensunterhalts für sich und die mit ihnen in einer Bedarfsgemeinschaft lebenden Personen einsetzen.

### § 3 Leistungsgrundsätze

(1) $_1$Leistungen zur Eingliederung in Arbeit können erbracht werden, soweit sie zur Vermeidung oder Beseitigung, Verkürzung oder Verminderung der Hilfebedürftigkeit für die Eingliederung erforderlich sind. $_2$Bei den Leistungen zur Eingliederung in Arbeit sind zu berücksichtigen

1. die Eignung der erwerbsfähigen Leistungsberechtigten,
2. die individuelle Lebenssituation der erwerbsfähigen Leistungsberechtigten, insbesondere ihre familiäre Situation,
3. die voraussichtliche Dauer der Hilfebedürftigkeit der erwerbsfähigen Leistungsberechtigten und
4. die Dauerhaftigkeit der Eingliederung der erwerbsfähigen Leistungsberechtigten.

$_3$Vorrangig sollen Leistungen erbracht werden, die die unmittelbare Aufnahme einer Ausbildung oder Erwerbstätigkeit ermöglichen, es sei denn, eine andere Leistung ist für die dauerhafte Eingliederung erforderlich. $_4$Von der Erforderlichkeit für die dauerhafte Eingliederung ist insbesondere auszugehen, wenn leistungsberechtigte Personen ohne Berufsabschluss Leistungen zur Unterstützung der Aufnahme einer Ausbildung nach diesem Buch, dem Dritten Buch oder auf anderer rechtlicher Grundlage erhalten oder an einer nach § 16 Absatz 1 Satz 2 Nummer 4 in Verbindung mit § 81 des Dritten Buches zu fördernden beruflichen Weiterbildung teilnehmen oder voraussichtlich teilnehmen werden. $_5$Die Verpflichtung zur vorrangigen Aufnahme einer Ausbildung oder Erwerbstätigkeit gilt nicht im Verhältnis zur Förderung von Existenzgründungen mit einem Einstiegsgeld für eine selbständige Erwerbstätigkeit nach § 16b.

(2) Bei der Beantragung von Leistungen nach diesem Buch sollen unverzüglich Leistungen zur Ein-

6

gliederung in Arbeit nach dem Ersten Abschnitt des Dritten Kapitels erbracht werden.

(3) Bei der Erbringung von Leistungen nach dem Ersten Abschnitt des Dritten Kapitels sind die Grundsätze von Wirtschaftlichkeit und Sparsamkeit zu beachten.

(4) $_{1}$Die Agentur für Arbeit hat darauf hinzuwirken, dass erwerbsfähige teilnahmeberechtigte Leistungsberechtigte, die

1. nicht über ausreichende deutsche Sprachkenntnisse verfügen, vorrangig an einem Integrationskurs nach § 43 des Aufenthaltsgesetzes teilnehmen, oder
2. darüber hinaus notwendige berufsbezogene Sprachkenntnisse benötigen, vorrangig an der berufsbezogenen Deutschsprachförderung nach § 45a Absatz 1 des Aufenthaltsgesetzes teilnehmen.

$_{2}$Absatz 1 Satz 3 gilt entsprechend. $_{3}$In den Fällen des Satzes 1 ist die Teilnahme am Integrationskurs nach § 43 des Aufenthaltsgesetzes oder an der berufsbezogenen Deutschsprachförderung nach § 45a des Aufenthaltsgesetzes in der Regel für eine dauerhafte Eingliederung erforderlich. $_{4}$Für die Teilnahmeberechtigung, die Verpflichtung zur Teilnahme und die Zugangsvoraussetzungen gelten die §§ 44, 44a und 45a des Aufenthaltsgesetzes sowie des § 9 Absatz 1 Satz 1 des Bundesvertriebenengesetzes in Verbindung mit der Verordnung über die Durchführung von Integrationskursen für Ausländer und Spätaussiedler und der Verordnung über die berufsbezogene Deutschsprachförderung.

(5) $_{1}$Leistungen zur Sicherung des Lebensunterhalts dürfen nur erbracht werden, soweit die Hilfebedürftigkeit nicht anderweitig beseitigt werden kann. $_{2}$Die nach diesem Buch vorgesehenen Leistungen decken den Bedarf der erwerbsfähigen Leistungsberechtigten und der mit ihnen in einer Bedarfsgemeinschaft lebenden Personen.

## § 4 Leistungsformen

(1) Die Leistungen der Grundsicherung für Arbeitsuchende werden erbracht in Form von

1. Dienstleistungen,
2. Geldleistungen und
3. Sachleistungen.

(2) $_{1}$Die nach § 6 zuständigen Träger wirken darauf hin, dass erwerbsfähige Leistungsberechtigte und die mit ihnen in einer Bedarfsgemeinschaft lebenden Personen die erforderliche Beratung und Hilfe anderer Träger, insbesondere der Kranken- und Rentenversicherung, erhalten. $_{2}$Die nach § 6 zuständigen Träger wirken auch darauf hin, dass Kinder und Jugendliche Zugang zu geeigneten vorhandenen Angeboten der gesellschaftlichen Teilhabe erhalten. $_{3}$Sie arbeiten zu diesem Zweck mit Schulen und Kindertageseinrichtungen, den Trägern der Jugendhilfe, den Gemeinden und Gemeindeverbänden, freien Trägern, Vereinen und Verbänden und sonstigen handelnden Personen vor Ort zusammen. $_{4}$Sie sollen die Eltern unterstützen und in geeigneter Weise dazu beitragen, dass Kinder und Jugendliche Leistungen für Bildung und Teilhabe möglichst in Anspruch nehmen.

## § 5 Verhältnis zu anderen Leistungen

(1) $_{1}$Auf Rechtsvorschriften beruhende Leistungen Anderer, insbesondere der Träger anderer Sozialleistungen, werden durch dieses Buch nicht berührt. $_{2}$Ermessensleistungen dürfen nicht deshalb versagt werden, weil dieses Buch entsprechende Leistungen vorsieht.

(2) $_{1}$Der Anspruch auf Leistungen zur Sicherung des Lebensunterhalts nach diesem Buch schließt Leistungen nach dem Dritten Kapitel des Zwölften Buches aus. $_{2}$Leistungen nach dem Vierten Kapitel des Zwölften Buches sind gegenüber dem Bürgergeld nach § 19 Absatz 1 Satz 2 vorrangig.

(3) $_{1}$Stellen Leistungsberechtigte trotz Aufforderung einen erforderlichen Antrag auf Leistungen eines anderen Trägers nicht, können die Leistungsträger nach diesem Buch den Antrag stellen sowie Rechtsbehelfe und Rechtsmittel einlegen. $_{2}$Der Ablauf von Fristen, die ohne Verschulden der Leistungsträger nach diesem Buch verstrichen sind, wirkt nicht gegen die Leistungsträger nach diesem Buch; dies gilt nicht für Verfahrensfristen, soweit die Leistungsträger nach diesem Buch das Verfahren selbst betreiben. $_{3}$Wird eine Leistung aufgrund eines Antrages nach Satz 1 von einem anderen Träger nach § 66 des Ersten Buches bestandskräftig entzogen oder versagt, sind die Leistungen zur Sicherung des Lebensunterhalts nach diesem Buch ganz oder teilweise so lange zu entziehen oder zu versagen, bis die leistungsberechtigte Person ihrer Verpflichtung nach den §§ 60 bis 64 des Ersten Buches gegenüber dem anderen Träger nachgekommen ist. $_{4}$Eine Entziehung oder Versagung nach Satz 3 ist nur möglich, wenn die leistungsberechtigte Person vom zuständigen Leistungsträger nach diesem Buch zuvor schriftlich auf diese Folgen hingewiesen wurde. $_{5}$Wird die Mitwirkung gegenüber dem anderen Träger nachgeholt, ist die Versagung oder Entziehung rückwirkend aufzuheben.

(4) Leistungen zur Eingliederung in Arbeit nach dem Ersten Abschnitt des Dritten Kapitels werden nicht an oder für erwerbsfähige Leistungsberechtigte erbracht, die einen Anspruch auf Arbeitslosengeld oder Teilarbeitslosengeld haben.

(5) Leistungen nach den §§ 16a, 16b, 16d sowie 16f bis *16k* können auch an erwerbsfähige Leistungs-

berechtigte erbracht werden, sofern ein Rehabilitationsträger im Sinne des Neunten Buches zuständig ist; § 22 Absatz 2 Satz 1 und 2 des Dritten Buches ist entsprechend anzuwenden.

### § 6 Träger der Grundsicherung für Arbeitsuchende

(1) 1Träger der Leistungen nach diesem Buch sind:

1. die Bundesagentur für Arbeit (Bundesagentur), soweit Nummer 2 nichts anderes bestimmt,
2. die kreisfreien Städte und Kreise für die Leistungen nach § 16a, für das Bürgergeld nach § 19 Absatz 1 Satz 1 und 2 und die Leistungen nach § 27 Absatz 3, soweit diese Leistungen für den Bedarf für Unterkunft und Heizung geleistet werden, für die Leistungen nach § 24 Absatz 3 Satz 1 Nummer 1 und 2 sowie für die Leistungen nach § 28, soweit durch Landesrecht nicht andere Träger bestimmt sind (kommunale Träger).

2Zu ihrer Unterstützung können sie Dritte mit der Wahrnehmung von Aufgaben beauftragen; sie sollen einen Außendienst zur Bekämpfung von Leistungsmissbrauch einrichten.

(2) 1Die Länder können bestimmen, dass und inwieweit die Kreise ihnen zugehörige Gemeinden oder Gemeindeverbände zur Durchführung der in Absatz 1 Satz 1 Nummer 2 genannten Aufgaben nach diesem Gesetz heranziehen und ihnen dabei Weisungen erteilen können; in diesen Fällen erlassen die Kreise den Widerspruchsbescheid nach dem Sozialgerichtsgesetz. 2§ 44b Absatz 1 Satz 3 bleibt unberührt. 3Die Sätze 1 und 2 gelten auch in den Fällen des § 6a mit der Maßgabe, dass eine Heranziehung auch für die Aufgaben nach § 6b Absatz 1 Satz 1 erfolgen kann.

(3) Die Länder Berlin, Bremen und Hamburg werden ermächtigt, die Vorschriften dieses Gesetzes über die Zuständigkeit von Behörden für die Grundsicherung für Arbeitsuchende dem besonderen Verwaltungsaufbau ihrer Länder anzupassen.

### § 6a Zugelassene kommunale Träger

(1) Die Zulassungen der aufgrund der Kommunalträger-Zulassungsverordnung vom 24. September 2004 (BGBl. I S. 2349) anstelle der Bundesagentur als Träger der Leistungen nach § 6 Absatz 1 Satz 1 Nummer 1 zugelassenen kommunalen Träger werden vom Bundesministerium für Arbeit und Soziales durch Rechtsverordnung über den 31. Dezember 2010 hinaus unbefristet verlängert, wenn die zugelassenen kommunalen Träger gegenüber der zuständigen obersten Landesbehörde die Verpflichtungen nach Absatz 2 Satz 1 Nummer 4 und 5 bis zum 30. September 2010 anerkennen.

(2) 1Auf Antrag wird eine begrenzte Zahl weiterer kommunaler Träger vom Bundesministerium für Arbeit und Soziales als Träger im Sinne des § 6 Absatz 1 Satz 1 Nummer 1 durch Rechtsverordnung ohne Zustimmung des Bundesrates zugelassen, wenn sie

1. geeignet sind, die Aufgaben zu erfüllen,
2. sich verpflichten, eine besondere Einrichtung nach Absatz 5 zu schaffen,
3. sich verpflichten, mindestens 90 Prozent der Beamtinnen und Beamten, Arbeitnehmerinnen und Arbeitnehmer der Bundesagentur, die zum Zeitpunkt der Zulassung mindestens seit 24 Monaten in der im Gebiet des kommunalen Trägers gelegenen Arbeitsgemeinschaft oder Agentur für Arbeit in getrennter Aufgabenwahrnehmung im Aufgabenbereich nach § 6 Absatz 1 Satz 1 tätig waren, vom Zeitpunkt der Zulassung an, dauerhaft zu beschäftigen,
4. sich verpflichten, mit der zuständigen Landesbehörde eine Zielvereinbarung über die Leistungen nach diesem Buch abzuschließen, und
5. sich verpflichten, die in der Rechtsverordnung nach § 51b Absatz 1 Satz 2 festgelegten Daten zu erheben und gemäß den Regelungen nach § 51b Absatz 4 an die Bundesagentur zu übermitteln, um bundeseinheitliche Datenerfassung, Ergebnisberichterstattung, Wirkungsforschung und Leistungsvergleiche zu ermöglichen.

2Für die Antragsberechtigung gilt § 6 Absatz 3 entsprechend. 3Der Antrag bedarf in den dafür zuständigen Vertretungskörperschaften der kommunalen Träger einer Mehrheit von zwei Dritteln der Mitglieder sowie der Zustimmung der zuständigen obersten Landesbehörde. 4Die Anzahl der nach den Absätzen 1 und 2 zugelassenen kommunalen Träger beträgt höchstens 25 Prozent der zum 31. Dezember 2010 bestehenden Arbeitsgemeinschaften nach § 44b in der bis zum 31. Dezember 2010 geltenden Fassung, zugelassenen kommunalen Trägern sowie der Kreise und kreisfreien Städte, in denen keine Arbeitsgemeinschaft nach § 44b in der bis zum 31. Dezember 2010 geltenden Fassung errichtet wurde (Aufgabenträger).

(3) Das Bundesministerium für Arbeit und Soziales wird ermächtigt, Voraussetzungen der Eignung nach Absatz 2 Nummer 1 und deren Feststellung sowie die Verteilung der Zulassungen nach den Absätzen 2 und 4 auf die Länder durch Rechtsverordnung mit Zustimmung des Bundesrates zu regeln.

(4) 1Der Antrag nach Absatz 2 kann bis zum 31. Dezember 2010 mit Wirkung zum 1. Januar 2012 gestellt werden. 2Darüber hinaus kann vom 30. Juni 2015 bis zum 31. Dezember 2015 mit Wirkung zum 1. Januar 2017 ein Antrag auf Zulassung gestellt werden, soweit die Anzahl der nach den

Absätzen 1 und 2 zugelassenen kommunalen Träger 25 Prozent der zum 1. Januar 2015 bestehenden Aufgabenträger nach Absatz 2 Satz 4 unterschreitet. 3Die Zulassungen werden unbefristet erteilt.

(5) Zur Wahrnehmung der Aufgaben anstelle der Bundesagentur errichten und unterhalten die zugelassenen kommunalen Träger besondere Einrichtungen für die Erfüllung der Aufgaben nach diesem Buch.

(6) 1Das Bundesministerium für Arbeit und Soziales kann mit Zustimmung der zuständigen obersten Landesbehörde durch Rechtsverordnung ohne Zustimmung des Bundesrates die Zulassung widerrufen. 2Auf Antrag des zugelassenen kommunalen Trägers, der der Zustimmung der zuständigen obersten Landesbehörde bedarf, widerruft das Bundesministerium für Arbeit und Soziales die Zulassung durch Rechtsverordnung ohne Zustimmung des Bundesrates. 3Die Trägerschaft endet mit Ablauf des auf die Antragstellung folgenden Kalenderjahres.

(7) 1Auf Antrag des kommunalen Trägers, der der Zustimmung der obersten Landesbehörde bedarf, widerruft, beschränkt oder erweitert das Bundesministerium für Arbeit und Soziales die Zulassung nach Absatz 1 oder 2 durch Rechtsverordnung ohne Zustimmung des Bundesrates, wenn und soweit die Zulassung aufgrund einer kommunalen Neugliederung nicht mehr dem Gebiet des kommunalen Trägers entspricht. 2Absatz 2 Satz 1 Nummer 2 bis 5 gilt bei Erweiterung der Zulassung entsprechend. 3Der Antrag nach Satz 1 kann bis zum 1. Juli eines Kalenderjahres mit Wirkung zum 1. Januar des folgenden Kalenderjahres gestellt werden.

### § 6b Rechtsstellung der zugelassenen kommunalen Träger

(1) 1Die zugelassenen kommunalen Träger sind anstelle der Bundesagentur im Rahmen ihrer örtlichen Zuständigkeit Träger der Aufgaben nach § 6 Absatz 1 Satz 1 Nummer 1 mit Ausnahme der sich aus den §§ 44b, 48b, 50, 51a, 51b, 53, 55, 56 Absatz 2, §§ 64 und 65d ergebenden Aufgaben. 2Sie haben insoweit die Rechte und Pflichten der Agentur für Arbeit.

(2) 1Der Bund trägt die Aufwendungen der Grundsicherung für Arbeitsuchende einschließlich der Verwaltungskosten mit Ausnahme der Aufwendungen für Aufgaben nach § 6 Absatz 1 Satz 1 Nummer 2. 2§ 46 Absatz 1 Satz 4, Absatz 2 und 3 Satz 1 gilt entsprechend. 3§ 46 Absatz 5 bis 11 bleibt unberührt.

(2a) Für die Bewirtschaftung von Haushaltsmitteln des Bundes durch die zugelassenen kommunalen Träger gelten die haushaltsrechtlichen Bestimmungen des Bundes, soweit in Rechtsvorschriften des Bundes oder Vereinbarungen des Bundes mit den zugelassenen kommunalen Trägern nicht etwas anderes bestimmt ist.

(3) Der Bundesrechnungshof ist berechtigt, die Leistungsgewährung zu prüfen.

(4) 1Das Bundesministerium für Arbeit und Soziales prüft, ob Einnahmen und Ausgaben in der besonderen Einrichtung nach § 6a Absatz 5 begründet und belegt sind und den Grundsätzen der Wirtschaftlichkeit und Sparsamkeit entsprechen. 2Die Prüfung kann in einem vereinfachten Verfahren erfolgen, wenn der zugelassene kommunale Träger ein Verwaltungs- und Kontrollsystem errichtet hat, das die Ordnungsmäßigkeit der Berechnung und Zahlung gewährleistet und er dem Bundesministerium für Arbeit und Soziales eine Beurteilung ermöglicht, ob Aufwendungen nach Grund und Höhe vom Bund zu tragen sind. 3Das Bundesministerium für Arbeit und Soziales kündigt örtliche Prüfungen bei einem zugelassenen kommunalen Träger gegenüber der nach § 48 Absatz 1 zuständigen Landesbehörde an und unterrichtet sie über das Ergebnis der Prüfung.

(5) 1Das Bundesministerium für Arbeit und Soziales kann von dem zugelassenen kommunalen Träger die Erstattung von Mitteln verlangen, die er zu Lasten des Bundes ohne Rechtsgrund erlangt hat. 2Der zu erstattende Betrag ist während des Verzugs zu verzinsen. 3Der Verzugszinssatz beträgt für das Jahr 3 Prozentpunkte über dem Basiszinssatz.

### § 6c Personalübergang bei Zulassung weiterer kommunaler Träger und bei Beendigung der Trägerschaft

(1) 1Die Beamtinnen und Beamten, Arbeitnehmerinnen und Arbeitnehmer der Bundesagentur, die am Tag vor der Zulassung eines weiteren kommunalen Trägers nach § 6a Absatz 2 und mindestens seit 24 Monaten Aufgaben der Bundesagentur als Träger nach § 6 Absatz 1 Satz 1 Nummer 1 in dem Gebiet des kommunalen Trägers wahrgenommen haben, treten zum Zeitpunkt der Neuzulassung kraft Gesetzes in den Dienst des kommunalen Trägers über. 2Für die Auszubildenden bei der Bundesagentur gilt Satz 1 entsprechend. 3Die Versetzung von nach Satz 1 übergetretenen Beamtinnen und Beamten vom kommunalen Träger zur Bundesagentur bedarf nicht der Zustimmung der Bundesagentur, bis sie 10 Prozent der nach Satz 1 übergetretenen Beamtinnen und Beamten, Arbeitnehmerinnen und Arbeitnehmer wieder aufgenommen hat. 4Bis zum Erreichen des in Satz 3 genannten Anteils ist die Bundesagentur zur Wiedereinstellung von nach Satz 1 übergetretenen Arbeitnehmerinnen und Arbeitnehmern verpflichtet, die

auf Vorschlag des kommunalen Trägers dazu bereit sind. 5Die Versetzung und Wiedereinstellung im Sinne der Sätze 3 und 4 ist innerhalb von drei Monaten nach dem Zeitpunkt der Neuzulassung abzuschließen. 6Die Sätze 1 bis 5 gelten entsprechend für Zulassungen nach § 6a Absatz 4 Satz 2 sowie Erweiterungen der Zulassung nach § 6a Absatz 7.

(2) 1Endet die Trägerschaft eines kommunalen Trägers nach § 6a, treten die Beamtinnen und Beamten, Arbeitnehmerinnen und Arbeitnehmer des kommunalen Trägers, die am Tag vor der Beendigung der Trägerschaft Aufgaben anstelle der Bundesagentur als Träger nach § 6 Absatz 1 Nummer 1 durchgeführt haben, zum Zeitpunkt der Beendigung der Trägerschaft kraft Gesetzes in den Dienst der Bundesagentur über. 2Für die Auszubildenden bei dem kommunalen Träger gilt Satz 1 entsprechend.

(3) 1Treten Beamtinnen und Beamte aufgrund des Absatzes 1 oder 2 kraft Gesetzes in den Dienst eines anderen Trägers über, wird das Beamtenverhältnis mit dem anderen Träger fortgesetzt. 2Treten Arbeitnehmerinnen und Arbeitnehmer aufgrund des Absatzes 1 oder 2 kraft Gesetzes in den Dienst eines anderen Trägers über, tritt der neue Träger unbeschadet des Satzes 3 in die Rechte und Pflichten aus den Arbeitsverhältnissen ein, die im Zeitpunkt des Übertritts bestehen. 3Vom Zeitpunkt des Übertritts an sind die für Arbeitnehmerinnen und Arbeitnehmer des neuen Trägers jeweils geltenden Tarifverträge ausschließlich anzuwenden. 4Den Beamtinnen und Beamten, Arbeitnehmerinnen oder Arbeitnehmern ist die Fortsetzung des Beamten- oder Arbeitsverhältnisses von dem aufnehmenden Träger schriftlich zu bestätigen. 5Für die Verteilung der Versorgungslasten hinsichtlich der aufgrund des Absatzes 1 oder 2 übertretenden Beamtinnen und Beamten gilt § 107b des Beamtenversorgungsgesetzes entsprechend. 6Mit Inkrafttreten des Versorgungslastenteilungs-Staatsvertrags sind für die jeweils beteiligten Dienstherrn die im Versorgungslastenteilungs-Staatsvertrag bestimmten Regelungen entsprechend anzuwenden.

(4) 1Beamtinnen und Beamten, die nach Absatz 1 oder 2 kraft Gesetzes in den Dienst eines anderen Trägers übertreten, soll ein gleich zu bewertendes Amt übertragen werden, das ihrem bisherigen Amt nach Bedeutung und Inhalt ohne Berücksichtigung von Dienststellung und Dienstalter entspricht. 2Wenn eine dem bisherigen Amt entsprechende Verwendung im Ausnahmefall nicht möglich ist, kann ihnen auch ein anderes Amt mit geringerem Grundgehalt übertragen werden. 3Verringert sich nach Satz 1 oder 2 der Gesamtbetrag von Grundgehalt, allgemeiner Stellenzulage oder entsprechender Besoldungsbestandteile und anteiliger Sonderzahlung (auszugleichende Dienstbezüge), hat der aufnehmende Träger eine Ausgleichszulage zu gewähren. 4Die Ausgleichszulage bemisst sich nach der Differenz zwischen den auszugleichenden Dienstbezügen beim abgebenden Träger und beim aufnehmenden Träger zum Zeitpunkt des Übertritts. 5Auf die Ausgleichszulage werden alle Erhöhungen der auszugleichenden Dienstbezüge beim aufnehmenden Träger angerechnet. 6Die Ausgleichszulage ist ruhegehaltfähig. 7Als Bestandteil der Versorgungsbezüge vermindert sich die Ausgleichszulage bei jeder auf das Grundgehalt bezogenen Erhöhung der Versorgungsbezüge um diesen Erhöhungsbetrag. 8Im Fall des Satzes 2 dürfen die Beamtinnen und Beamten neben der neuen Amtsbezeichnung die des früheren Amtes mit dem Zusatz „außer Dienst" („a. D.") führen.

(5) 1Arbeitnehmerinnen und Arbeitnehmern, die nach Absatz 1 oder 2 kraft Gesetzes in den Dienst eines anderen Trägers übertreten, soll grundsätzlich eine tarifrechtlich gleichwertige Tätigkeit übertragen werden. 2Wenn eine derartige Verwendung im Ausnahmefall nicht möglich ist, kann ihnen eine niedriger bewertete Tätigkeit übertragen werden. 3Verringert sich das Arbeitsentgelt nach den Sätzen 1 und 2, ist eine Ausgleichszahlung in Höhe des Unterschiedsbetrages zwischen dem Arbeitsentgelt bei dem abgebenden Träger zum Zeitpunkt des Übertritts und dem jeweiligen Arbeitsentgelt bei dem aufnehmenden Träger zu zahlen.

### § 6d Jobcenter

Die gemeinsamen Einrichtungen nach § 44b und die zugelassenen kommunalen Träger nach § 6a führen die Bezeichnung Jobcenter.

## Kapitel 2
## Anspruchsvoraussetzungen

### § 7 Leistungsberechtigte

(1) 1Leistungen nach diesem Buch erhalten Personen, die

1. das 15. Lebensjahr vollendet und die Altersgrenze nach § 7a noch nicht erreicht haben,
2. erwerbsfähig sind,
3. hilfebedürftig sind und
4. ihren gewöhnlichen Aufenthalt in der Bundesrepublik Deutschland haben (erwerbsfähige Leistungsberechtigte).

2Ausgenommen sind

1. Ausländerinnen und Ausländer, die weder in der Bundesrepublik Deutschland Arbeitnehmerinnen, Arbeitnehmer oder Selbständige noch aufgrund des § 2 Absatz 3 des Freizügigkeitsgesetzes/EU freizügigkeitsberechtigt sind, und ihre

6

Familienangehörigen für die ersten drei Monate ihres Aufenthalts,

2. Ausländerinnen und Ausländer,
   a) die kein Aufenthaltsrecht haben oder
   b) deren Aufenthaltsrecht sich allein aus dem Zweck der Arbeitsuche ergibt,

   und ihre Familienangehörigen,
3. Leistungsberechtigte nach § 1 des Asylbewerberleistungsgesetzes.

₃Satz 2 Nummer 1 gilt nicht für Ausländerinnen und Ausländer, die sich mit einem Aufenthaltstitel nach Kapitel 2 Abschnitt 5 des Aufenthaltsgesetzes in der Bundesrepublik Deutschland aufhalten. ₄Abweichend von Satz 2 Nummer 2 erhalten Ausländerinnen und Ausländer und ihre Familienangehörigen Leistungen nach diesem Buch, wenn sie seit mindestens fünf Jahren ihren gewöhnlichen Aufenthalt im Bundesgebiet haben; dies gilt nicht, wenn der Verlust des Rechts nach § 2 Absatz 1 des Freizügigkeitsgesetzes/EU festgestellt wurde. ₅Die Frist nach Satz 4 beginnt mit der Anmeldung bei der zuständigen Meldebehörde. ₆Zeiten des nicht rechtmäßigen Aufenthalts, in denen eine Ausreisepflicht besteht, werden auf Zeiten des gewöhnlichen Aufenthalts nicht angerechnet. ₇Aufenthaltsrechtliche Bestimmungen bleiben unberührt.

6

(2) ₁Leistungen erhalten auch Personen, die mit erwerbsfähigen Leistungsberechtigten in einer Bedarfsgemeinschaft leben. ₂Dienstleistungen und Sachleistungen werden ihnen nur erbracht, wenn dadurch Hemmnisse bei der Eingliederung der erwerbsfähigen Leistungsberechtigten beseitigt oder vermindert werden. ₃Zur Deckung der Bedarfe nach § 28 erhalten die dort genannten Personen auch dann Leistungen für Bildung und Teilhabe, wenn sie mit Personen in einem Haushalt zusammenleben, mit denen sie nur deshalb keine Bedarfsgemeinschaft bilden, weil diese aufgrund des zu berücksichtigenden Einkommens oder Vermögens selbst nicht leistungsberechtigt sind.

(3) Zur Bedarfsgemeinschaft gehören

1. die erwerbsfähigen Leistungsberechtigten,
2. die im Haushalt lebenden Eltern oder der im Haushalt lebende Elternteil eines unverheirateten erwerbsfähigen Kindes, welches das 25. Lebensjahr noch nicht vollendet hat, und die im Haushalt lebende Partnerin oder der im Haushalt lebende Partner dieses Elternteils,
3. als Partnerin oder Partner der erwerbsfähigen Leistungsberechtigten
   a) die nicht dauernd getrennt lebende Ehegattin oder der nicht dauernd getrennt lebende Ehegatte,
   b) die nicht dauernd getrennt lebende Lebenspartnerin oder der nicht dauernd getrennt lebende Lebenspartner,
   c) eine Person, die mit der erwerbsfähigen leistungsberechtigten Person in einem gemeinsamen Haushalt so zusammenlebt, dass nach verständiger Würdigung der wechselseitige Wille anzunehmen ist, Verantwortung füreinander zu tragen und füreinander einzustehen,
4. die dem Haushalt angehörenden unverheirateten Kinder der in den Nummern 1 bis 3 genannten Personen, wenn sie das 25. Lebensjahr noch nicht vollendet haben, soweit sie die Leistungen zur Sicherung ihres Lebensunterhalts nicht aus eigenem Einkommen oder Vermögen beschaffen können.

(3a) Ein wechselseitiger Wille, Verantwortung füreinander zu tragen und füreinander einzustehen, wird vermutet, wenn Partner

1. länger als ein Jahr zusammenleben,
2. mit einem gemeinsamen Kind zusammenleben,
3. Kinder oder Angehörige im Haushalt versorgen oder
4. befugt sind, über Einkommen oder Vermögen des anderen zu verfügen.

(4) ₁Leistungen nach diesem Buch erhält nicht, wer in einer stationären Einrichtung untergebracht ist, Rente wegen Alters oder Knappschaftsausgleichsleistung oder ähnliche Leistungen öffentlich-rechtlicher Art bezieht. ₂Dem Aufenthalt in einer stationären Einrichtung ist der Aufenthalt in einer Einrichtung zum Vollzug richterlich angeordneter Freiheitsentziehung gleichgestellt. ₃Abweichend von Satz 1 erhält Leistungen nach diesem Buch,

1. wer voraussichtlich für weniger als sechs Monate in einem Krankenhaus (§ 107 des Fünften Buches) untergebracht ist oder
2. wer in einer stationären Einrichtung nach Satz 1 untergebracht und unter den üblichen Bedingungen des allgemeinen Arbeitsmarktes mindestens 15 Stunden wöchentlich erwerbstätig ist.

₄Die Sätze 1 und 3 Nummer 2 gelten für Bewohner von Räumlichkeiten im Sinne des § 42a Absatz 2 Satz 1 Nummer 2 und Satz 3 des Zwölften Buches entsprechend.

(5) ₁Auszubildende, deren Ausbildung im Rahmen des Bundesausbildungsförderungsgesetzes dem Grunde nach förderungsfähig ist, haben über die Leistungen nach § 27 hinaus keinen Anspruch auf Leistungen zur Sicherung des Lebensunterhalts. ₂Satz 1 gilt auch für Auszubildende, deren Bedarf sich nach § 61 Absatz 2, § 62 Absatz 3, § 123

Nummer 2 sowie § 124 Nummer 2 des Dritten Buches bemisst.

(6) Absatz 5 Satz 1 ist nicht anzuwenden auf Auszubildende,

1. die aufgrund von § 2 Absatz 1a des Bundesausbildungsförderungsgesetzes keinen Anspruch auf Ausbildungsförderung haben,
2. deren Bedarf sich nach den §§ 12, 13 Absatz 1 in Verbindung mit Absatz 2 Nummer 1 oder nach § 13 Absatz 1 Nummer 1 in Verbindung mit Absatz 2 Nummer 2 des Bundesausbildungsförderungsgesetzes bemisst und die Leistungen nach dem Bundesausbildungsförderungsgesetz
   a) erhalten oder nur wegen der Vorschriften zur Berücksichtigung von Einkommen und Vermögen nicht erhalten oder
   b) beantragt haben und über deren Antrag das zuständige Amt für Ausbildungsförderung noch nicht entschieden hat; lehnt das zuständige Amt für Ausbildungsförderung die Leistungen ab, findet Absatz 5 mit Beginn des folgenden Monats Anwendung, oder
3. die eine Abendhauptschule, eine Abendrealschule oder ein Abendgymnasium besuchen, sofern sie aufgrund des § 10 Absatz 3 des Bundesausbildungsförderungsgesetzes keinen Anspruch auf Ausbildungsförderung haben.

### § 7a Altersgrenze

$_{1}$Personen, die vor dem 1. Januar 1947 geboren sind, erreichen die Altersgrenze mit Ablauf des Monats, in dem sie das 65. Lebensjahr vollenden. $_{2}$Für Personen, die nach dem 31. Dezember 1946 geboren sind, wird die Altersgrenze wie folgt angehoben:

| für den Geburtsjahrgang | erfolgt eine Anhebung um Monate | auf den Ablauf des Monats, in dem ein Lebensalter vollendet wird von |
|---|---|---|
| 1947 | 1 | 65 Jahren und 1 Monat |
| 1948 | 2 | 65 Jahren und 2 Monaten |
| 1949 | 3 | 65 Jahren und 3 Monaten |
| 1950 | 4 | 65 Jahren und 4 Monaten |
| 1951 | 5 | 65 Jahren und 5 Monaten |
| 1952 | 6 | 65 Jahren und 6 Monaten |
| 1953 | 7 | 65 Jahren und 7 Monaten |
| 1954 | 8 | 65 Jahren und 8 Monaten |
| 1955 | 9 | 65 Jahren und 9 Monaten |
| 1956 | 10 | 65 Jahren und 10 Monaten |
| 1957 | 11 | 65 Jahren und 11 Monaten |
| 1958 | 12 | 66 Jahren |
| 1959 | 14 | 66 Jahren und 2 Monaten |
| 1960 | 16 | 66 Jahren und 4 Monaten |
| 1961 | 18 | 66 Jahren und 6 Monaten |
| 1962 | 20 | 66 Jahren und 8 Monaten |
| 1963 | 22 | 66 Jahren und 10 Monaten |
| ab 1964 | 24 | 67 Jahren. |

### § 7b Erreichbarkeit

*(1) $_{1}$Erwerbsfähige Leistungsberechtigte erhalten Leistungen, wenn sie erreichbar sind. $_{2}$Erreichbar sind erwerbsfähige Leistungsberechtigte, wenn sie sich im näheren Bereich des zuständigen Jobcenters aufhalten und werktäglich dessen Mitteilungen und Aufforderungen zur Kenntnis nehmen können. $_{3}$Ein Aufenthalt im näheren Bereich liegt vor, wenn es den erwerbsfähigen Leistungsberechtigten möglich ist, eine Dienststelle des zuständigen Jobcenters, einen möglichen Arbeitgeber oder den Durchführungsort einer Integrationsmaßnahme im örtlichen Zuständigkeitsbereich des Jobcenters in einer für den Vermittlungsprozess angemessenen Zeitspanne und ohne unzumutbaren oder die Eigenleistungsfähigkeit übersteigenden Aufwand aufzusuchen. $_{4}$Der nähere Bereich schließt auch einen Bereich im grenznahen Ausland ein.*

*(2) $_{1}$Erwerbsfähige Leistungsberechtigte, die nicht erreichbar sind, erhalten nur dann Leistungen, wenn für den Aufenthalt außerhalb des näheren Bereichs ein wichtiger Grund vorliegt und das Jobcenter dem Aufenthalt außerhalb des näheren Bereichs zugestimmt hat. $_{2}$Ein wichtiger Grund liegt insbesondere vor bei*

1. *Teilnahme an einer ärztlich verordneten Maßnahme der medizinischen Vorsorge oder Rehabilitation,*

2. *Teilnahme an einer Veranstaltung, die kirchlichen oder gewerkschaftlichen Zwecken dient oder im öffentlichen Interesse liegt,*
3. *Aufenthalten außerhalb des näheren Bereichs, die überwiegend der Eingliederung in Ausbildung oder Arbeit dienen, oder*
4. *Ausübung einer ehrenamtlichen Tätigkeit, wenn die Eingliederung in Ausbildung oder Arbeit nicht wesentlich beeinträchtigt wird.*

*3Für Abwesenheiten außerhalb des näheren Bereichs aufgrund der Ausübung einer Erwerbstätigkeit ist abweichend von Satz 1 keine Zustimmung des Jobcenters erforderlich.*

*(3) 1Erwerbsfähige Leistungsberechtigte, die ohne wichtigen Grund nicht erreichbar sind, erhalten Leistungen, wenn das Jobcenter dem Aufenthalt außerhalb des näheren Bereichs zugestimmt hat und die Eingliederung in Ausbildung oder Arbeit nicht wesentlich beeinträchtigt wird. 2Die Zustimmung zu Abwesenheiten ohne wichtigen Grund soll in der Regel für insgesamt längstens drei Wochen im Kalenderjahr erteilt werden. 3Bei erwerbsfähigen Leistungsberechtigten, die weder arbeitslos noch erwerbstätig sind, ist die Zustimmung nach Satz 1 zu erteilen.*

6

### § 8 Erwerbsfähigkeit

(1) Erwerbsfähig ist, wer nicht wegen Krankheit oder Behinderung auf absehbare Zeit außerstande ist, unter den üblichen Bedingungen des allgemeinen Arbeitsmarktes mindestens drei Stunden täglich erwerbstätig zu sein.

(2) 1Im Sinne von Absatz 1 können Ausländerinnen und Ausländer nur erwerbstätig sein, wenn ihnen die Aufnahme einer Beschäftigung erlaubt ist oder erlaubt werden könnte. 2Die rechtliche Möglichkeit, eine Beschäftigung vorbehaltlich einer Zustimmung nach § 39 des Aufenthaltsgesetzes aufzunehmen, ist ausreichend.

### § 9 Hilfebedürftigkeit

(1) Hilfebedürftig ist, wer seinen Lebensunterhalt nicht oder nicht ausreichend aus dem zu berücksichtigenden Einkommen oder Vermögen sichern kann und die erforderliche Hilfe nicht von anderen, insbesondere von Angehörigen oder von Trägern anderer Sozialleistungen, erhält.

(2) 1Bei Personen, die in einer Bedarfsgemeinschaft leben, sind das Einkommen und Vermögen des Partners zu berücksichtigen. 2Bei unverheirateten Kindern, die mit ihren Eltern oder einem Elternteil in einer Bedarfsgemeinschaft leben und die ihren Lebensunterhalt nicht aus eigenem Einkommen oder Vermögen sichern können, sind auch das Einkommen und Vermögen der Eltern oder des Elternteils und dessen in Bedarfsgemeinschaft lebender Partnerin oder lebenden Partners zu berücksichtigen. 3Ist in einer Bedarfsgemeinschaft nicht der gesamte Bedarf aus eigenen Kräften und Mitteln gedeckt, gilt jede Person der Bedarfsgemeinschaft im Verhältnis des eigenen Bedarfs zum Gesamtbedarf als hilfebedürftig, dabei bleiben die Bedarfe nach § 28 außer Betracht. 4In den Fällen des § 7 Absatz 2 Satz 3 ist Einkommen und Vermögen, soweit es die nach Satz 3 zu berücksichtigenden Bedarfe übersteigt, im Verhältnis mehrerer Leistungsberechtigter zueinander zu gleichen Teilen zu berücksichtigen.

(3) Absatz 2 Satz 2 findet keine Anwendung auf ein Kind, das schwanger ist oder sein Kind bis zur Vollendung des sechsten Lebensjahres betreut.

(4) Hilfebedürftig ist auch derjenige, dem der sofortige Verbrauch oder die sofortige Verwertung von zu berücksichtigendem Vermögen nicht möglich ist oder für den dies eine besondere Härte bedeuten würde.

(5) Leben Hilfebedürftige in Haushaltsgemeinschaft mit Verwandten oder Verschwägerten, so wird vermutet, dass sie von ihnen Leistungen erhalten, soweit dies nach deren Einkommen und Vermögen erwartet werden kann.

### § 10 Zumutbarkeit

(1) Einer erwerbsfähigen leistungsberechtigten Person ist jede Arbeit zumutbar, es sei denn, dass

1. sie zu der bestimmten Arbeit körperlich, geistig oder seelisch nicht in der Lage ist,
2. die Ausübung der Arbeit die künftige Ausübung der bisherigen überwiegenden Arbeit wesentlich erschweren würde, weil die bisherige Tätigkeit besondere körperliche Anforderungen stellt,
3. die Ausübung der Arbeit die Erziehung ihres Kindes oder des Kindes ihrer Partnerin oder ihres Partners gefährden würde; die Erziehung eines Kindes, das das dritte Lebensjahr vollendet hat, ist in der Regel nicht gefährdet, soweit die Betreuung in einer Tageseinrichtung oder in Tagespflege im Sinne der Vorschriften des Achten Buches oder auf sonstige Weise sichergestellt ist; die zuständigen kommunalen Träger sollen darauf hinwirken, dass erwerbsfähigen Erziehenden vorrangig ein Platz zur Tagesbetreuung des Kindes angeboten wird,
4. die Ausübung der Arbeit mit der Pflege einer oder eines Angehörigen nicht vereinbar wäre und die Pflege nicht auf andere Weise sichergestellt werden kann,
5. der Ausübung der Arbeit ein sonstiger wichtiger Grund entgegensteht.

(2) Eine Arbeit ist nicht allein deshalb unzumutbar, weil

1. sie nicht einer früheren beruflichen Tätigkeit entspricht, für die die erwerbsfähige leistungsberechtigte Person ausgebildet ist oder die früher ausgeübt wurde,
2. sie im Hinblick auf die Ausbildung der erwerbsfähigen leistungsberechtigten Person als geringerwertig anzusehen ist,
3. der Beschäftigungsort vom Wohnort der erwerbsfähigen leistungsberechtigten Person weiter entfernt ist als ein früherer Beschäftigungs- oder Ausbildungsort,
4. die Arbeitsbedingungen ungünstiger sind als bei den bisherigen Beschäftigungen der erwerbsfähigen leistungsberechtigten Person,
5. sie mit der Beendigung einer Erwerbstätigkeit verbunden ist, es sei denn, es liegen begründete Anhaltspunkte vor, dass durch die bisherige Tätigkeit künftig die Hilfebedürftigkeit beendet werden kann.

(3) Die Absätze 1 und 2 gelten für die Teilnahme an Maßnahmen zur Eingliederung in Arbeit entsprechend.

## § 11 Zu berücksichtigendes Einkommen

(1) 1Als Einkommen zu berücksichtigen sind Einnahmen in Geld abzüglich der nach § 11b abzusetzenden Beträge mit Ausnahme der in § 11a genannten Einnahmen *sowie Einnahmen, die nach anderen Vorschriften des Bundesrechts nicht als Einkommen im Sinne dieses Buches zu berücksichtigen sind.* 2Dies gilt auch für Einnahmen in Geldeswert, die im Rahmen einer Erwerbstätigkeit, des Bundesfreiwilligendienstes oder eines Jugendfreiwilligendienstes zufließen. 3Als Einkommen zu berücksichtigen sind auch Zuflüsse aus darlehensweise gewährten Sozialleistungen, soweit sie dem Lebensunterhalt dienen. 4Der Kinderzuschlag nach § 6a des Bundeskindergeldgesetzes ist als Einkommen dem jeweiligen Kind zuzurechnen. 5Dies gilt auch für das Kindergeld für zur Bedarfsgemeinschaft gehörende Kinder, soweit es bei dem jeweiligen Kind zur Sicherung des Lebensunterhalts, mit Ausnahme der Bedarfe nach § 28, benötigt wird.

*(2) 1Einnahmen sind für den Monat zu berücksichtigen, in dem sie zufließen. 2Dies gilt auch für Einnahmen, die an einzelnen Tagen eines Monats aufgrund von kurzzeitigen Beschäftigungsverhältnissen erzielt werden.*

*(3) Würde der Leistungsanspruch durch die Berücksichtigung einer als Nachzahlung zufließenden Einnahme, die nicht für den Monat des Zuflusses erbracht wird, in diesem Monat entfallen, so ist diese Einnahme auf einen Zeitraum von sechs Monaten gleichmäßig aufzuteilen und monatlich ab dem Monat des Zuflusses mit einem entsprechenden monatlichen Teilbetrag zu berücksichtigen.*

## § 11a Nicht zu berücksichtigendes Einkommen

(1) Nicht als Einkommen zu berücksichtigen sind

1. Leistungen nach diesem Buch,
2. die Grundrente nach dem Bundesversorgungsgesetz und nach den Gesetzen, die eine entsprechende Anwendung des Bundesversorgungsgesetzes vorsehen,
3. die Renten oder Beihilfen, die nach dem Bundesentschädigungsgesetz für Schaden an Leben sowie an Körper oder Gesundheit erbracht werden, bis zur Höhe der vergleichbaren Grundrente nach dem Bundesversorgungsgesetz,
4. *Aufwandspauschalen nach § 1878 des Bürgerlichen Gesetzbuchs* kalenderjährlich bis zu dem in § 3 Nummer 26 Satz 1 des Einkommensteuergesetzes genannten Betrag,
5. *Aufwandsentschädigungen oder Einnahmen aus nebenberuflichen Tätigkeiten, die nach § 3 Nummer 12, Nummer 26 oder Nummer 26a des Einkommensteuergesetzes steuerfrei sind, soweit diese Einnahmen einen Betrag in Höhe von 3000 Euro im Kalenderjahr nicht überschreiten,*
6. *Mutterschaftsgeld nach § 19 des Mutterschutzgesetzes*
7. *Erbschaften.*

(2) Entschädigungen, die wegen eines Schadens, der kein Vermögensschaden ist, nach § 253 Absatz 2 des Bürgerlichen Gesetzbuchs geleistet werden, sind nicht als Einkommen zu berücksichtigen.

(3) 1Leistungen, die aufgrund öffentlich-rechtlicher Vorschriften zu einem ausdrücklich genannten Zweck erbracht werden, sind nur so weit als Einkommen zu berücksichtigen, als die Leistungen nach diesem Buch im Einzelfall demselben Zweck dienen. 2Abweichend von Satz 1 sind als Einkommen zu berücksichtigen

1. die Leistungen nach § 39 des Achten Buches, die für den erzieherischen Einsatz erbracht werden,
   a) für das dritte Pflegekind zu 75 Prozent,
   b) für das vierte und jedes weitere Pflegekind vollständig,
2. die Leistungen nach § 23 des Achten Buches,
3. die Leistungen der Ausbildungsförderung nach dem Bundesausbildungsförderungsgesetz sowie vergleichbare Leistungen der Begabtenförderungswerke; § 14b Absatz 2 Satz 1 des Bundesausbildungsförderungsgesetzes bleibt unberührt,

6

4. die Berufsausbildungsbeihilfe nach dem Dritten Buch mit Ausnahme der Bedarfe nach § 64 Absatz 3 Satz 1 des Dritten Buches sowie
5. Reisekosten zur Teilhabe am Arbeitsleben nach § 127 Absatz 1 Satz 1 des Dritten Buches in Verbindung mit § 73 des Neunten Buches.

(4) Zuwendungen der freien Wohlfahrtspflege sind nicht als Einkommen zu berücksichtigen, soweit sie die Lage der Empfängerinnen und Empfänger nicht so günstig beeinflussen, dass daneben Leistungen nach diesem Buch nicht gerechtfertigt wären.

(5) Zuwendungen, die ein anderer erbringt, ohne hierzu eine rechtliche oder sittliche Pflicht zu haben, sind nicht als Einkommen zu berücksichtigen, soweit

1. ihre Berücksichtigung für die Leistungsberechtigten grob unbillig wäre oder
2. sie die Lage der Leistungsberechtigten nicht so günstig beeinflussen, dass daneben Leistungen nach diesem Buch nicht gerechtfertigt wären.



(6) Überbrückungsgeld nach § 51 des Strafvollzugsgesetzes oder vergleichbare Leistungen nach landesrechtlichen Regelungen sind nicht als Einkommen zu berücksichtigen.

*(7) 1Nicht als Einkommen zu berücksichtigen sind Einnahmen von Schülerinnen und Schülern allgemein- oder berufsbildender Schulen, die das 25. Lebensjahr noch nicht vollendet haben, aus Erwerbstätigkeiten, die in den Schulferien ausgeübt werden. 2Satz 1 gilt nicht für eine Ausbildungsvergütung, auf die eine Schülerin oder ein Schüler einen Anspruch hat.*

## § 11b Absetzbeträge

(1) 1Vom Einkommen abzusetzen sind

1. auf das Einkommen entrichtete Steuern,
2. Pflichtbeiträge zur Sozialversicherung einschließlich der Beiträge zur Arbeitsförderung,
3. Beiträge zu öffentlichen oder privaten Versicherungen oder ähnlichen Einrichtungen, soweit diese Beiträge gesetzlich vorgeschrieben oder nach Grund und Höhe angemessen sind; hierzu gehören Beiträge
   a) zur Vorsorge für den Fall der Krankheit und der Pflegebedürftigkeit für Personen, die in der gesetzlichen Krankenversicherung nicht versicherungspflichtig sind,
   b) zur Altersvorsorge von Personen, die von der Versicherungspflicht in der gesetzlichen Rentenversicherung befreit sind,

   soweit die Beiträge nicht nach § 26 bezuschusst werden,
4. geförderte Altersvorsorgebeiträge nach § 82 des Einkommensteuergesetzes, soweit sie den Mindesteigenbeitrag nach § 86 des Einkommensteuergesetzes nicht überschreiten,
5. die mit der Erzielung des Einkommens verbundenen notwendigen Ausgaben,
6. für Erwerbstätige ferner ein Betrag nach Absatz 3,
7. Aufwendungen zur Erfüllung gesetzlicher Unterhaltsverpflichtungen bis zu dem in einem Unterhaltstitel oder in einer notariell beurkundeten Unterhaltsvereinbarung festgelegten Betrag,
8. bei erwerbsfähigen Leistungsberechtigten, deren Einkommen nach dem Vierten Abschnitt des Bundesausbildungsförderungsgesetzes oder nach § 67 oder § 126 des Dritten Buches bei der Berechnung der Leistungen der Ausbildungsförderung für mindestens ein Kind berücksichtigt wird, der nach den Vorschriften der Ausbildungsförderung berücksichtigte Betrag.

2Bei der Verteilung einer einmaligen Einnahme nach § 11 Absatz 3 Satz 4 sind die auf die einmalige Einnahme im Zuflussmonat entfallenden Beträge nach den Nummern 1, 2, 5 und 6 vorweg abzusetzen.

(2) 1Bei erwerbsfähigen Leistungsberechtigten, die erwerbstätig sind, ist anstelle der Beträge nach Absatz 1 Satz 1 Nummer 3 bis 5 ein Betrag von insgesamt 100 Euro monatlich von dem Einkommen aus Erwerbstätigkeit abzusetzen. 2Beträgt das monatliche Einkommen aus Erwerbstätigkeit mehr als 400 Euro, gilt Satz 1 nicht, wenn die oder der erwerbsfähige Leistungsberechtigte nachweist, dass die Summe der Beträge nach Absatz 1 Satz 1 Nummer 3 bis 5 den Betrag von 100 Euro übersteigt.

*(2a) § 82a des Zwölften Buches gilt entsprechend.*

*(2b) 1Abweichend von Absatz 2 Satz 1 ist anstelle der Beträge nach Absatz 1 Satz 1 Nummer 3 bis 5 der Betrag nach § 8 Absatz 1a des Vierten Buches von dem Einkommen aus Erwerbstätigkeit abzusetzen bei erwerbsfähigen Leistungsberechtigten, die das 25. Lebensjahr noch nicht vollendet haben und die*

1. *eine nach dem Bundesausbildungsförderungsgesetz dem Grunde nach förderungsfähige Ausbildung durchführen,*
2. *eine nach § 57 Absatz 1 des Dritten Buches dem Grunde nach förderungsfähige Ausbildung, eine nach § 51 des Dritten Buches dem Grunde nach förderungsfähige berufsvorbereitende Bildungsmaßnahme oder eine nach § 54a des Dritten Buches geförderte Einstiegsqualifizierung durchführen,*

3. *einem Freiwilligendienst nach dem Bundesfreiwilligendienstgesetz oder dem Jugendfreiwilligendienstegesetz nachgehen oder*
4. *als Schülerinnen und Schüler allgemein- oder berufsbildender Schulen außerhalb der in § 11a Absatz 7 genannten Zeiten erwerbstätig sind; dies gilt nach dem Besuch allgemeinbildender Schulen auch bis zum Ablauf des dritten auf das Ende der Schulausbildung folgenden Monats.*

*2Sofern die unter Satz 1 Nummer 1 bis 4 genannten Personen die in § 11a Absatz 3 Satz 2 Nummer 3 bis 5 genannten Leistungen, Ausbildungsgeld nach dem Dritten Buch oder einen Unterhaltsbeitrag nach § 10 Absatz 2 des Aufstiegsfortbildungsförderungsgesetzes erhalten, ist von diesen Leistungen für die Absetzbeträge nach Absatz 1 Satz 1 Nummer 3 bis 5 ein Betrag in Höhe von mindestens 100 Euro abzusetzen, wenn die Absetzung nicht bereits nach Satz 1 oder nach Absatz 2 Satz 1 erfolgt ist. 3Satz 2 gilt auch für Leistungsberechtigte, die das 25. Lebensjahr vollendet haben.*

(3) 1Bei erwerbsfähigen Leistungsberechtigten, die erwerbstätig sind, ist von dem monatlichen Einkommen aus Erwerbstätigkeit ein weiterer Betrag abzusetzen. 2Dieser beläuft sich

1. *für den Teil des monatlichen Erwerbseinkommens, der 100 Euro übersteigt und nicht mehr als 520 Euro beträgt, auf 20 Prozent,*
2. *für den Teil des monatlichen Erwerbseinkommens, der 520 Euro übersteigt und nicht mehr als 1000 Euro beträgt, auf 30 Prozent und*
3. *für den Teil des monatlichen Erwerbseinkommens, der 1000 Euro übersteigt und nicht mehr als 1200 Euro beträgt, auf 10 Prozent.*

*3Anstelle des Betrages von 1200 Euro tritt für erwerbsfähige Leistungsberechtigte, die entweder mit mindestens einem minderjährigen Kind in Bedarfsgemeinschaft leben oder die mindestens ein minderjähriges Kind haben, ein Betrag von 1500 Euro. 4In den Fällen des Absatzes 2b ist Satz 2 Nummer 1 nicht anzuwenden.*

## § 12 Zu berücksichtigendes Vermögen

(1) 1Alle verwertbaren Vermögensgegenstände sind vorbehaltlich des Satzes 2 als Vermögen zu berücksichtigen. 2Nicht zu berücksichtigen sind

1. angemessener Hausrat; für die Beurteilung der Angemessenheit sind die Lebensumstände während des Bezugs von Bürgergeld maßgebend,
2. ein angemessenes Kraftfahrzeug für jede in der Bedarfsgemeinschaft lebende erwerbsfähige Person; die Angemessenheit wird vermutet, wenn die Antragstellerin oder der Antragsteller dies im Antrag erklärt,
3. für die Altersvorsorge bestimmte Versicherungsverträge; zudem andere Formen der Altersvorsorge, wenn sie nach Bundesrecht ausdrücklich als Altersvorsorge gefördert werden,
4. weitere Vermögensgegenstände, die unabhängig von der Anlageform als für die Altersvorsorge bestimmt bezeichnet werden; hierbei ist für jedes angefangene Jahr einer hauptberuflich selbständigen Tätigkeit, in dem keine Beiträge an die gesetzliche Rentenversicherung, an eine öffentlich-rechtliche Versicherungseinrichtung oder an eine Versorgungseinrichtung einer Berufsgruppe entrichtet wurden, höchstens der Betrag nicht zu berücksichtigen, der sich ergibt, wenn der zum Zeitpunkt der Antragstellung geltende Beitragssatz zur allgemeinen Rentenversicherung nach § 158 des Sechsten Buches mit dem zuletzt festgestellten endgültigen Durchschnittsentgelt gemäß Anlage 1 des Sechsten Buches multipliziert und anschließend auf den nächsten durch 500 teilbaren Betrag aufgerundet wird,
5. ein selbst genutztes Hausgrundstück mit einer Wohnfläche von bis zu 140 Quadratmetern oder eine selbst genutzte Eigentumswohnung von bis zu 130 Quadratmetern; bewohnen mehr als vier Personen das Hausgrundstück beziehungsweise die Eigentumswohnung, erhöht sich die maßgebende Wohnfläche um jeweils 20 Quadratmeter für jede weitere Person; höhere Wohnflächen sind anzuerkennen, sofern die Berücksichtigung als Vermögen eine besondere Härte bedeuten würde,
6. Vermögen, solange es nachweislich zur baldigen Beschaffung oder Erhaltung eines Hausgrundstücks oder einer Eigentumswohnung von angemessener Größe bestimmt ist, und das Hausgrundstück oder die Eigentumswohnung Menschen mit Behinderungen oder pflegebedürftigen Menschen zu Wohnzwecken dient oder dienen soll und dieser Zweck durch den Einsatz oder die Verwertung des Vermögens gefährdet würde sowie
7. Sachen und Rechte, soweit ihre Verwertung für die betroffene Person eine besondere Härte bedeuten würde.

(2) 1Von dem zu berücksichtigenden Vermögen ist für jede Person in der Bedarfsgemeinschaft ein Betrag in Höhe von 15 000 Euro abzusetzen. 2Übersteigt das Vermögen einer Person in der Bedarfsgemeinschaft den Betrag nach Satz 1, sind nicht ausgeschöpfte Freibeträge der anderen Personen in der Bedarfsgemeinschaft auf diese Person zu übertragen.

(3) 1Für die Berücksichtigung von Vermögen gilt eine Karenzzeit von einem Jahr ab Beginn des Monats, für den erstmals Leistungen nach diesem Buch bezogen werden. 2Innerhalb dieser Karenzzeit wird Vermögen nur berücksichtigt, wenn es erheblich ist. 3Wird der

6

Leistungsbezug in der Karenzzeit für mindestens einen Monat unterbrochen, verlängert sich die Karenzzeit um volle Monate ohne Leistungsbezug. 4Eine neue Karenzzeit beginnt, wenn zuvor mindestens drei Jahre keine Leistungen nach diesem oder dem Zwölften Buch bezogen worden sind.

(4) 1Vermögen ist im Sinne von Absatz 3 Satz 2 erheblich, wenn es in der Summe 40 000 Euro für die leistungsberechtigte Person sowie 15 000 Euro für jede weitere mit dieser in Bedarfsgemeinschaft lebende Person übersteigt; Absatz 2 Satz 2 gilt entsprechend. 2Bei der Berechnung des erheblichen Vermögens ist ein selbst genutztes Hausgrundstück oder eine selbst genutzte Eigentumswohnung abweichend von Absatz 1 Satz 2 Nummer 5 nicht zu berücksichtigen. 3Es wird vermutet, dass kein erhebliches Vermögen vorhanden ist, wenn die Antragstellerin oder der Antragsteller dies im Antrag erklärt. 4Liegt erhebliches Vermögen vor, sind während der Karenzzeit Beträge nach Satz 1 an Stelle der Freibeträge nach Absatz 2 abzusetzen. 5Der Erklärung ist eine Selbstauskunft beizufügen; Nachweise zum vorhandenen Vermögen sind nur auf Aufforderung des Jobcenters vorzulegen.

6

(5) 1Das Vermögen ist mit seinem Verkehrswert zu berücksichtigen. 2Für die Bewertung ist der Zeitpunkt maßgebend, in dem der Antrag auf Bewilligung oder erneute Bewilligung der Leistungen der Grundsicherung für Arbeitsuchende gestellt wird, bei späterem Erwerb von Vermögen der Zeitpunkt des Erwerbs.

(6) 1Ist Bürgergeld unter Berücksichtigung des Einkommens nur für einen Monat zu erbringen, gilt keine Karenzzeit. 2Es wird vermutet, dass kein zu berücksichtigendes Vermögen vorhanden ist, wenn die Antragstellerin oder der Antragsteller dies im Antrag erklärt. 3Absatz 4 Satz 4 gilt entsprechend.

### § 12a Vorrangige Leistungen

1Leistungsberechtigte sind verpflichtet, Sozialleistungen anderer Träger in Anspruch zu nehmen und die dafür erforderlichen Anträge zu stellen, sofern dies zur Vermeidung, Beseitigung, Verkürzung oder Verminderung der Hilfebedürftigkeit erforderlich ist. 2Abweichend von Satz 1 sind Leistungsberechtigte nicht verpflichtet,

1. bis zur Vollendung des 63. Lebensjahres eine Rente wegen Alters vorzeitig in Anspruch zu nehmen oder
2. Wohngeld nach dem Wohngeldgesetz oder Kinderzuschlag nach dem Bundeskindergeldgesetz in Anspruch zu nehmen, wenn dadurch nicht die Hilfebedürftigkeit aller Mitglieder der Bedarfsgemeinschaft für einen zusammenhängenden Zeitraum von mindestens drei Monaten beseitigt würde.

3Für die Zeit vom 1. Januar 2023 bis zum Ablauf des 31. Dezember 2026 findet Satz 2 Nummer 1 mit der Maßgabe Anwendung, dass Leistungsberechtigte nicht verpflichtet sind, eine Rente wegen Alters vorzeitig in Anspruch zu nehmen.

### § 13 Verordnungsermächtigung

(1) Das Bundesministerium für Arbeit und Soziales wird ermächtigt, im Einvernehmen mit dem Bundesministerium der Finanzen ohne Zustimmung des Bundesrates durch Rechtsverordnung zu bestimmen,

1. welche weiteren Einnahmen nicht als Einkommen zu berücksichtigen sind und wie das Einkommen im Einzelnen zu berechnen ist,
2. welche weiteren Vermögensgegenstände nicht als Vermögen zu berücksichtigen sind und wie der Wert des Vermögens zu ermitteln ist,
3. welche Pauschbeträge für die von dem Einkommen abzusetzenden Beträge zu berücksichtigen sind,
4. welche durchschnittlichen monatlichen Beträge für einzelne Bedarfe nach § 28 für die Prüfung der Hilfebedürftigkeit zu berücksichtigen sind und welcher Eigenanteil des maßgebenden Regelbedarfs bei der Bemessung des Bedarfs nach § 28 Absatz 6 zugrunde zu legen ist.

(2) Das Bundesministerium für Arbeit und Soziales wird ermächtigt, ohne Zustimmung des Bundesrates durch Rechtsverordnung zu bestimmen, unter welchen Voraussetzungen und für welche Dauer Leistungsberechtigte nach Vollendung des 63. Lebensjahres ausnahmsweise zur Vermeidung von Unbilligkeiten nicht verpflichtet sind, eine Rente wegen Alters vorzeitig in Anspruch zu nehmen.

*(3) Das Bundesministerium für Arbeit und Soziales wird ermächtigt, durch Rechtsverordnung, die nicht der Zustimmung des Bundesrates bedarf, nähere Bestimmungen zum näheren Bereich im Sinne des § 7b Absatz 1 Satz 2 zu treffen sowie dazu, für welchen Zeitraum und unter welchen Voraussetzungen erwerbsfähige Leistungsberechtigte bei einem Aufenthalt außerhalb des näheren Bereichs einen Leistungsanspruch haben können, ohne erreichbar zu sein.*

## Kapitel 3
## Leistungen

### Abschnitt 1
### Leistungen zur Eingliederung in Arbeit

### § 14 Grundsatz des Förderns

(1) 1Die Träger der Leistungen nach diesem Buch unterstützen erwerbsfähige Leistungsberechtigte umfassend *und nachhaltig* mit dem Ziel der Ein-

gliederung in Arbeit *und Überwindung der Hilfebedürftigkeit. ₂Dies gilt sowohl für arbeitslose als auch für nicht arbeitslose erwerbsfähige Leistungsberechtigte.*

(2) ₁Leistungsberechtigte Personen erhalten Beratung. *₂Im Rahmen der Beratung wird gemeinsam eine individuelle Strategie zur Erreichung der in Absatz 1 genannten Ziele erarbeitet und deren schrittweise Umsetzung begleitet. ₃Aufgabe der Beratung ist darüber hinaus die Erteilung von Auskunft und Rat, insbesondere zur Berechnung der Leistungen zur Sicherung des Lebensunterhalts, zum Eingliederungsprozess und zu den Mitwirkungspflichten und Selbsthilfeobliegenheiten sowie dem Schlichtungsverfahren, zu den Leistungen der Eingliederung nach diesem Abschnitt sowie zur Möglichkeit der Inanspruchnahme von Leistungen anderer Träger. ₄Art und Umfang der Beratung richten sich nach dem Beratungsbedarf der leistungsberechtigten Person.* ₅Beratungsleistungen, die Leistungsberechtigte nach den §§ 29 bis 33 des Dritten Buches von den für die Arbeitsförderung zuständigen Dienststellen der Bundesagentur für Arbeit erhalten, sollen dabei Berücksichtigung finden. ₆Hierbei arbeiten die Träger der Leistungen nach diesem Buch mit den in Satz 4 genannten Dienststellen eng zusammen.

(3) ₁Die Agentur für Arbeit soll eine persönliche Ansprechpartnerin oder einen persönlichen Ansprechpartner für jede erwerbsfähige leistungsberechtigte Person und die mit dieser in einer Bedarfsgemeinschaft lebenden Personen benennen. *₂Die Beratung kann aufsuchend und sozialraumorientiert erfolgen.*

(4) Die Träger der Leistungen nach diesem Buch erbringen unter *Beachtung* der Grundsätze von Wirtschaftlichkeit und Sparsamkeit alle im Einzelfall für die Eingliederung in Arbeit erforderlichen Leistungen.

### § 15 Potenzialanalyse und Kooperationsplan

*(1) ₁Die Agentur für Arbeit soll unverzüglich zusammen mit jeder erwerbsfähigen leistungsberechtigten Person die für die Eingliederung in Ausbildung oder Arbeit erforderlichen persönlichen Merkmale, die beruflichen Fähigkeiten und die Eignung feststellen; diese Feststellungen erstrecken sich auch auf die individuellen Stärken sowie darauf, ob und durch welche Umstände die berufliche Eingliederung voraussichtlich erschwert sein wird (Potenzialanalyse). ₂Tatsachen, über die die Agentur für Arbeit nach § 9a Satz 2 Nummer 2 des Dritten Buches unterrichtet wird, müssen nicht erneut festgestellt werden, es sei denn, es liegen Anhaltspunkte dafür vor, dass sich Umstände, die für die Eingliederung maßgebend sind, verändert haben.*

*(2) ₁Die Agentur für Arbeit soll im Einvernehmen mit dem kommunalen Träger unverzüglich nach der Potenzialanalyse mit jeder erwerbsfähigen leistungsberechtigten Person unter Berücksichtigung der Feststellungen nach Absatz 1 gemeinsam einen Plan zur Verbesserung der Teilhabe (Kooperationsplan) erstellen. ₂In diesem werden das Eingliederungsziel und die wesentlichen Schritte zur Eingliederung festgehalten, insbesondere soll festgelegt werden,*

1. *welche Leistungen zur Eingliederung in Ausbildung oder Arbeit nach diesem Abschnitt in Betracht kommen,*
2. *welche für eine erfolgreiche Überwindung von Hilfebedürftigkeit, vor allem durch Eingliederung in Ausbildung oder Arbeit, erforderlichen Eigenbemühungen erwerbsfähige Leistungsberechtigte mindestens unternehmen und nachweisen,*
3. *eine vorgesehene Teilnahme an einem Integrationskurs nach § 43 des Aufenthaltsgesetzes oder an einer Maßnahme der berufsbezogenen Deutschsprachförderung nach § 45a des Aufenthaltsgesetzes,*
4. *wie Leistungen anderer Leistungsträger in den Eingliederungsprozess einbezogen werden,*
5. *in welche Ausbildung, Tätigkeiten oder Tätigkeitsbereiche die erwerbsfähige leistungsberechtigte Person vermittelt werden soll und*
6. *ob ein möglicher Bedarf für Leistungen zur beruflichen oder medizinischen Rehabilitation mit dem Ziel einer entsprechenden Antragstellung in Betracht kommt.*

*₃Im Kooperationsplan kann auch festgehalten werden,*

1. *welche Maßnahmen und Leistungen der aktiven Arbeitsförderung im Hinblick auf mögliche gesundheitliche Beeinträchtigungen, die einer Integration in den Arbeitsmarkt entgegenstehen, in Betracht kommen und welche anderen Leistungsträger im Hinblick auf diese Beeinträchtigungen voraussichtlich zu beteiligen sind und*
2. *welche Leistungen nach diesem Abschnitt für Personen in Betracht kommen, die mit der oder dem erwerbsfähigen Leistungsberechtigten in einer Bedarfsgemeinschaft leben, um Hemmnisse der erwerbsfähigen leistungsberechtigten Person zu beseitigen oder zu verringern; diese Personen sind hierbei zu beteiligen.*

*(3) ₁Die erwerbsfähige leistungsberechtigte Person erhält den Kooperationsplan in Textform. ₂Der Kooperationsplan soll spätestens nach Ablauf von jeweils sechs Monaten gemeinsam aktualisiert und fortgeschrieben werden.*

*(4) Die erste Einladung zum Gespräch zur Erstellung der Potenzialanalyse und des Kooperationsplans*

*erfolgt ohne Belehrung über die Rechtsfolgen bei Nichtteilnahme.*

*(5) 1Die Agentur für Arbeit überprüft regelmäßig, ob die erwerbsfähige leistungsberechtigte Person die im Kooperationsplan festgehaltenen Absprachen einhält. 2Aufforderungen hierzu erfolgen grundsätzlich mit Rechtsfolgenbelehrung, insbesondere bei Maßnahmen gemäß §§ 16, 16d ist eine Rechtsfolgenbelehrung vorzusehen.*

*(6) Wenn ein Kooperationsplan nicht zustande kommt oder nicht fortgeschrieben werden kann, erfolgen Aufforderungen zu erforderlichen Mitwirkungshandlungen mit Rechtsfolgenbelehrung.*

### § 15a Schlichtungsverfahren

*(1) 1Ist die Erstellung oder die Fortschreibung eines Kooperationsplans aufgrund von Meinungsverschiedenheiten zwischen Agentur für Arbeit oder kommunalem Träger und leistungsberechtigter Person nicht möglich, so soll auf Verlangen einer oder beider Seiten ein Schlichtungsverfahren eingeleitet werden. 2Die Agentur für Arbeit schafft im Einvernehmen mit dem kommunalen Träger die Voraussetzungen für einen Schlichtungsmechanismus unter Hinzuziehung einer bisher unbeteiligten und insofern nicht weisungsgebundenen Person innerhalb oder außerhalb der Dienststelle. 3Das nähere Verfahren entsprechend § 44c Absatz 2 Satz 2 Nummer 2 legt die Trägerversammlung fest.*

6

*(2) 1In dem Schlichtungsverfahren soll ein gemeinsamer Lösungsvorschlag entwickelt werden. 2Diesen gemeinsamen Lösungsvorschlag haben die Agentur für Arbeit und der kommunale Träger zu berücksichtigen.*

*(3) Während des Schlichtungsverfahrens führt die Verletzung von Pflichten nach § 31 nicht zu Leistungsverminderungen nach § 31a.*

*(4) Das Schlichtungsverfahren endet durch eine Einigung oder spätestens mit Ablauf von vier Wochen ab Beginn.*

### § 16 Leistungen zur Eingliederung

(1) 1Zur Eingliederung in Arbeit erbringt die Agentur für Arbeit Leistungen nach § 35 des Dritten Buches. 2Sie kann folgende Leistungen des Dritten Kapitels des Dritten Buches erbringen:

1. die übrigen Leistungen der Beratung und Vermittlung nach dem Ersten Abschnitt mit Ausnahme der Leistung nach § 31a,
2. Leistungen zur Aktivierung und beruflichen Eingliederung nach dem Zweiten Abschnitt,
3. Leistungen zur Berufsausbildung nach dem Vierten Unterabschnitt des Dritten Abschnitts und Leistungen nach den § 54a Absatz 1 bis 5,
4. Leistungen zur beruflichen Weiterbildung nach dem Vierten Abschnitt, mit Ausnahme von Leistungen nach § 82 Absatz 6, und Leistungen nach den §§ 131a und 131b,
5. Leistungen zur Aufnahme einer sozialversicherungspflichtigen Beschäftigung nach dem Ersten Unterabschnitt des Fünften Abschnitts.

3Für Eingliederungsleistungen an erwerbsfähige Leistungsberechtigte mit Behinderungen nach diesem Buch gelten entsprechend

1. die §§ 112 bis 114, 115 Nummer 1 bis 3 mit Ausnahme berufsvorbereitender Bildungsmaßnahmen und der Berufsausbildungsbeihilfe sowie § 116 Absatz 1, 2, 5 und 6 des Dritten Buches,
2. § 117 Absatz 1 und § 118 Nummer 3 des Dritten Buches für die besonderen Leistungen zur Förderung der beruflichen Weiterbildung,
3. die §§ 127 und 128 des Dritten Buches für die besonderen Leistungen zur Förderung der beruflichen Weiterbildung.

4§ 1 Absatz 2 Nummer 4 sowie § 36 und § 81 Absatz 2 und 3 des Dritten Buches sind entsprechend anzuwenden.

(2) 1Soweit dieses Buch nichts Abweichendes regelt, gelten für die Leistungen nach Absatz 1 die Regelungen des Dritten Buches mit Ausnahme der Verordnungsermächtigung nach § 47 des Dritten Buches sowie der Anordnungsermächtigungen für die Bundesagentur und mit der Maßgabe, dass an die Stelle des Arbeitslosengeldes das Bürgergeld nach § 19 Absatz 1 Satz 1 tritt. 2§ 44 Absatz 3 Satz 3 des Dritten Buches gilt mit der Maßgabe, dass die Förderung aus dem Vermittlungsbudget auch die anderen Leistungen nach dem Zweiten Buch nicht aufstocken, ersetzen oder umgehen darf. 3Für die Teilnahme erwerbsfähiger Leistungsberechtigter an einer Maßnahme zur beruflichen Weiterbildung im Rahmen eines bestehenden Arbeitsverhältnisses werden Leistungen nach Absatz 1 Satz 2 Nummer 4 in Verbindung mit § 82 des Dritten Buches nicht gewährt, wenn die betreffende Maßnahme auf ein nach § 2 Absatz 1 des Aufstiegsfortbildungsförderungsgesetzes förderfähiges Fortbildungsziel vorbereitet.

(3) Abweichend von § 44 Absatz 1 Satz 1 des Dritten Buches können Leistungen auch für die Anbahnung und Aufnahme einer schulischen Berufsausbildung erbracht werden.

(3a) 1Abweichend von § 81 Absatz 4 des Dritten Buches kann die Agentur für Arbeit unter Anwendung des Vergaberechts Träger mit der Durchführung von Maßnahmen der beruflichen Weiterbildung beauftragen, wenn die Maßnahme den Anforderungen des § 180 des Dritten Buches entspricht und

1. eine dem Bildungsziel entsprechende Maßnahme örtlich nicht verfügbar ist oder
2. die Eignung und persönlichen Verhältnisse der erwerbsfähigen Leistungsberechtigten dies erfordern.

2§ 176 Absatz 2 des Dritten Buches findet keine Anwendung.

*(3b) Abweichend von § 87a Absatz 2 des Dritten Buches erhalten erwerbsfähige Leistungsberechtigte auch im Rahmen eines bestehenden Arbeitsverhältnisses ein Weiterbildungsgeld, sofern sie die sonstigen Voraussetzungen nach § 87a Absatz 1 des Dritten Buches erfüllen.*

(4) 1Die Agentur für Arbeit als Träger der Grundsicherung für Arbeitsuchende kann die Ausbildungsvermittlung durch die für die Arbeitsförderung zuständigen Stellen der Bundesagentur wahrnehmen lassen. 2Das Bundesministerium für Arbeit und Soziales wird ermächtigt, durch Rechtsverordnung ohne Zustimmung des Bundesrates das Nähere über die Höhe, Möglichkeiten der Pauschalierung und den Zeitpunkt der Fälligkeit der Erstattung von Aufwendungen bei der Ausführung des Auftrags nach Satz 1 festzulegen.

### § 16a Kommunale Eingliederungsleistungen

Zur Verwirklichung einer ganzheitlichen und umfassenden Betreuung und Unterstützung bei der Eingliederung in Arbeit können die folgenden Leistungen, die für die Eingliederung der oder des erwerbsfähigen Leistungsberechtigten in das Erwerbsleben erforderlich sind, erbracht werden:

1. die Betreuung minderjähriger Kinder oder von Kindern mit Behinderungen oder die häusliche Pflege von Angehörigen,
2. die Schuldnerberatung,
3. die psychosoziale Betreuung,
4. die Suchtberatung.

### § 16b Einstiegsgeld

(1) 1Zur Überwindung von Hilfebedürftigkeit kann erwerbsfähigen Leistungsberechtigten bei Aufnahme einer sozialversicherungspflichtigen oder selbständigen Erwerbstätigkeit ein Einstiegsgeld erbracht werden, wenn dies zur Eingliederung in den allgemeinen Arbeitsmarkt erforderlich ist. 2Das Einstiegsgeld kann auch erbracht werden, wenn die Hilfebedürftigkeit durch oder nach Aufnahme der Erwerbstätigkeit entfällt.

(2) 1Das Einstiegsgeld wird, soweit für diesen Zeitraum eine Erwerbstätigkeit besteht, für höchstens 24 Monate erbracht. 2Bei der Bemessung der Höhe des Einstiegsgeldes sollen die vorherige Dauer der Arbeitslosigkeit sowie die Größe der Bedarfsgemeinschaft berücksichtigt werden, in der die oder der erwerbsfähige Leistungsberechtigte lebt.

(3) 1Das Bundesministerium für Arbeit und Soziales wird ermächtigt, im Einvernehmen mit dem Bundesministerium der Finanzen ohne Zustimmung des Bundesrates durch Rechtsverordnung zu bestimmen, wie das Einstiegsgeld zu bemessen ist. 2Bei der Bemessung ist neben der Berücksichtigung der in Absatz 2 Satz 2 genannten Kriterien auch ein Bezug zu dem für die oder den erwerbsfähigen Leistungsberechtigten jeweils maßgebenden Regelbedarf herzustellen.

### § 16c Leistungen zur Eingliederung von Selbständigen

(1) 1Erwerbsfähige Leistungsberechtigte, die eine selbständige, hauptberufliche Tätigkeit aufnehmen oder ausüben, können Darlehen und Zuschüsse für die Beschaffung von Sachgütern erhalten, die für die Ausübung der selbständigen Tätigkeit notwendig und angemessen sind. 2Zuschüsse dürfen einen Betrag von 5000 Euro nicht übersteigen.

(2) 1Erwerbsfähige Leistungsberechtigte, die eine selbständige, hauptberufliche Tätigkeit ausüben, können durch geeignete Dritte durch Beratung oder Vermittlung von Kenntnissen und Fertigkeiten gefördert werden, wenn dies für die weitere Ausübung der selbständigen Tätigkeit erforderlich ist. 2Die Vermittlung von beruflichen Kenntnissen ist ausgeschlossen.

(3) 1Leistungen zur Eingliederung von erwerbsfähigen Leistungsberechtigten, die eine selbständige, hauptberufliche Tätigkeit aufnehmen oder ausüben, können nur gewährt werden, wenn zu erwarten ist, dass die selbständige Tätigkeit wirtschaftlich tragfähig ist und die Hilfebedürftigkeit durch die selbständige Tätigkeit innerhalb eines angemessenen Zeitraums dauerhaft überwunden oder verringert wird. 2Zur Beurteilung der Tragfähigkeit der selbständigen Tätigkeit soll die Agentur für Arbeit die Stellungnahme einer fachkundigen Stelle verlangen.

### § 16d Arbeitsgelegenheiten

(1) 1Erwerbsfähige Leistungsberechtigte können zur Erhaltung oder Wiedererlangung ihrer Beschäftigungsfähigkeit, die für eine Eingliederung in Arbeit erforderlich ist, in Arbeitsgelegenheiten zugewiesen werden, wenn die darin verrichteten Arbeiten zusätzlich sind, im öffentlichen Interesse liegen und wettbewerbsneutral sind. 2§ 18d Satz 2 findet Anwendung.

(2) 1Arbeiten sind zusätzlich, wenn sie ohne die Förderung nicht, nicht in diesem Umfang oder erst zu einem späteren Zeitpunkt durchgeführt würden.

6

$_{2}$Arbeiten, die auf Grund einer rechtlichen Verpflichtung durchzuführen sind oder die üblicherweise von juristischen Personen des öffentlichen Rechts durchgeführt werden, sind nur förderungsfähig, wenn sie ohne die Förderung voraussichtlich erst nach zwei Jahren durchgeführt würden. $_{3}$Ausgenommen sind Arbeiten zur Bewältigung von Naturkatastrophen und sonstigen außergewöhnlichen Ereignissen.

(3) $_{1}$Arbeiten liegen im öffentlichen Interesse, wenn das Arbeitsergebnis der Allgemeinheit dient. $_{2}$Arbeiten, deren Ergebnis überwiegend erwerbswirtschaftlichen Interessen oder den Interessen eines begrenzten Personenkreises dient, liegen nicht im öffentlichen Interesse. $_{3}$Das Vorliegen des öffentlichen Interesses wird nicht allein dadurch ausgeschlossen, dass das Arbeitsergebnis auch den in der Maßnahme beschäftigten Leistungsberechtigten zugute kommt, wenn sichergestellt ist, dass die Arbeiten nicht zu einer Bereicherung Einzelner führen.

(4) Arbeiten sind wettbewerbsneutral, wenn durch sie eine Beeinträchtigung der Wirtschaft infolge der Förderung nicht zu befürchten ist und Erwerbstätigkeit auf dem allgemeinen Arbeitsmarkt weder verdrängt noch in ihrer Entstehung verhindert wird.

(5) Leistungen zur Eingliederung in Arbeit nach diesem Buch, mit denen die Aufnahme einer Erwerbstätigkeit auf dem allgemeinen Arbeitsmarkt unmittelbar unterstützt werden kann, haben Vorrang gegenüber der Zuweisung in Arbeitsgelegenheiten.

(6) $_{1}$Erwerbsfähige Leistungsberechtigte dürfen innerhalb eines Zeitraums von fünf Jahren nicht länger als insgesamt 24 Monate in Arbeitsgelegenheiten zugewiesen werden. $_{2}$Der Zeitraum beginnt mit Eintritt in die erste Arbeitsgelegenheit. $_{3}$Abweichend von Satz 1 können erwerbsfähige Leistungsberechtigte nach Ablauf der 24 Monate bis zu zwölf weitere Monate in Arbeitsgelegenheiten zugewiesen werden, wenn die Voraussetzungen der Absätze 1 und 5 weiterhin vorliegen.

(7) $_{1}$Den erwerbsfähigen Leistungsberechtigten ist während einer Arbeitsgelegenheit zuzüglich zum Bürgergeld nach § 19 Absatz 1 Satz 1 von der Agentur für Arbeit eine angemessene Entschädigung für Mehraufwendungen zu zahlen. $_{2}$Die Arbeiten begründen kein Arbeitsverhältnis im Sinne des Arbeitsrechts und auch kein Beschäftigungsverhältnis im Sinne des Vierten Buches; die Vorschriften über den Arbeitsschutz und das Bundesurlaubsgesetz mit Ausnahme der Regelungen über das Urlaubsentgelt sind entsprechend anzuwenden. $_{3}$Für Schäden bei der Ausübung ihrer Tätigkeit haften die erwerbsfähigen Leistungsberechtigten wie Arbeitnehmerinnen und Arbeitnehmer.

(8) $_{1}$Auf Antrag werden die unmittelbar im Zusammenhang mit der Verrichtung von Arbeiten nach Absatz 1 erforderlichen Kosten erstattet. $_{2}$Hierzu können auch Personalkosten gehören, die entstehen, wenn eine besondere Anleitung, eine tätigkeitsbezogene Unterweisung oder eine sozialpädagogische Betreuung notwendig ist.

### § 16e Eingliederung von Langzeitarbeitslosen

(1) $_{1}$Arbeitgeber können für die nicht nur geringfügige Beschäftigung von erwerbsfähigen Leistungsberechtigten, die trotz vermittlerischer Unterstützung nach § 16 Absatz 1 Satz 1 unter Einbeziehung der übrigen Eingliederungsleistungen nach diesem Buch seit mindestens zwei Jahren arbeitslos sind, durch Zuschüsse zum Arbeitsentgelt gefördert werden, wenn sie mit einer erwerbsfähigen leistungsberechtigten Person ein Arbeitsverhältnis für die Dauer von mindestens zwei Jahren begründen. $_{2}$Für die Berechnung der Dauer der Arbeitslosigkeit nach Satz 1 findet § 18 des Dritten Buches entsprechende Anwendung.

(2) $_{1}$Der Zuschuss nach Absatz 1 wird in den ersten beiden Jahren des Bestehens des Arbeitsverhältnisses geleistet. $_{2}$Er beträgt im ersten Jahr des Arbeitsverhältnisses 75 Prozent des zu berücksichtigenden Arbeitsentgelts und im zweiten Jahr des Arbeitsverhältnisses 50 Prozent des zu berücksichtigenden Arbeitsentgelts. $_{3}$Für das zu berücksichtigende Arbeitsentgelt findet § 91 Absatz 1 des Dritten Buches mit der Maßgabe entsprechende Anwendung, dass nur der pauschalierte Anteil des Arbeitgebers am Gesamtsozialversicherungsbeitrag abzüglich des Beitrags zur Arbeitsförderung zu berücksichtigen ist. $_{4}$§ 22 Absatz 4 Satz 1 des Mindestlohngesetzes gilt nicht für Arbeitsverhältnisse, für die der Arbeitgeber einen Zuschuss nach Absatz 1 erhält.

(3) $_{1}$§ 92 Absatz 1 des Dritten Buches findet entsprechende Anwendung. $_{2}$§ 92 Absatz 2 Satz 1 erste Alternative, Satz 2 und 3 des Dritten Buches ist mit der Maßgabe entsprechend anzuwenden, dass abweichend von § 92 Absatz 2 Satz 3 zweiter Halbsatz des Dritten Buches der für die letzten sechs Monate bewilligte Förderbetrag zurückzuzahlen ist.

(4) $_{1}$Während einer Beschäftigung in einem Arbeitsverhältnis nach Absatz 1 soll eine erforderliche ganzheitliche beschäftigungsbegleitende Betreuung durch die Agentur für Arbeit oder einen durch diese beauftragten Dritten erbracht werden. $_{2}$In den ersten sechs Monaten der Beschäftigung in einem Arbeitsverhältnis nach Absatz 1 hat der Arbeitgeber die Arbeitnehmerin oder den Arbeitnehmer in angemessenem Umfang für eine ganzheitliche be-

schäftigungsbegleitende Betreuung nach Satz 1 unter Fortzahlung des Arbeitsentgelts freizustellen.

### § 16f Freie Förderung

(1) $_{1}$Die Agentur für Arbeit kann die Möglichkeiten der gesetzlich geregelten Eingliederungsleistungen durch freie Leistungen zur Eingliederung in Arbeit erweitern. $_{2}$Die freien Leistungen müssen den Zielen und Grundsätzen dieses Buches entsprechen.

(2) $_{1}$Die Ziele der Leistungen sind vor Förderbeginn zu beschreiben. $_{2}$Eine Kombination oder Modularisierung von Inhalten ist zulässig. $_{3}$Die Leistungen der Freien Förderung dürfen gesetzliche Leistungen nicht umgehen oder aufstocken. $_{4}$Ausgenommen hiervon sind Leistungen für

1. Langzeitarbeitslose und
2. erwerbsfähige Leistungsberechtigte, die das 25. Lebensjahr noch nicht vollendet haben und deren berufliche Eingliederung auf Grund von schwerwiegenden Vermittlungshemmnissen besonders erschwert ist,

bei denen in angemessener Zeit von in der Regel sechs Monaten nicht mit Aussicht auf Erfolg auf einzelne Gesetzesgrundlagen dieses Buches oder des Dritten Buches zurückgegriffen werden kann. $_{5}$Bei Leistungen an Arbeitgeber ist darauf zu achten, Wettbewerbsverfälschungen zu vermeiden. $_{6}$Projektförderungen im Sinne von Zuwendungen sind nach Maßgabe der §§ 23 und 44 der Bundeshaushaltsordnung zulässig. $_{7}$Bei längerfristig angelegten Förderungen ist der Erfolg regelmäßig zu überprüfen und zu dokumentieren.

### § 16g Förderung bei Wegfall der Hilfebedürftigkeit

(1) Entfällt die Hilfebedürftigkeit der oder des Erwerbsfähigen während einer Maßnahme zur Eingliederung, kann sie weiter gefördert werden, wenn dies wirtschaftlich erscheint und die oder der Erwerbsfähige die Maßnahme voraussichtlich erfolgreich abschließen wird.

(2) $_{1}$Zur nachhaltigen Eingliederung in Arbeit können Leistungen nach dem Ersten Abschnitt des Dritten Kapitels, nach § 44 oder § 45 Absatz 1 Satz 1 Nummer 5 des Dritten Buches oder nach § 16a, § 16f *oder § 16k* bis zu sechs Monate nach Beschäftigungsaufnahme auch erbracht werden, wenn die Hilfebedürftigkeit der oder des Erwerbsfähigen aufgrund des zu berücksichtigenden Einkommens entfallen ist. $_{2}$Während der Förderdauer nach Satz 1 gilt § 15 entsprechend.

(3) Leistungen zur ganzheitlichen beschäftigungsbegleitenden Betreuung nach § 16e Absatz 4 und § 16i Absatz 4 dieses Buches können während der gesamten Dauer der jeweiligen Förderung auch erbracht werden, wenn die Hilfebedürftigkeit entfällt.

### § 16h Förderung schwer zu erreichender junger Menschen

(1) $_{1}$Für Leistungsberechtigte, die das 25. Lebensjahr noch nicht vollendet haben, kann die Agentur für Arbeit Leistungen erbringen mit dem Ziel, die aufgrund der individuellen Situation der Leistungsberechtigten bestehenden Schwierigkeiten zu überwinden,

1. eine schulische, ausbildungsbezogene oder berufliche Qualifikation abzuschließen oder anders ins Arbeitsleben einzumünden und
2. Sozialleistungen zu beantragen oder anzunehmen.

$_{2}$Die Förderung umfasst zusätzliche Betreuungs- und Unterstützungsleistungen mit dem Ziel, dass Leistungen der Grundsicherung für Arbeitsuchende in Anspruch genommen werden, erforderliche therapeutische Behandlungen eingeleitet werden und an Regelangebote dieses Buches zur Aktivierung und Stabilisierung und eine frühzeitige intensive berufsorientierte Förderung herangeführt wird.

(2) $_{1}$Leistungen nach Absatz 1 können erbracht werden, wenn die Voraussetzungen der Leistungsberechtigung mit hinreichender Wahrscheinlichkeit vorliegen oder zu erwarten sind oder eine Leistungsberechtigung dem Grunde nach besteht. $_{2}$Einer Leistung nach Absatz 1 steht eine fehlende Antragstellung der leistungsberechtigten Person nicht entgegen.

(3) Über die Leistungserbringung stimmen sich die Agentur für Arbeit und der örtlich zuständige Träger der öffentlichen Jugendhilfe ab.

(4) Träger bedürfen einer Zulassung nach dem Fünften Kapitel des Dritten Buches, um Maßnahmen nach Absatz 1 durchzuführen.

(5) Zuwendungen sind nach Maßgabe der §§ 23 und 44 der Bundeshaushaltsordnung zulässig.

### § 16i Teilhabe am Arbeitsmarkt

(1) Zur Förderung von Teilhabe am Arbeitsmarkt können Arbeitgeber für die Beschäftigung von zugewiesenen erwerbsfähigen Leistungsberechtigten Zuschüsse zum Arbeitsentgelt erhalten, wenn sie mit einer erwerbsfähigen leistungsberechtigten Person ein sozialversicherungspflichtiges Arbeitsverhältnis begründen.

(2) $_{1}$Der Zuschuss nach Absatz 1 beträgt

1. in den ersten beiden Jahren des Arbeitsverhältnisses 100 Prozent,
2. im dritten Jahr des Arbeitsverhältnisses 90 Prozent,
3. im vierten Jahr des Arbeitsverhältnisses 80 Prozent,
4. im fünften Jahr des Arbeitsverhältnisses 70 Prozent

der Höhe des Mindestlohns nach § 1 Absatz 2 Satz 1 des Mindestlohngesetzes in Verbindung mit der auf der Grundlage des § 11 Absatz 1 Satz 1 des Mindestlohngesetzes jeweils erlassenen Verordnung zuzüglich des auf dieser Basis berechneten pauschalierten Anteils des Arbeitgebers am Gesamtsozialversicherungsbeitrag abzüglich des Beitrags zur Arbeitsförderung. 2Ist der Arbeitgeber durch oder aufgrund eines Tarifvertrages oder nach kirchlichen Arbeitsrechtsregelungen zur Zahlung eines höheren Arbeitsentgelts verpflichtet, bemisst sich der Zuschuss nach Satz 1 auf Grundlage des zu zahlenden Arbeitsentgelts. 3§ 91 Absatz 1 des Dritten Buches findet mit der Maßgabe entsprechende Anwendung, dass nur der pauschalierte Anteil des Arbeitgebers am Gesamtsozialversicherungsbeitrag abzüglich des Beitrags zur Arbeitsförderung zu berücksichtigen ist. 4Der Zuschuss bemisst sich nach der im Arbeitsvertrag vereinbarten Arbeitszeit. 5§ 22 Absatz 4 Satz 1 des Mindestlohngesetzes gilt nicht für Arbeitsverhältnisse, für die der Arbeitgeber einen Zuschuss nach Absatz 1 erhält.



(3) 1Eine erwerbsfähige leistungsberechtigte Person kann einem Arbeitgeber zugewiesen werden, wenn

1. sie das 25. Lebensjahr vollendet hat,
2. sie für insgesamt mindestens sechs Jahre innerhalb der letzten sieben Jahre Leistungen zur Sicherung des Lebensunterhalts nach diesem Buch erhalten hat,
3. sie in dieser Zeit nicht oder nur kurzzeitig sozialversicherungspflichtig oder geringfügig beschäftigt oder selbständig tätig war und
4. für sie Zuschüsse an Arbeitgeber nach Absatz 1 noch nicht für eine Dauer von fünf Jahren erbracht worden sind.

2In der Regel soll die erwerbsfähige leistungsberechtigte Person bereits für einen Zeitraum von mindestens zwei Monaten eine ganzheitliche Unterstützung erhalten haben. 3Abweichend von Satz 1 Nummer 2 kann eine erwerbsfähige leistungsberechtigte Person, die in den letzten fünf Jahren Leistungen zur Sicherung des Lebensunterhalts nach diesem Buch erhalten hat, einem Arbeitgeber zugewiesen werden, wenn sie in einer Bedarfsgemeinschaft mit mindestens einem minderjährigen Kind lebt oder schwerbehindert im Sinne des § 2 Absatz 2 und 3 des Neunten Buches ist.

(4) 1Während einer Förderung nach Absatz 1 soll eine erforderliche ganzheitliche beschäftigungsbegleitende Betreuung durch die Agentur für Arbeit oder einen durch diese beauftragten Dritten erbracht werden. 2Im ersten Jahr der Beschäftigung in einem Arbeitsverhältnis nach Absatz 1 hat der Arbeitgeber die Arbeitnehmerin oder den Arbeitnehmer in angemessenem Umfang für eine ganzheitliche beschäftigungsbegleitende Betreuung nach Satz 1 unter Fortzahlung des Arbeitsentgelts freizustellen. 3Begründet die Arbeitnehmerin oder der Arbeitnehmer im Anschluss an eine nach Absatz 1 geförderte Beschäftigung ein sozialversicherungspflichtiges Arbeitsverhältnis bei einem anderen Arbeitgeber, so können Leistungen nach Satz 1 bis zu sechs Monate nach Aufnahme der Anschlussbeschäftigung erbracht werden, auch wenn die Hilfebedürftigkeit während der Förderung nach Absatz 1 entfallen ist, sofern sie ohne die Aufnahme der Anschlussbeschäftigung erneut eintreten würde; § 16g Absatz 2 bleibt im Übrigen unberührt.

(5) 1Angemessene Zeiten einer erforderlichen Weiterbildung oder eines betrieblichen Praktikums bei einem anderen Arbeitgeber, für die der Arbeitgeber die Arbeitnehmerin oder den Arbeitnehmer unter Fortzahlung des Arbeitsentgelts freistellt, sind förderfähig. 2Für Weiterbildung nach Satz 1 kann der Arbeitgeber je Förderfall Zuschüsse zu den Weiterbildungskosten von insgesamt bis zu 3000 Euro erhalten.

(6) 1Die Agentur für Arbeit soll die Arbeitnehmerin oder den Arbeitnehmer umgehend abberufen, wenn sie diese Person in eine zumutbare Arbeit oder Ausbildung vermitteln kann oder die Förderung aus anderen Gründen beendet wird. 2Die Arbeitnehmerin oder der Arbeitnehmer kann das Arbeitsverhältnis ohne Einhaltung einer Frist kündigen, wenn sie oder er eine Arbeit oder Ausbildung aufnehmen kann, an einer Maßnahme der Berufsausbildung oder beruflichen Weiterbildung zum Erwerb eines Berufsabschlusses teilnehmen kann oder nach Satz 1 abberufen wird. 3Der Arbeitgeber kann das Arbeitsverhältnis ohne Einhaltung einer Frist kündigen, wenn die Arbeitnehmerin oder der Arbeitnehmer nach Satz 1 abberufen wird.

(7) Die Zahlung eines Zuschusses nach Absatz 1 ist ausgeschlossen, wenn zu vermuten ist, dass der Arbeitgeber

1. die Beendigung eines anderen Arbeitsverhältnisses veranlasst hat, um einen Zuschuss nach Absatz 1 zu erhalten, oder
2. eine bisher für das Arbeitsverhältnis erbrachte Förderung ohne besonderen Grund nicht mehr in Anspruch nimmt.

(8) 1Die Befristung eines Arbeitsvertrages mit einer zugewiesenen erwerbsfähigen leistungsberechtigten Person im Sinne von Absatz 3 ist bis zu einer Dauer von fünf Jahren zulässig, wenn dem Arbeitgeber zur Förderung der Teilhabe am Arbeitsmarkt ein Zuschuss zum Arbeitsentgelt nach Absatz 1

gewährt wird. 2Bis zu der Gesamtdauer von fünf Jahren ist auch die höchstens einmalige Verlängerung des Arbeitsvertrages zulässig.

(9) 1Zu den Einsatzfeldern der nach Absatz 1 geförderten Arbeitsverhältnisse hat die Agentur für Arbeit jährlich eine Stellungnahme der Vertreterinnen und Vertreter der Sozialpartner im Örtlichen Beirat, insbesondere zu möglichen Wettbewerbsverzerrungen sowie Verdrängungseffekten, einzuholen. 2Die Stellungnahme muss einvernehmlich erfolgen. 3Eine von der Stellungnahme abweichende Festlegung der Einsatzfelder hat die Agentur für Arbeit schriftlich zu begründen. 4§ 18d Satz 2 gilt entsprechend.

(10) 1Abweichend von Absatz 3 Nummer 2 und 3 kann eine erwerbsfähige leistungsberechtigte Person auch dann einem Arbeitgeber zugewiesen werden, wenn sie seit dem 1. Januar 2015 für mehr als sechs Monate in einem Arbeitsverhältnis beschäftigt war, das durch einen Zuschuss nach § 16e in der bis zum 31. Dezember 2018 geltenden Fassung oder im Rahmen des Bundesprogramms „Soziale Teilhabe am Arbeitsmarkt" gefördert wurde, und sie dieses Arbeitsverhältnis nicht selbst gekündigt hat. 2Zeiten eines nach § 16e in der bis zum 31. Dezember 2018 geltenden Fassung oder nach dem Bundesprogramm „Soziale Teilhabe am Arbeitsmarkt" geförderten Arbeitsverhältnisses werden bei der Ermittlung der Förderdauer und Förderhöhe nach Absatz 2 Satz 1 berücksichtigt und auf die Förderdauer nach Absatz 3 Nummer 4 angerechnet.

### § 16j Bürgergeldbonus

*Erwerbsfähige Leistungsberechtigte erhalten einen Bonus in Höhe von 75 Euro für jeden Monat der Teilnahme an einer der folgenden Maßnahmen:*

1. *Maßnahmen der beruflichen Weiterbildung nach den §§ 81 und 82 des Dritten Buches sowie nach § 49 Absatz 3 Nummer 4 des Neunten Buches mit einer Mindestdauer von acht Wochen, für die kein Weiterbildungsgeld nach § 87a Absatz 2 des Dritten Buches gezahlt wird,*
2. *berufsvorbereitende Bildungsmaßnahmen nach § 51 des Dritten Buches sowie nach § 49 Absatz 3 Nummer 2 des Neunten Buches, Maßnahmen in der Vorphase der Assistierten Ausbildung nach § 75a des Dritten Buches in Verbindung mit § 16 Absatz 1 Satz 2 Nummer 3,*
3. *Maßnahmen zur Förderung schwer zu erreichender junger Menschen nach § 16h Absatz 1.*

### § 16k Ganzheitliche Betreuung

*(1) 1Zum Aufbau der Beschäftigungsfähigkeit von erwerbsfähigen Leistungsberechtigten kann die Agentur für Arbeit oder ein durch diese beauftragter Dritter eine erforderliche ganzheitliche und gegebenenfalls aufsuchende Betreuung erbringen. 2Die Agentur für Arbeit kann auch Rahmenverträge nutzen und einen Gutschein ausgeben. 3§ 45 Absatz 1 Satz 4, Absatz 2 Satz 1, Absatz 4 Satz 1, 2, 3 Nummer 1, Absatz 5 und 6 Satz 1 und 2 des Dritten Buches gilt entsprechend.*

*(2) 1Eine ganzheitliche Betreuung kann für junge Menschen auch zur Heranführung an eine oder zur Begleitung während einer Ausbildung erfolgen. 2Sofern keine an die Ausbildung unmittelbar anschließende Beschäftigungsaufnahme erfolgt, kann die ganzheitliche Betreuung bis zu zwölf Monate nach Ende der Ausbildung fortgeführt werden.*

*(3) § 16g gilt mit der Maßgabe, dass der Zeitraum des Absatzes 2 Satz 1 um weitere drei Monate überschritten werden kann, soweit und solange dies im Einzelfall erforderlich ist.*

*(4) § 31 Absatz 1 Satz 1 Nummer 3 findet keine Anwendung.*

### § 17 Einrichtungen und Dienste für Leistungen zur Eingliederung

6

(1) 1Zur Erbringung von Leistungen zur Eingliederung in Arbeit sollen die zuständigen Träger der Leistungen nach diesem Buch eigene Einrichtungen und Dienste nicht neu schaffen, soweit geeignete Einrichtungen und Dienste Dritter vorhanden sind, ausgebaut oder in Kürze geschaffen werden können. 2Die zuständigen Träger der Leistungen nach diesem Buch sollen Träger der freien Wohlfahrtspflege in ihrer Tätigkeit auf dem Gebiet der Grundsicherung für Arbeitsuchende angemessen unterstützen.

(2) 1Wird die Leistung von einem Dritten erbracht und sind im Dritten Buch keine Anforderungen geregelt, denen die Leistung entsprechen muss, sind die Träger der Leistungen nach diesem Buch zur Vergütung für die Leistung nur verpflichtet, wenn mit dem Dritten oder seinem Verband eine Vereinbarung insbesondere über

1. Inhalt, Umfang und Qualität der Leistungen,
2. die Vergütung, die sich aus Pauschalen und Beträgen für einzelne Leistungsbereiche zusammensetzen kann, und
3. die Prüfung der Wirtschaftlichkeit und Qualität der Leistungen

besteht. 2Die Vereinbarungen müssen den Grundsätzen der Wirtschaftlichkeit, Sparsamkeit und Leistungsfähigkeit entsprechen.

### § 18 Örtliche Zusammenarbeit

(1) Die zuständigen Träger der Leistungen arbeiten im Rahmen ihrer Aufgaben und Befugnisse mit den Gemeinden, Kreisen und Bezirken sowie den wei-

teren Beteiligten des örtlichen Ausbildungs- und Arbeitsmarktes zusammen, insbesondere mit den

1. Leistungsträgern im Sinne des § 12 des Ersten Buches sowie Trägern von Leistungen nach dem Bundesversorgungsgesetz und dem Asylbewerberleistungsgesetz,
2. Vertreterinnen und Vertretern der Arbeitgeber sowie der Arbeitnehmerinnen und Arbeitnehmer,
3. Kammern und berufsständischen Organisationen,
4. Ausländerbehörden und dem Bundesamt für Migration und Flüchtlinge,
5. allgemein- und berufsbildenden Schulen und Stellen der Schulverwaltung sowie Hochschulen,
6. Einrichtungen und Stellen des öffentlichen Gesundheitsdienstes und sonstigen Einrichtungen und Diensten des Gesundheitswesens sowie
7. Trägern der freien Wohlfahrtspflege und Dritten, die Leistungen nach diesem Buch erbringen.



(2) 1Die Zusammenarbeit mit den Stellen nach Absatz 1 erfolgt auf der Grundlage der Gegenseitigkeit insbesondere, um

1. eine gleichmäßige oder gemeinsame Durchführung von Maßnahmen zu beraten oder zu sichern und
2. Leistungsmissbrauch zu verhindern oder aufzudecken.

2Dies gilt insbesondere, wenn

1. Hemmnisse bei der Eingliederung der erwerbsfähigen leistungsberechtigten Person in Ausbildung und Arbeit nur unter Einbeziehung der gesamten Bedarfsgemeinschaft beseitigt werden können und für die Mitglieder der Bedarfsgemeinschaft die Erbringung weiterer Leistungen erforderlich ist, oder
2. zur Eingliederung insbesondere sozial benachteiligter und individuell beeinträchtigter junger Menschen zwischen den nach Absatz 1 beteiligten Stellen und Einrichtungen abgestimmte, den individuellen Bedarf deckende Leistungen erforderlich sind.

(3) Die Leistungen nach diesem Buch sind in das regionale Arbeitsmarktmonitoring der Agenturen für Arbeit nach § 9 Absatz 2 des Dritten Buches einzubeziehen.

(4) 1Die Agenturen für Arbeit sollen mit Gemeinden, Kreisen und Bezirken auf deren Verlangen Vereinbarungen über das Erbringen von Leistungen zur Eingliederung nach diesem Gesetz mit Ausnahme der Leistungen nach § 16 Absatz 1 schließen, wenn sie den durch eine Rechtsverordnung festgelegten Mindestanforderungen entsprechen. 2Satz 1 gilt nicht für die zugelassenen kommunalen Träger.

(5) Das Bundesministerium für Arbeit und Soziales wird ermächtigt, ohne Zustimmung des Bundesrates durch Rechtsverordnung zu bestimmen, welchen Anforderungen eine Vereinbarung nach Absatz 3 mindestens genügen muss.

## § 18a Zusammenarbeit mit den für die Arbeitsförderung zuständigen Stellen

1Beziehen erwerbsfähige Leistungsberechtigte auch Leistungen der Arbeitsförderung, so sind die Agenturen für Arbeit, die zugelassenen kommunalen Träger und die gemeinsamen Einrichtungen verpflichtet, bei der Wahrnehmung der Aufgaben nach diesem Buch mit den für die Arbeitsförderung zuständigen Dienststellen der Bundesagentur eng zusammenzuarbeiten. 2Sie unterrichten diese unverzüglich über die ihnen insoweit bekannten, für die Wahrnehmung der Aufgaben der Arbeitsförderung erforderlichen Tatsachen, insbesondere über

1. die für erwerbsfähige Leistungsberechtigte, die auch Leistungen der Arbeitsförderung beziehen, vorgesehenen und erbrachten Leistungen zur Eingliederung in Arbeit,
2. den Wegfall der Hilfebedürftigkeit bei diesen Personen.

## § 18b Kooperationsausschuss

(1) 1Die zuständige oberste Landesbehörde und das Bundesministerium für Arbeit und Soziales bilden einen Kooperationsausschuss. 2Der Kooperationsausschuss koordiniert die Umsetzung der Grundsicherung für Arbeitsuchende auf Landesebene. 3Im Kooperationsausschuss vereinbaren das Land und der Bund jährlich die Ziele und Schwerpunkte der Arbeitsmarkt- und Integrationspolitik in der Grundsicherung für Arbeitsuchende auf Landesebene. 4§ 48b bleibt unberührt. 5Die Verfahren zum Abschluss der Vereinbarungen zwischen Bund und Ländern werden mit den Verfahren zum Abschluss der Zielvereinbarungen zwischen dem Bundesministerium für Arbeit und Soziales und der Bundesagentur sowie deren Konkretisierung in den Zielvereinbarungen der Bundesagentur und den gemeinsamen Einrichtungen abgestimmt. 6Der Kooperationsausschuss kann sich über die Angelegenheiten der gemeinsamen Einrichtungen unterrichten lassen. 7Der Kooperationsausschuss entscheidet darüber hinaus bei einer Meinungsverschiedenheit über die Weisungszuständigkeit im Verfahren nach § 44e, berät die Trägerversammlung bei der Bestellung und Abberufung eines Geschäftsführers nach § 44c Absatz 2 Nummer 1 und gibt in den Fällen einer Weisung in grundsätzlichen

Angelegenheiten nach § 44b Absatz 3 Satz 4 eine Empfehlung ab.

(2) 1Der Kooperationsausschuss besteht aus sechs Mitgliedern, von denen drei Mitglieder von der zuständigen obersten Landesbehörde und drei Mitglieder vom Bundesministerium für Arbeit und Soziales entsandt werden. 2Die Mitglieder des Kooperationsausschusses können sich vertreten lassen. 3An den Sitzungen soll in der Regel jeweils mindestens eine Mitarbeiterin oder ein Mitarbeiter der zuständigen obersten Landesbehörde und des Bundesministeriums für Arbeit und Soziales teilnehmen.

(3) 1Die Mitglieder wählen eine Vorsitzende oder einen Vorsitzenden. 2Kann im Kooperationsausschuss keine Einigung über die Person der oder des Vorsitzenden erzielt werden, wird die oder der Vorsitzende von den Vertreterinnen und Vertretern des Bundesministeriums für Arbeit und Soziales oder den Vertreterinnen und Vertretern der zuständigen obersten Landesbehörde abwechselnd jeweils für zwei Jahre bestimmt; die erstmalige Bestimmung erfolgt durch die Vertreterinnen und Vertreter des Bundesministeriums für Arbeit und Soziales. 3Der Kooperationsausschuss gibt sich eine Geschäftsordnung.

### § 18c Bund-Länder-Ausschuss

(1) 1Beim Bundesministerium für Arbeit und Soziales wird ein Ausschuss für die Grundsicherung für Arbeitsuchende gebildet. 2Er beobachtet und berät die zentralen Fragen der Umsetzung der Grundsicherung für Arbeitsuchende und Fragen der Aufsicht nach den §§ 47 und 48, Fragen des Kennzahlenvergleichs nach § 48a Absatz 2 sowie Fragen der zu erhebenden Daten nach § 51b Absatz 1 Satz 2 und erörtert die Zielvereinbarungen nach § 48b Absatz 1.

(2) 1Bei der Beobachtung und Beratung zentraler Fragen der Umsetzung der Grundsicherung für Arbeitsuchende sowie Fragen des Kennzahlenvergleichs nach § 48a Absatz 2 und Fragen der zu erhebenden Daten nach § 51b Absatz 1 Satz 2 ist der Ausschuss besetzt mit Vertreterinnen und Vertretern der Bundesregierung, der Länder, der kommunalen Spitzenverbände und der Bundesagentur. 2Der Ausschuss kann sich von den Trägern berichten lassen.

(3) 1Bei der Beratung von Fragen der Aufsicht nach den §§ 47 und 48 ist der Ausschuss besetzt mit Vertreterinnen und Vertretern der Bundesregierung und der Aufsichtsbehörden der Länder. 2Bund und Länder können dazu einvernehmlich Vertreterinnen und Vertreter der kommunalen Spitzenverbände und der Bundesagentur einladen, sofern dies sachdienlich ist.

### § 18d Örtlicher Beirat

1Bei jeder gemeinsamen Einrichtung nach § 44b wird ein Beirat gebildet. 2Der Beirat berät die Einrichtung bei der Auswahl und Gestaltung der Eingliederungsinstrumente und -maßnahmen; Stellungnahmen des Beirats, insbesondere diejenigen der Vertreter der Arbeitgeber und Arbeitnehmer, hat die gemeinsame Einrichtung zu berücksichtigen. 3Die Trägerversammlung beruft die Mitglieder des Beirats auf Vorschlag der Beteiligten des örtlichen Arbeitsmarktes, insbesondere den Trägern der freien Wohlfahrtspflege, den Vertreterinnen und Vertretern der Arbeitgeber und Arbeitnehmer sowie den Kammern und berufsständischen Organisationen. 4Vertreterinnen und Vertreter von Beteiligten des örtlichen Arbeitsmarktes, die Eingliederungsleistungen nach diesem Buch anbieten, dürfen nicht Mitglied des Beirats sein. 5Der Beirat gibt sich eine Geschäftsordnung. 6Die Sätze 1 bis 5 gelten entsprechend für die zugelassenen kommunalen Träger mit der Maßgabe, dass die Berufung der Mitglieder des Beirats durch den zugelassenen kommunalen Träger erfolgt.

6

### § 18e Beauftragte für Chancengleichheit am Arbeitsmarkt

(1) 1Die Trägerversammlungen bei den gemeinsamen Einrichtungen bestellen Beauftragte für Chancengleichheit am Arbeitsmarkt aus dem Kreis der Beamtinnen und Beamten, Arbeitnehmerinnen und Arbeitnehmer, denen in den gemeinsamen Einrichtungen Tätigkeiten zugewiesen worden sind. 2Sie sind unmittelbar der jeweiligen Geschäftsführerin oder dem jeweiligen Geschäftsführer zugeordnet.

(2) 1Die Beauftragten unterstützen und beraten die gemeinsamen Einrichtungen in Fragen der Gleichstellung von Frauen und Männern in der Grundsicherung für Arbeitsuchende, der Frauenförderung sowie der Vereinbarkeit von Familie und Beruf bei beiden Geschlechtern. 2Hierzu zählen insbesondere Fragen der Beratung, der Eingliederung in Arbeit und Ausbildung sowie des beruflichen Wiedereinstiegs von Frauen und Männern nach einer Familienphase.

(3) 1Die Beauftragten sind bei der Erarbeitung des örtlichen Arbeitsmarkt- und Integrationsprogramms der Grundsicherung für Arbeitsuchende sowie bei der geschlechter- und familiengerechten fachlichen Aufgabenerledigung der gemeinsamen Einrichtung zu beteiligen. 2Sie haben ein Informations-, Beratungs- und Vorschlagsrecht in Fragen, die Auswirkungen auf die Chancengleichheit von Frauen und Männern haben.

(4) 1Die Beauftragten unterstützen und beraten erwerbsfähige Leistungsberechtigte und die mit diesen in einer Bedarfsgemeinschaft lebenden Personen, Arbeitgeber sowie Arbeitnehmer- und Arbeit-

geberorganisationen in übergeordneten Fragen der Gleichstellung von Frauen und Männern in der Grundsicherung für Arbeitsuchende, der Frauenförderung sowie der Vereinbarkeit von Familie und Beruf bei beiden Geschlechtern. 2Zur Sicherung der gleichberechtigten Teilhabe von Frauen und Männern am Arbeitsmarkt arbeiten die Beauftragten mit den in Fragen der Gleichstellung im Erwerbsleben tätigen Stellen im Zuständigkeitsbereich der gemeinsamen Einrichtung zusammen.

(5) Die gemeinsamen Einrichtungen werden in den Sitzungen kommunaler Gremien zu Themen, die den Aufgabenbereich der Beauftragten betreffen, von den Beauftragten vertreten.

(6) Die Absätze 1 bis 5 gelten entsprechend für die zugelassenen kommunalen Träger.

## Abschnitt 2
## Leistungen zur Sicherung des Lebensunterhalts



### Unterabschnitt 1
### Leistungsanspruch

#### § 19 Bürgergeld und Leistungen für Bildung und Teilhabe

(1) 1Erwerbsfähige Leistungsberechtigte erhalten Bürgergeld. 2Nichterwerbsfähige Leistungsberechtigte, die mit erwerbsfähigen Leistungsberechtigten in einer Bedarfsgemeinschaft leben, erhalten Bürgergeld, soweit sie keinen Anspruch auf Leistungen nach dem Vierten Kapitel des Zwölften Buches haben. 3Die Leistungen umfassen den Regelbedarf, Mehrbedarfe und den Bedarf für Unterkunft und Heizung.

(2) 1Leistungsberechtigte haben unter den Voraussetzungen des § 28 Anspruch auf Leistungen für Bildung und Teilhabe, soweit sie keinen Anspruch auf Leistungen nach dem Vierten Kapitel des Zwölften Buches haben. 2Soweit für Kinder Leistungen zur Deckung von Bedarfen für Bildung und Teilhabe nach § 6b des Bundeskindergeldgesetzes gewährt werden, haben sie keinen Anspruch auf entsprechende Leistungen zur Deckung von Bedarfen nach § 28.

(3) 1Die Leistungen zur Sicherung des Lebensunterhalts werden in Höhe der Bedarfe nach den Absätzen 1 und 2 erbracht, soweit diese nicht durch das zu berücksichtigende Einkommen und Vermögen gedeckt sind. 2Zu berücksichtigendes Einkommen und Vermögen deckt zunächst die Bedarfe nach den §§ 20, 21 und 23, darüber hinaus die Bedarfe nach § 22. 3Sind nur noch Leistungen für Bildung und Teilhabe zu leisten, deckt weiteres zu berücksichtigendes Einkommen und Vermögen die Bedarfe in der Reihenfolge der Absätze 2 bis 7 nach § 28.

### Unterabschnitt 2
### Bürgergeld

#### § 20 Regelbedarf zur Sicherung des Lebensunterhalts

(1) 1Der Regelbedarf zur Sicherung des Lebensunterhalts umfasst insbesondere Ernährung, Kleidung, Körperpflege, Hausrat, Haushaltsenergie ohne die auf die Heizung und Erzeugung von Warmwasser entfallenden Anteile sowie persönliche Bedürfnisse des täglichen Lebens. 2Zu den persönlichen Bedürfnissen des täglichen Lebens gehört in vertretbarem Umfang eine Teilhabe am sozialen und kulturellen Leben in der Gemeinschaft. 3Der Regelbedarf wird als monatlicher Pauschalbetrag berücksichtigt. 4Über die Verwendung der zur Deckung des Regelbedarfs erbrachten Leistungen entscheiden die Leistungsberechtigten eigenverantwortlich; dabei haben sie das Eintreten unregelmäßig anfallender Bedarfe zu berücksichtigen.

(1a) 1Der Regelbedarf wird in Höhe der jeweiligen Regelbedarfsstufe entsprechend § 28 des Zwölften Buches in Verbindung mit dem Regelbedarfs-Ermittlungsgesetz und den §§ 28a und 40 des Zwölften Buches in Verbindung mit der für das jeweilige Jahr geltenden Regelbedarfsstufen-Fortschreibungsverordnung anerkannt. 2Soweit in diesem Buch auf einen Regelbedarf oder eine Regelbedarfsstufe verwiesen wird, ist auf den Betrag der für den jeweiligen Zeitraum geltenden Neuermittlung entsprechend § 28 des Zwölften Buches in Verbindung mit dem Regelbedarfs-Ermittlungsgesetz abzustellen. 3In Jahren, in denen keine Neuermittlung nach § 28 des Zwölften Buches erfolgt, ist auf den Betrag abzustellen, der sich für den jeweiligen Zeitraum entsprechend der Regelbedarfsstufen-Fortschreibungsverordnung nach den §§ 28a und 40 des Zwölften Buches ergibt.

(2) 1Als Regelbedarf wird bei Personen, die alleinstehend oder alleinerziehend sind oder deren Partnerin oder Partner minderjährig ist, monatlich ein Betrag in Höhe der Regelbedarfsstufe 1 anerkannt. 2Für sonstige erwerbsfähige Angehörige der Bedarfsgemeinschaft wird als Regelbedarf anerkannt:

1. monatlich ein Betrag in Höhe der Regelbedarfsstufe 4, sofern sie das 18. Lebensjahr noch nicht vollendet haben,
2. monatlich ein Betrag in Höhe der Regelbedarfsstufe 3 in den übrigen Fällen.

(3) Abweichend von Absatz 2 Satz 1 ist bei Personen, die das 25. Lebensjahr noch nicht vollendet haben und ohne Zusicherung des zuständigen

kommunalen Trägers nach § 22 Absatz 5 umziehen, bis zur Vollendung des 25. Lebensjahres der in Absatz 2 Satz 2 Nummer 2 genannte Betrag als Regelbedarf anzuerkennen.

(4) Haben zwei Partner der Bedarfsgemeinschaft das 18. Lebensjahr vollendet, ist als Regelbedarf für jede dieser Personen monatlich ein Betrag in Höhe der Regelbedarfsstufe 2 anzuerkennen.

---

**Regelbedarfsstufen ab 1. Januar 2023**
Regelbedarfsstufe 1: 502 Euro
Regelbedarfsstufe 2: 451 Euro
Regelbedarfsstufe 3: 402 Euro
Regelbedarfsstufe 4: 420 Euro
Regelbedarfsstufe 5: 348 Euro
Regelbedarfsstufe 6: 318 Euro
siehe auch § 72 SGB II zu 20 Euro Sofortzuschlag für Kinder, Jugendliche, junge Erwachsene.

## § 21 Mehrbedarfe

(1) Mehrbedarfe umfassen Bedarfe nach den Absätzen 2 bis 7, die nicht durch den Regelbedarf abgedeckt sind.

(2) Bei werdenden Müttern wird nach der zwölften Schwangerschaftswoche bis zum Ende des Monats, in welchen die Entbindung fällt, ein Mehrbedarf von 17 Prozent des nach § 20 maßgebenden Regelbedarfs anerkannt.

(3) Bei Personen, die mit einem oder mehreren minderjährigen Kindern zusammenleben und allein für deren Pflege und Erziehung sorgen, ist ein Mehrbedarf anzuerkennen

1. in Höhe von 36 Prozent des nach § 20 Absatz 2 maßgebenden Bedarfs, wenn sie mit einem Kind unter sieben Jahren oder mit zwei oder drei Kindern unter sechzehn Jahren zusammenleben, oder
2. in Höhe von 12 Prozent der nach § 20 Absatz 2 maßgebenden Bedarfs für jedes Kind, wenn sich dadurch ein höherer Prozentsatz als nach der Nummer 1 ergibt, höchstens jedoch in Höhe von 60 Prozent des nach § 20 Absatz 2 maßgebenden Regelbedarfs.

(4) $_1$Bei erwerbsfähigen Leistungsberechtigten mit Behinderungen, denen Leistungen zur Teilhabe am Arbeitsleben nach § 49 des Neunten Buches mit Ausnahme der Leistungen nach § 49 Absatz 3 Nummer 2 und 5 des Neunten Buches sowie sonstige Hilfen zur Erlangung eines geeigneten Platzes im Arbeitsleben oder Eingliederungshilfen nach § 112 des Neunten Buches erbracht werden, wird ein Mehrbedarf von 35 Prozent des nach § 20 maßgebenden Regelbedarfs anerkannt. $_2$Satz 1 kann auch nach Beendigung der dort genannten Maßnahmen während einer angemessenen Übergangszeit, vor allem einer Einarbeitungszeit, angewendet werden.

(5) Bei Leistungsberechtigten, die aus medizinischen Gründen einer kostenaufwändigen Ernährung bedürfen, wird ein Mehrbedarf in angemessener Höhe anerkannt.

(6) $_1$Bei Leistungsberechtigten wird ein Mehrbedarf anerkannt, soweit im Einzelfall ein unabweisbarer, besonderer Bedarf besteht; bei einmaligen Bedarfen ist weitere Voraussetzung, dass ein Darlehen nach § 24 Absatz 1 ausnahmsweise nicht zumutbar oder wegen der Art des Bedarfs nicht möglich ist. $_2$Der Mehrbedarf ist unabweisbar, wenn er insbesondere nicht durch die Zuwendungen Dritter sowie unter Berücksichtigung von Einsparmöglichkeiten der Leistungsberechtigten gedeckt ist und seiner Höhe nach erheblich von einem durchschnittlichen Bedarf abweicht.

(6a) Soweit eine Schülerin oder ein Schüler aufgrund der jeweiligen schulrechtlichen Bestimmungen oder schulischen Vorgaben Aufwendungen zur Anschaffung oder Ausleihe von Schulbüchern oder gleichstehenden Arbeitsheften hat, sind sie als Mehrbedarf anzuerkennen.

(7) $_1$Bei Leistungsberechtigten wird ein Mehrbedarf anerkannt, soweit Warmwasser durch in der Unterkunft installierte Vorrichtungen erzeugt wird (dezentrale Warmwassererzeugung) und deshalb keine Bedarfe für zentral bereitgestelltes Warmwasser nach § 22 anerkannt werden. $_2$Der Mehrbedarf beträgt für jede im Haushalt lebende leistungsberechtigte Person jeweils

1. 2,3 Prozent des für sie geltenden Regelbedarfs nach § 20 Absatz 2 Satz 1 oder Satz 2 Nummer 2, Absatz 3 oder 4,
2. 1,4 Prozent des für sie geltenden Regelbedarfs nach § 20 Absatz 2 Satz 2 Nummer 1 oder § 23 Nummer 1 bei Leistungsberechtigten im 15. Lebensjahr,
3. 1,2 Prozent des Regelbedarfs nach § 23 Nummer 1 bei Leistungsberechtigten vom Beginn des siebten bis zur Vollendung des 14. Lebensjahres oder
4. 0,8 Prozent des Regelbedarfs nach § 23 Nummer 1 bei Leistungsberechtigten bis zur Vollendung des sechsten Lebensjahres.

$_3$Höhere Aufwendungen sind abweichend von Satz 2 nur zu berücksichtigen, soweit sie durch eine separate Messeinrichtung nachgewiesen werden.

(8) Die Summe des insgesamt anerkannten Mehrbedarfs nach den Absätzen 2 bis 5 darf die Höhe des für erwerbsfähige Leistungsberechtigte maßgebenden Regelbedarfs nicht übersteigen.

## § 22 Bedarfe für Unterkunft und Heizung

(1) $_1$Bedarfe für Unterkunft und Heizung werden in Höhe der tatsächlichen Aufwendungen anerkannt,

6

soweit diese angemessen sind. $_{2}$Für die Anerkennung der Bedarfe für Unterkunft gilt eine Karenzzeit von einem Jahr ab Beginn des Monats, für den erstmals Leistungen nach diesem Buch bezogen werden. $_{3}$Innerhalb dieser Karenzzeit werden die Bedarfe für Unterkunft in Höhe der tatsächlichen Aufwendungen anerkannt; Satz 6 bleibt unberührt. $_{4}$Wird der Leistungsbezug in der Karenzzeit für mindestens einen Monat unterbrochen, verlängert sich die Karenzzeit um volle Monate ohne Leistungsbezug. $_{5}$Eine neue Karenzzeit beginnt, wenn zuvor mindestens drei Jahre keine Leistungen nach diesem oder dem Zwölften Buch bezogen worden sind. $_{6}$Erhöhen sich nach einem nicht erforderlichen Umzug die Aufwendungen für Unterkunft und Heizung, wird nur der bisherige Bedarf anerkannt. $_{7}$Soweit die Aufwendungen für die Unterkunft und Heizung den der Besonderheit des Einzelfalles angemessenen Umfang übersteigen, sind sie nach Ablauf der Karenzzeit als Bedarf so lange anzuerkennen, wie es der oder dem alleinstehenden Leistungsberechtigten oder der Bedarfsgemeinschaft nicht möglich oder nicht zuzumuten ist, durch einen Wohnungswechsel, durch Vermieten oder auf andere Weise die Aufwendungen zu senken, in der Regel jedoch längstens für sechs Monate. $_{8}$Nach Ablauf der Karenzzeit ist Satz 7 mit der Maßgabe anzuwenden, dass der Zeitraum der Karenzzeit nicht auf die in Satz 7 genannte Frist anzurechnen ist. $_{9}$Verstirbt ein Mitglied der Bedarfs- oder Haushaltsgemeinschaft und waren die Aufwendungen für die Unterkunft und Heizung davor angemessen, ist die Senkung der Aufwendungen für die weiterhin bewohnte Unterkunft für die Dauer von mindestens zwölf Monaten nach dem Sterbemonat nicht zumutbar. $_{10}$Eine Absenkung der nach Satz 1 unangemessenen Aufwendungen muss nicht gefordert werden, wenn diese unter Berücksichtigung der bei einem Wohnungswechsel zu erbringenden Leistungen unwirtschaftlich wäre.

(2) $_{1}$Als Bedarf für die Unterkunft werden auch unabweisbare Aufwendungen für Instandhaltung und Reparatur bei selbst bewohntem Wohneigentum im Sinne des § 12 Absatz 1 Satz 2 Nummer 5 anerkannt, soweit diese unter Berücksichtigung der im laufenden sowie den darauffolgenden elf Kalendermonaten anfallenden Aufwendungen insgesamt angemessen sind. $_{2}$Übersteigen unabweisbare Aufwendungen für Instandhaltung und Reparatur den Bedarf für die Unterkunft nach Satz 1, kann der kommunale Träger zur Deckung dieses Teils der Aufwendungen ein Darlehen erbringen, das dinglich gesichert werden soll. $_{3}$Für die Bedarfe nach Satz 1 gilt Absatz 1 Satz 2 bis 4 nicht.

(3) Rückzahlungen und Guthaben, die dem Bedarf für Unterkunft und Heizung zuzuordnen sind, mindern die Aufwendungen für Unterkunft und Heizung nach dem Monat der Rückzahlung oder der Gutschrift; Rückzahlungen, die sich auf die Kosten für Haushaltsenergie oder nicht anerkannte Aufwendungen für Unterkunft und Heizung beziehen, bleiben außer Betracht.

(4) $_{1}$Vor Abschluss eines Vertrages über eine neue Unterkunft soll die leistungsberechtigte Person die Zusicherung des für die neue Unterkunft örtlich zuständigen kommunalen Trägers zur Berücksichtigung der Aufwendungen für die neue Unterkunft einholen. $_{2}$Innerhalb der Karenzzeit nach Absatz 1 Satz 2 bis 5 werden nach einem Umzug höhere als angemessene Aufwendungen nur dann als Bedarf anerkannt, wenn der nach Satz 1 zuständige Träger die Anerkennung vorab zugesichert hat. $_{3}$Der kommunale Träger ist zur Zusicherung verpflichtet, wenn die Aufwendungen für die neue Unterkunft angemessen sind.

(5) $_{1}$Sofern Personen, die das 25. Lebensjahr noch nicht vollendet haben, umziehen, werden Bedarfe für Unterkunft und Heizung für die Zeit nach einem Umzug bis zur Vollendung des 25. Lebensjahres nur anerkannt, wenn der kommunale Träger dies vor Abschluss des Vertrages über die Unterkunft zugesichert hat. $_{2}$Der kommunale Träger ist zur Zusicherung verpflichtet, wenn

1. die oder der Betroffene aus schwerwiegenden sozialen Gründen nicht auf die Wohnung der Eltern oder eines Elternteils verwiesen werden kann,
2. der Bezug der Unterkunft zur Eingliederung in den Arbeitsmarkt erforderlich ist oder
3. ein sonstiger, ähnlich schwerwiegender Grund vorliegt.

$_{3}$Unter den Voraussetzungen des Satzes 2 kann vom Erfordernis der Zusicherung abgesehen werden, wenn es der oder dem Betroffenen aus wichtigem Grund nicht zumutbar war, die Zusicherung einzuholen. $_{4}$Bedarfe für Unterkunft und Heizung werden bei Personen, die das 25. Lebensjahr noch nicht vollendet haben, nicht anerkannt, wenn diese vor der Beantragung von Leistungen in eine Unterkunft in der Absicht umziehen, die Voraussetzungen für die Gewährung der Leistungen herbeizuführen.

(6) $_{1}$Wohnungsbeschaffungskosten und Umzugskosten können bei vorheriger Zusicherung durch den bis zum Umzug örtlich zuständigen kommunalen Träger als Bedarf anerkannt werden; Aufwendungen für eine Mietkaution und für den Erwerb von Genossenschaftsanteilen können bei vorheriger Zusicherung durch den am Ort der neuen Unterkunft zuständigen kommunalen Träger als Bedarf anerkannt werden. $_{2}$Die Zusicherung soll erteilt

werden, wenn der Umzug durch den kommunalen Träger veranlasst oder aus anderen Gründen notwendig ist und wenn ohne die Zusicherung eine Unterkunft in einem angemessenen Zeitraum nicht gefunden werden kann. 3Aufwendungen für eine Mietkaution und für Genossenschaftsanteile sollen als Darlehen erbracht werden.

(7) 1Soweit Bürgergeld für den Bedarf für Unterkunft und Heizung geleistet wird, ist es auf Antrag der leistungsberechtigten Person an den Vermieter oder andere Empfangsberechtigte zu zahlen. 2Es soll an den Vermieter oder andere Empfangsberechtigte gezahlt werden, wenn die zweckentsprechende Verwendung durch die leistungsberechtigte Person nicht sichergestellt ist. 3Das ist insbesondere der Fall, wenn

1. Mietrückstände bestehen, die zu einer außerordentlichen Kündigung des Mietverhältnisses berechtigen,
2. Energiekostenrückstände bestehen, die zu einer Unterbrechung der Energieversorgung berechtigen,
3. konkrete Anhaltspunkte für ein krankheits- oder suchtbedingtes Unvermögen der leistungsberechtigten Person bestehen, die Mittel zweckentsprechend zu verwenden, oder
4. konkrete Anhaltspunkte dafür bestehen, dass die im Schuldnerverzeichnis eingetragene leistungsberechtigte Person die Mittel nicht zweckentsprechend verwendet.

4Der kommunale Träger hat die leistungsberechtigte Person über eine Zahlung der Leistungen für die Unterkunft und Heizung an den Vermieter oder andere Empfangsberechtigte schriftlich zu unterrichten.

(8) 1Sofern Bürgergeld für den Bedarf für Unterkunft und Heizung erbracht wird, können auch Schulden übernommen werden, soweit dies zur Sicherung der Unterkunft oder zur Behebung einer vergleichbaren Notlage gerechtfertigt ist. 2Sie sollen übernommen werden, wenn dies gerechtfertigt und notwendig ist und sonst Wohnungslosigkeit einzutreten droht. 3Vermögen nach § 12 Absatz 2 Satz 1 und Absatz 4 Satz 1 ist vorrangig einzusetzen. 4Geldleistungen sollen als Darlehen erbracht werden.

(9) 1Geht bei einem Gericht eine Klage auf Räumung von Wohnraum im Falle der Kündigung des Mietverhältnisses nach § 543 Absatz 1, 2 Satz 1 Nummer 3 in Verbindung mit § 569 Absatz 3 des Bürgerlichen Gesetzbuchs ein, teilt das Gericht dem örtlich zuständigen Träger nach diesem Buch oder der von diesem beauftragten Stelle zur Wahrnehmung der in Absatz 8 bestimmten Aufgaben unverzüglich Folgendes mit:

1. den Tag des Eingangs der Klage,
2. die Namen und die Anschriften der Parteien,
3. die Höhe der monatlich zu entrichtenden Miete,
4. die Höhe des geltend gemachten Mietrückstandes und der geltend gemachten Entschädigung und
5. den Termin zur mündlichen Verhandlung, sofern dieser bereits bestimmt ist.

2Außerdem kann der Tag der Rechtshängigkeit mitgeteilt werden. 3Die Übermittlung unterbleibt, wenn die Nichtzahlung der Miete nach dem Inhalt der Klageschrift offensichtlich nicht auf Zahlungsunfähigkeit der Mieterin oder des Mieters beruht.

(10) 1Zur Beurteilung der Angemessenheit der Aufwendungen für Unterkunft und Heizung nach Absatz 1 Satz 1 ist die Bildung einer Gesamtangemessenheitsgrenze zulässig. 2Dabei kann für die Aufwendungen für Heizung der Wert berücksichtigt werden, der bei einer gesonderten Beurteilung der Angemessenheit der Aufwendungen für Unterkunft und der Aufwendungen für Heizung ohne Prüfung der Angemessenheit im Einzelfall höchstens anzuerkennen wäre. 3Absatz 1 Satz 2 bis 4 gilt entsprechend.

(11) 1Die für die Erstellung von Mietspiegeln nach § 558c Absatz 1 des Bürgerlichen Gesetzbuchs nach Landesrecht zuständigen Behörden sind befugt, die in Artikel 238 § 2 Absatz 2 Nummer 1 Buchstabe a, d und e des Einführungsgesetzes zum Bürgerlichen Gesetzbuche genannten Daten zu verarbeiten, soweit dies für die Erstellung von Übersichten über die Angemessenheit von Aufwendungen für eine Unterkunft nach Absatz 1 Satz 1 erforderlich ist. 2Erstellen die nach Landesrecht zuständigen Behörden solche Übersichten nicht, so sind sie befugt, die Daten nach Satz 1 auf Ersuchen an die kommunalen Träger der Grundsicherung für Arbeitsuchende für ihren örtlichen Zuständigkeitsbereich zu übermitteln, soweit dies für die Erstellung von Übersichten über die Angemessenheit von Aufwendungen für die Unterkunft erforderlich ist. 3Werden den kommunalen Trägern der Grundsicherung für Arbeitsuchende die Übersichten nicht zur Verfügung gestellt, so sind sie befugt, die Daten nach Satz 1 für ihren örtlichen Zuständigkeitsbereich bei den nach Landesrecht für die Erstellung von Mietspiegeln zuständigen Behörden zu erheben und in sonstiger Weise zu verarbeiten, soweit dies für die Erstellung von Übersichten über und die Bestimmung der Angemessenheit von Aufwendungen für die Unterkunft nach Absatz 1 Satz 1 erforderlich ist.

(12) Die Daten nach Absatz 11 Satz 1 und 3 sind zu löschen, wenn sie für die dort genannten Zwecke nicht mehr erforderlich sind.

6

### § 22a Satzungsermächtigung

(1) $_{1}$Die Länder können die Kreise und kreisfreien Städte durch Gesetz ermächtigen oder verpflichten, durch Satzung zu bestimmen, in welcher Höhe Aufwendungen für Unterkunft und Heizung in ihrem Gebiet angemessen sind. $_{2}$Eine solche Satzung bedarf der vorherigen Zustimmung der obersten Landesbehörde oder einer von ihr bestimmten Stelle, wenn dies durch Landesgesetz vorgesehen ist. $_{3}$Die Länder Berlin und Hamburg bestimmen, welche Form der Rechtsetzung an die Stelle einer nach Satz 1 vorgesehenen Satzung tritt. $_{4}$Das Land Bremen kann eine Bestimmung nach Satz 3 treffen.

(2) $_{1}$Die Länder können die Kreise und kreisfreien Städte auch ermächtigen, abweichend von § 22 Absatz 1 Satz 1 die Bedarfe für Unterkunft und Heizung in ihrem Gebiet durch eine monatliche Pauschale zu berücksichtigen, wenn auf dem örtlichen Wohnungsmarkt ausreichend freier Wohnraum verfügbar ist und dies dem Grundsatz der Wirtschaftlichkeit entspricht. $_{2}$In der Satzung sind Regelungen für den Fall vorzusehen, dass die Pauschalierung im Einzelfall zu unzumutbaren Ergebnissen führt. $_{3}$Absatz 1 Satz 2 bis 4 gilt entsprechend.

(3) $_{1}$Die Bestimmung der angemessenen Aufwendungen für Unterkunft und Heizung soll die Verhältnisse des einfachen Standards auf dem örtlichen Wohnungsmarkt abbilden. $_{2}$Sie soll die Auswirkungen auf den örtlichen Wohnungsmarkt berücksichtigen hinsichtlich:

1. der Vermeidung von Mietpreis erhöhenden Wirkungen,
2. der Verfügbarkeit von Wohnraum des einfachen Standards,
3. aller verschiedenen Anbietergruppen und
4. der Schaffung und Erhaltung sozial ausgeglichener Bewohnerstrukturen.

### § 22b Inhalt der Satzung

(1) $_{1}$In der Satzung ist zu bestimmen,

1. welche Wohnfläche entsprechend der Struktur des örtlichen Wohnungsmarktes als angemessen anerkannt wird und
2. in welcher Höhe Aufwendungen für die Unterkunft als angemessen anerkannt werden.

$_{2}$In der Satzung kann auch die Höhe des als angemessen anerkannten Verbrauchswertes oder der als angemessen anerkannten Aufwendungen für die Heizung bestimmt werden. $_{3}$Bei einer Bestimmung nach Satz 2 kann sowohl eine Quadratmeterhöchstmiete als auch eine Gesamtangemessenheitsgrenze unter Berücksichtigung der in den Sätzen 1 und 2 genannten Werte gebildet werden. $_{4}$Um die Verhältnisse des einfachen Standards auf dem örtlichen Wohnungsmarkt realitätsgerecht abzubilden, können die Kreise und kreisfreien Städte ihr Gebiet in mehrere Vergleichsräume unterteilen, für die sie jeweils eigene Angemessenheitswerte bestimmen.

(2) $_{1}$Der Satzung ist eine Begründung beizufügen. $_{2}$Darin ist darzulegen, wie die Angemessenheit der Aufwendungen für Unterkunft und Heizung ermittelt wird. $_{3}$Die Satzung ist mit ihrer Begründung ortsüblich bekannt zu machen.

(3) $_{1}$In der Satzung soll für Personen mit einem besonderen Bedarf für Unterkunft und Heizung eine Sonderregelung getroffen werden. $_{2}$Dies gilt insbesondere für Personen, die einen erhöhten Raumbedarf haben wegen

1. einer Behinderung oder
2. der Ausübung ihres Umgangsrechts.

### § 22c Datenerhebung, -auswertung und -überprüfung

(1) $_{1}$Zur Bestimmung der angemessenen Aufwendungen für Unterkunft und Heizung sollen die Kreise und kreisfreien Städte insbesondere

1. Mietspiegel, qualifizierte Mietspiegel und Mietdatenbanken und
2. geeignete eigene statistische Datenerhebungen und -auswertungen oder Erhebungen Dritter

einzeln oder kombiniert berücksichtigen. $_{2}$Hilfsweise können auch die monatlichen Höchstbeträge nach § 12 Absatz 1 des Wohngeldgesetzes berücksichtigt werden. $_{3}$In die Auswertung sollen sowohl Neuvertrags- als auch Bestandsmieten einfließen. $_{4}$Die Methodik der Datenerhebung und -auswertung ist in der Begründung der Satzung darzulegen.

(2) Die Kreise und kreisfreien Städte müssen die durch Satzung bestimmten Werte für die Unterkunft mindestens alle zwei Jahre und die durch Satzung bestimmten Werte für die Heizung mindestens jährlich überprüfen und gegebenenfalls neu festsetzen.

### § 23 Besonderheiten beim Bürgergeld für nicht erwerbsfähige Leistungsberechtigte

Beim Bürgergeld nach § 19 Absatz 1 Satz 2 gelten ergänzend folgende Maßgaben:

1. Als Regelbedarf wird bis zur Vollendung des sechsten Lebensjahres ein Betrag in Höhe der Regelbedarfsstufe 6, vom Beginn des siebten bis zur Vollendung des 14. Lebensjahres ein Betrag in Höhe der Regelbedarfsstufe 5 und im 15. Lebensjahr ein Betrag in Höhe der Regelbedarfsstufe 4 anerkannt;
2. Mehrbedarfe nach § 21 Absatz 4 werden auch bei Menschen mit Behinderungen, die das

15. Lebensjahr vollendet haben, anerkannt, wenn Leistungen der Eingliederungshilfe nach § 112 des Neunten Buches erbracht werden;
3. § 21 Absatz 4 Satz 2 gilt auch nach Beendigung der in § 112 des Neunten Buches genannten Maßnahmen;
4. bei nicht erwerbsfähigen Personen, die voll erwerbsgemindert nach dem Sechsten Buch sind, wird ein Mehrbedarf von 17 Prozent der nach § 20 maßgebenden Regelbedarfe anerkannt, wenn sie Inhaberin oder Inhaber eines Ausweises nach § 152 Absatz 5 des Neunten Buches mit dem Merkzeichen G sind; dies gilt nicht, wenn bereits ein Anspruch auf einen Mehrbedarf wegen Behinderung nach § 21 Absatz 4 oder nach der vorstehenden Nummer 2 oder 3 besteht.

## Unterabschnitt 3 Abweichende Leistungserbringung und weitere Leistungen

### § 24 Abweichende Erbringung von Leistungen

(1) 1Kann im Einzelfall ein vom Regelbedarf zur Sicherung des Lebensunterhalts umfasster und nach den Umständen unabweisbarer Bedarf nicht gedeckt werden, erbringt die Agentur für Arbeit bei entsprechendem Nachweis den Bedarf als Sachleistung oder als Geldleistung und gewährt der oder dem Leistungsberechtigten ein entsprechendes Darlehen. 2Bei Sachleistungen wird das Darlehen in Höhe des für die Agentur für Arbeit entstandenen Anschaffungswertes gewährt. 3Weiter gehende Leistungen sind ausgeschlossen.

(2) Solange sich Leistungsberechtigte, insbesondere bei Drogen- oder Alkoholabhängigkeit sowie im Falle unwirtschaftlichen Verhaltens, als ungeeignet erweisen, mit den Leistungen für den Regelbedarf nach § 20 ihren Bedarf zu decken, kann das Bürgergeld bis zur Höhe des Regelbedarfs für den Lebensunterhalt in voller Höhe oder anteilig in Form von Sachleistungen erbracht werden.

(3) 1Nicht vom Regelbedarf nach § 20 umfasst sind Bedarfe für

1. Erstausstattungen für die Wohnung einschließlich Haushaltsgeräten,
2. Erstausstattungen für Bekleidung und Erstausstattungen bei Schwangerschaft und Geburt sowie
3. Anschaffung und Reparaturen von orthopädischen Schuhen, Reparaturen von therapeutischen Geräten und Ausrüstungen sowie die Miete von therapeutischen Geräten.

2Leistungen für diese Bedarfe werden gesondert erbracht. 3Leistungen nach Satz 2 werden auch erbracht, wenn Leistungsberechtigte keine Leistungen zur Sicherung des Lebensunterhalts einschließlich der angemessenen Kosten für Unterkunft und Heizung benötigen, den Bedarf nach Satz 1 jedoch aus eigenen Kräften und Mitteln nicht voll decken können. 4In diesem Fall kann das Einkommen berücksichtigt werden, das Leistungsberechtigte innerhalb eines Zeitraumes von bis zu sechs Monaten nach Ablauf des Monats erwerben, in dem über die Leistung entschieden wird. 5Die Leistungen für Bedarfe nach Satz 1 Nummer 1 und 2 können als Sachleistung oder Geldleistung, auch in Form von Pauschalbeträgen, erbracht werden. 6Bei der Bemessung der Pauschalbeträge sind geeignete Angaben über die erforderlichen Aufwendungen und nachvollziehbare Erfahrungswerte zu berücksichtigen.

(4) 1Leistungen zur Sicherung des Lebensunterhalts können als Darlehen erbracht werden, soweit in dem Monat, für den die Leistungen erbracht werden, voraussichtlich Einnahmen anfallen. 2Satz 1 gilt auch, soweit Leistungsberechtigte einmalige Einnahmen nach § 11 Absatz 3 Satz 4 vorzeitig verbraucht haben.

(5) 1Soweit Leistungsberechtigten der sofortige Verbrauch oder die sofortige Verwertung von zu berücksichtigendem Vermögen nicht möglich ist oder für sie eine besondere Härte bedeuten würde, sind Leistungen als Darlehen zu erbringen. 2Die Leistungen können davon abhängig gemacht werden, dass der Anspruch auf Rückzahlung dinglich oder in anderer Weise gesichert wird.

(6) In Fällen des § 22 Absatz 5 werden Leistungen für Erstausstattungen für die Wohnung nur erbracht, wenn der kommunale Träger die Übernahme der Leistungen für Unterkunft und Heizung zugesichert hat oder vom Erfordernis der Zusicherung abgesehen werden konnte.

### § 25 Leistungen bei medizinischer Rehabilitation der Rentenversicherung und bei Anspruch auf Verletztengeld aus der Unfallversicherung

*1Haben Leistungsberechtigte dem Grunde nach Anspruch auf Verletztengeld der gesetzlichen Unfallversicherung, erbringen die Träger der Leistungen nach diesem Buch die bisherigen Leistungen als Vorschuss auf die Leistungen der gesetzlichen Unfallversicherung weiter.* 2Werden Vorschüsse länger als einen Monat geleistet, erhalten die Träger der Leistungen nach diesem Buch von den zur Leistung verpflichteten Trägern monatliche Abschlagszahlungen in Höhe der Vorschüsse des jeweils abgelaufenen Monats. 3§ 102 des Zehnten Buches gilt entsprechend.

6

### § 26 Zuschüsse zu Beiträgen zur Krankenversicherung und Pflegeversicherung

(1) 1Für Bezieherinnen und Bezieher von Bürgergeld, die gegen das Risiko Krankheit bei einem privaten Krankenversicherungsunternehmen im Rahmen von Versicherungsverträgen, die der Versicherungspflicht nach § 193 Absatz 3 des Versicherungsvertragsgesetzes genügen, versichert sind, wird für die Dauer des Leistungsbezugs ein Zuschuss zum Beitrag geleistet; der Zuschuss ist begrenzt auf die Höhe des nach § 152 Absatz 4 des Versicherungsaufsichtsgesetzes halbierten Beitrags für den Basistarif in der privaten Krankenversicherung, den Hilfebedürftige zu leisten haben. 2Für Bezieherinnen und Bezieher von Bürgergeld nach § 19 Absatz 1 Satz 2, die in der gesetzlichen Krankenversicherung versicherungspflichtig oder freiwillig versichert sind, wird für die Dauer des Leistungsbezugs ein Zuschuss in Höhe des Beitrags geleistet, soweit dieser nicht nach § 11b Absatz 1 Satz 1 Nummer 2 abgesetzt wird; Gleiches gilt für Bezieherinnen und Bezieher von Bürgergeld nach § 19 Absatz 1 Satz 1, die nicht nach § 5 Absatz 1 Nummer 2a des Fünften Buches versicherungspflichtig sind.



(2) 1Für Personen, die

1. in der gesetzlichen Krankenversicherung versicherungspflichtig oder freiwillig versichert sind oder
2. unter den Voraussetzungen des Absatzes 1 Satz 1 erster Halbsatz privat krankenversichert sind und die

allein durch die Zahlung des Beitrags hilfebedürftig würden, wird ein Zuschuss zum Beitrag in Höhe des Betrages geleistet, der notwendig ist, um die Hilfebedürftigkeit zu vermeiden. 2In den Fällen des Satzes 1 Nummer 2 gilt die Begrenzung des Zuschusses nach Absatz 1 Satz 1 zweiter Halbsatz entsprechend.

(3) 1Für Bezieherinnen und Bezieher von Bürgergeld, die gegen das Risiko Pflegebedürftigkeit bei einem privaten Versicherungsunternehmen in Erfüllung ihrer Versicherungspflicht nach § 23 des Elften Buches versichert sind, wird für die Dauer des Leistungsbezugs ein Zuschuss zum Beitrag geleistet; der Zuschuss ist begrenzt auf die Hälfte des Höchstbeitrags in der sozialen Pflegeversicherung. 2Für Bezieherinnen und Bezieher von Bürgergeld nach § 19 Absatz 1 Satz 2, die in der sozialen Pflegeversicherung versicherungspflichtig sind, wird für die Dauer des Leistungsbezugs ein Zuschuss in Höhe des Beitrags geleistet, soweit dieser nicht nach § 11b Absatz 1 Satz 1 Nummer 2 abgesetzt wird; Gleiches gilt für Bezieherinnen und Bezieher von Bürgergeld nach § 19 Absatz 1 Satz 1, die nicht nach § 20 Absatz 1 Satz 2 Nummer 2a des Elften Buches versicherungspflichtig sind.

(4) 1Für Personen, die

1. in der sozialen Pflegeversicherung versicherungspflichtig sind oder
2. unter den Voraussetzungen des Absatzes 3 Satz 1 erster Halbsatz privat pflegeversichert sind und die

allein durch die Zahlung des Beitrags hilfebedürftig würden, wird ein Zuschuss zum Beitrag in Höhe des Betrages geleistet, der notwendig ist, um die Hilfebedürftigkeit zu vermeiden. 2In den Fällen des Satzes 1 Nummer 2 gilt die Begrenzung des Zuschusses nach Absatz 3 Satz 1 zweiter Halbsatz entsprechend.

(5) 1Der Zuschuss nach Absatz 1 Satz 1, nach Absatz 2 Satz 1 Nummer 2, nach Absatz 3 Satz 1 und nach Absatz 4 Satz 1 Nummer 2 ist an das private Versicherungsunternehmen zu zahlen, bei dem die leistungsberechtigte Person versichert ist. 2Der Zuschuss nach Absatz 1 Satz 2 und Absatz 3 Satz 2 ist an die Krankenkasse zu zahlen, bei der die leistungsberechtigte Person versichert ist.

### § 27 Leistungen für Auszubildende

(1) 1Auszubildende im Sinne des § 7 Absatz 5 erhalten Leistungen zur Sicherung des Lebensunterhalts nach Maßgabe der folgenden Absätze. 2Die Leistungen für Auszubildende im Sinne des § 7 Absatz 5 gelten nicht als Bürgergeld nach § 19 Absatz 1 Satz 1.

(2) Leistungen werden in Höhe der Mehrbedarfe nach § 21 Absatz 2, 3, 5 und 6 und in Höhe der Leistungen nach § 24 Absatz 3 Nummer 2 erbracht, soweit die Mehrbedarfe nicht durch zu berücksichtigendes Einkommen oder Vermögen gedeckt sind.

(3) 1Leistungen können für Regelbedarfe, den Mehrbedarf nach § 21 Absatz 7, Bedarfe für Unterkunft und Heizung, Bedarfe für Bildung und Teilhabe und notwendige Beiträge zur Kranken- und Pflegeversicherung als Darlehen erbracht werden, sofern der Leistungsausschluss nach § 7 Absatz 5 eine besondere Härte bedeutet. 2Eine besondere Härte ist auch anzunehmen, wenn Auszubildenden, deren Bedarf sich nach §§ 12 oder 13 Absatz 1 Nummer 1 des Bundesausbildungsförderungsgesetzes bemisst, aufgrund von § 10 Absatz 3 des Bundesausbildungsförderungsgesetzes keine Leistungen zustehen, diese Ausbildung im Einzelfall für die Eingliederung der oder des Auszubildenden in das Erwerbsleben zwingend erforderlich ist und ohne die Erbringung von Leistungen zum Lebensunterhalt der Abbruch der Ausbildung droht; in diesem Fall sind Leistungen als Zuschuss zu erbringen. 3Für den Monat der Aufnahme einer Aus-

bildung können Leistungen entsprechend § 24 Absatz 4 Satz 1 erbracht werden. Leistungen nach Satz 1 sind gegenüber den Leistungen nach Absatz 2 nachrangig.

## Unterabschnitt 4
## Leistungen für Bildung und Teilhabe

### § 28 Bedarfe für Bildung und Teilhabe

(1) 1Bedarfe für Bildung und Teilhabe am sozialen und kulturellen Leben in der Gemeinschaft werden bei Kindern, Jugendlichen und jungen Erwachsenen neben dem Regelbedarf nach Maßgabe der Absätze 2 bis 7 gesondert berücksichtigt. 2Bedarfe für Bildung werden nur bei Personen berücksichtigt, die das 25. Lebensjahr noch nicht vollendet haben, eine allgemein- oder berufsbildende Schule besuchen und keine Ausbildungsvergütung erhalten (Schülerinnen und Schüler).

(2) 1Bei Schülerinnen und Schülern werden die tatsächlichen Aufwendungen anerkannt für

1. Schulausflüge und
2. mehrtägige Klassenfahrten im Rahmen der schulrechtlichen Bestimmungen.

2Für Kinder, die eine Tageseinrichtung besuchen oder für die Kindertagespflege geleistet wird, gilt Satz 1 entsprechend.

(3) Für die Ausstattung von Schülerinnen und Schülern mit persönlichem Schulbedarf ist § 34 Absatz 3 und 3a des Zwölften Buches mit der Maßgabe entsprechend anzuwenden, dass der nach § 34 Absatz 3 Satz 1 und Absatz 3a des Zwölften Buches anzuerkennende Bedarf für das erste Schulhalbjahr regelmäßig zum 1. August und für das zweite Schulhalbjahr regelmäßig zum 1. Februar zu berücksichtigen ist.

(4) 1Bei Schülerinnen und Schülern, die für den Besuch der nächstgelegenen Schule des gewählten Bildungsgangs auf Schülerbeförderung angewiesen sind, werden die dafür erforderlichen tatsächlichen Aufwendungen berücksichtigt, soweit sie nicht von Dritten übernommen werden. 2Als nächstgelegene Schule des gewählten Bildungsgangs gilt auch eine Schule, die aufgrund ihres Profils gewählt wurde, soweit aus diesem Profil eine besondere inhaltliche oder organisatorische Ausgestaltung des Unterrichts folgt; dies sind insbesondere Schulen mit naturwissenschaftlichem, musischem, sportlichem oder sprachlichem Profil sowie bilinguale Schulen, und Schulen mit ganztägiger Ausrichtung.

(5) 1Bei Schülerinnen und Schülern wird eine schulische Angebote ergänzende angemessene Lernförderung berücksichtigt, soweit diese geeignet und zusätzlich erforderlich ist, um die nach den schulrechtlichen Bestimmungen festgelegten wesentlichen Lernziele zu erreichen. 2Auf eine bestehende Versetzungsgefährdung kommt es dabei nicht an.

(6) 1Bei Teilnahme an einer gemeinschaftlichen Mittagsverpflegung werden die entstehenden Aufwendungen berücksichtigt für

1. Schülerinnen und Schüler und
2. Kinder, die eine Tageseinrichtung besuchen oder für die Kindertagespflege geleistet wird.

2Für Schülerinnen und Schüler gilt dies unter der Voraussetzung, dass die Mittagsverpflegung in schulischer Verantwortung angeboten wird oder durch einen Kooperationsvertrag zwischen Schule und Tageseinrichtung vereinbart ist. 3In den Fällen des Satzes 2 ist für die Ermittlung des monatlichen Bedarfs die Anzahl der Schultage in dem Land zugrunde zu legen, in dem der Schulbesuch stattfindet.

(7) 1Für die Teilhabe am sozialen und kulturellen Leben in der Gemeinschaft werden pauschal 15 Euro monatlich berücksichtigt, sofern bei Leistungsberechtigten, die das 18. Lebensjahr noch nicht vollendet haben, tatsächliche Aufwendungen entstehen im Zusammenhang mit der Teilnahme an

1. Aktivitäten in den Bereichen Sport, Spiel, Kultur und Geselligkeit,
2. Unterricht in künstlerischen Fächern (zum Beispiel Musikunterricht) und vergleichbare angeleitete Aktivitäten der kulturellen Bildung und
3. Freizeiten.

2Neben der Berücksichtigung von Bedarfen nach Satz 1 können auch weitere tatsächliche Aufwendungen berücksichtigt werden, wenn sie im Zusammenhang mit der Teilnahme an Aktivitäten nach Satz 1 Nummer 1 bis 3 entstehen und es den Leistungsberechtigten im Einzelfall nicht zugemutet werden kann, diese aus den Leistungen nach Satz 1 und aus dem Regelbedarf zu bestreiten.

### § 29 Erbringung der Leistungen für Bildung und Teilhabe

(1) 1Leistungen zur Deckung der Bedarfe nach § 28 Absatz 2 und 5 bis 7 werden erbracht durch

1. Sach- und Dienstleistungen, insbesondere in Form von personalisierten Gutscheinen,
2. Direktzahlungen an Anbieter von Leistungen zur Deckung dieser Bedarfe (Anbieter) oder
3. Geldleistungen.

2Die kommunalen Träger bestimmen, in welcher Form sie die Leistungen erbringen. 3Die Leistungen zur Deckung der Bedarfe nach § 28 Absatz 3 und 4 werden jeweils durch Geldleistungen erbracht. 4Die kommunalen Träger können mit Anbietern pauschal abrechnen.

(2) $_{1}$Werden die Bedarfe durch Gutscheine gedeckt, gelten die Leistungen mit Ausgabe des jeweiligen Gutscheins als erbracht. $_{2}$Die kommunalen Träger gewährleisten, dass Gutscheine bei geeigneten vorhandenen Anbietern oder zur Wahrnehmung ihrer eigenen Angebote eingelöst werden können. $_{3}$Gutscheine können für den gesamten Bewilligungszeitraum im Voraus ausgegeben werden. $_{4}$Die Gültigkeit von Gutscheinen ist angemessen zu befristen. $_{5}$Im Fall des Verlustes soll ein Gutschein erneut in dem Umfang ausgestellt werden, in dem er noch nicht in Anspruch genommen wurde.

(3) $_{1}$Werden die Bedarfe durch Direktzahlungen an Anbieter gedeckt, gelten die Leistungen mit der Zahlung als erbracht. $_{2}$Eine Direktzahlung ist für den gesamten Bewilligungszeitraum im Voraus möglich.

(4) Werden die Leistungen für Bedarfe nach § 28 Absatz 2 und 5 bis 7 durch Geldleistungen erbracht, erfolgt dies

1. monatlich in Höhe der im Bewilligungszeitraum bestehenden Bedarfe oder
2. nachträglich durch Erstattung verauslagter Beträge.

(5) $_{1}$Im Einzelfall kann ein Nachweis über eine zweckentsprechende Verwendung der Leistung verlangt werden. $_{2}$Soweit der Nachweis nicht geführt wird, soll die Bewilligungsentscheidung widerrufen werden.

(6) $_{1}$Abweichend von den Absätzen 1 bis 4 können Leistungen nach § 28 Absatz 2 Satz 1 Nummer 1 gesammelt für Schülerinnen und Schüler an eine Schule ausgezahlt werden, wenn die Schule

1. dies bei dem örtlich zuständigen kommunalen Träger (§ 36 Absatz 3) beantragt,
2. die Leistungen für die leistungsberechtigten Schülerinnen und Schüler verauslagt und
3. sich die Leistungsberechtigung von den Leistungsberechtigten nachweisen lässt.

$_{2}$Der kommunale Träger kann mit der Schule vereinbaren, dass monatliche oder schulhalbjährliche Abschlagszahlungen geleistet werden.

### § 30 Berechtigte Selbsthilfe

$_{1}$Geht die leistungsberechtigte Person durch Zahlung an Anbieter in Vorleistung, ist der kommunale Träger zur Übernahme der berücksichtigungsfähigen Aufwendungen verpflichtet, soweit

1. unbeschadet des Satzes 2 die Voraussetzungen einer Leistungsgewährung zur Deckung der Bedarfe im Zeitpunkt der Selbsthilfe nach § 28 Absatz 2 und 5 bis 7 vorlagen und
2. zum Zeitpunkt der Selbsthilfe der Zweck der Leistung durch Erbringung als Sach- oder Dienstleistung ohne eigenes Verschulden nicht oder nicht rechtzeitig zu erreichen war.

$_{2}$War es dem Leistungsberechtigten nicht möglich, rechtzeitig einen Antrag zu stellen, gilt dieser als zum Zeitpunkt der Selbstvornahme gestellt.

## Unterabschnitt 5
## Leistungsminderungen

### § 31 Pflichtverletzungen

(1) $_{1}$Erwerbsfähige Leistungsberechtigte verletzen ihre Pflichten, wenn sie trotz schriftlicher Belehrung über die Rechtsfolgen oder deren Kenntnis

1. *sich weigern, einer Aufforderung gemäß § 15 Absatz 5 oder Absatz 6 nachzukommen,*
2. sich weigern, eine zumutbare Arbeit, Ausbildung oder ein nach § 16e gefördertes Arbeitsverhältnis aufzunehmen, fortzuführen oder deren Anbahnung durch ihr Verhalten verhindern,
3. eine zumutbare Maßnahme zur Eingliederung in Arbeit nicht antreten, abbrechen oder Anlass für den Abbruch gegeben haben.

$_{2}$Dies gilt nicht, wenn erwerbsfähige Leistungsberechtigte einen wichtigen Grund für ihr Verhalten darlegen und nachweisen.

(2) Eine Pflichtverletzung von erwerbsfähigen Leistungsberechtigten ist auch anzunehmen, wenn

1. sie nach Vollendung des 18. Lebensjahres ihr Einkommen oder Vermögen in der Absicht vermindert haben, die Voraussetzungen für die Gewährung oder Erhöhung des Bürgergeldes nach § 19 Absatz 1 Satz 1 herbeizuführen,
2. sie trotz Belehrung über die Rechtsfolgen oder deren Kenntnis ihr unwirtschaftliches Verhalten fortsetzen,
3. ihr Anspruch auf Arbeitslosengeld ruht oder erloschen ist, weil die Agentur für Arbeit das Eintreten einer Sperrzeit oder das Erlöschen des Anspruchs nach den Vorschriften des Dritten Buches festgestellt hat, oder
4. sie die im Dritten Buch genannten Voraussetzungen für das Eintreten einer Sperrzeit erfüllen, die das Ruhen oder Erlöschen eines Anspruchs auf Arbeitslosengeld begründen.

### § 31a Rechtsfolgen bei Pflichtverletzungen

(1) $_{1}$Bei einer Pflichtverletzung nach § 31 mindert sich das Bürgergeld um 10 Prozent des nach § 20 jeweils maßgebenden Regelbedarfs. $_{2}$Bei einer weiteren Pflichtverletzung nach § 31 mindert sich das Bürgergeld um 20 Prozent des nach § 20 jeweils maßgebenden Regelbedarfs. $_{3}$Bei jeder wei-

teren Pflichtverletzung nach § 31 mindert sich das Bürgergeld um 30 Prozent des nach § 20 jeweils maßgeblichen Regelbedarfs. 4Eine weitere Pflichtverletzung liegt nur vor, wenn bereits zuvor eine Minderung festgestellt wurde. 5Sie liegt nicht vor, wenn der Beginn des vorangegangenen Minderungszeitraums länger als ein Jahr zurückliegt. 6Minderungen nach den Sätzen 1 bis 3 sind aufzuheben, sobald erwerbsfähige Leistungsberechtigte diese Pflichten erfüllen oder sich nachträglich ernsthaft und nachhaltig dazu bereit erklären, diesen künftig nachzukommen. 7Abweichend von den Sätzen 1 bis 3 gelten bei Pflichtverletzungen nach § 31 Absatz 2 Nummer 3 in Fällen einer Sperrzeit bei Meldeversäumnis nach § 159 Absatz 1 Satz 2 Nummer 8 des Dritten Buches die Rechtsfolgen des § 32.

(2) 1Vor der Feststellung der Minderung nach Absatz 1 soll auf Verlangen der erwerbsfähigen Leistungsberechtigten die Anhörung nach § 24 des Zehnten Buches persönlich erfolgen. 2Verletzen die erwerbsfähigen Leistungsberechtigten wiederholt ihre Pflichten oder versäumen wiederholt Meldetermine nach § 32, soll die Anhörung persönlich erfolgen.

(3) Eine Leistungsminderung erfolgt nicht, wenn sie im Einzelfall eine außergewöhnliche Härte bedeuten würde.

(4) 1Leistungsminderungen bei wiederholten Pflichtverletzungen oder wiederholten Meldeversäumnissen nach § 32 sind auf insgesamt 30 Prozent des nach § 20 maßgebenden Regelbedarfs begrenzt. 2Die sich rechnerisch ergebenden Zahlbeträge für die Kosten der Unterkunft und Heizung dürfen durch eine Leistungsminderung nicht verringert werden.

(5) Für nicht erwerbsfähige Leistungsberechtigte gelten die Absätze 1 bis 4 bei Pflichtverletzungen nach § 31 Absatz 2 Nummer 1 und 2 entsprechend.

(6) Erwerbsfähige Leistungsberechtigte, die das 25. Lebensjahr noch nicht vollendet haben, sollen innerhalb von vier Wochen nach Feststellung einer Leistungsminderung ein Beratungsangebot erhalten, in dem die Inhalte des Kooperationsplans überprüft und bei Bedarf fortgeschrieben werden.

### § 31b Beginn und Dauer der Minderung

(1) 1Der Auszahlungsanspruch mindert sich mit Beginn des Kalendermonats, der auf das Wirksamwerden des Verwaltungsaktes folgt, der die Pflichtverletzung und den Umfang der Minderung der Leistung feststellt. 2In den Fällen des § 31 Absatz 2 Nummer 3 tritt die Minderung mit Beginn der Sperrzeit oder mit dem Erlöschen des Anspruchs nach dem Dritten Buch ein. 3Die Feststellung der Minderung ist nur innerhalb von sechs Monaten ab dem Zeitpunkt der Pflichtverletzung zulässig.

(2) 1Der Minderungszeitraum beträgt

1. in den Fällen des § 31a Absatz 1 Satz 1 einen Monat,
2. in den Fällen des § 31a Absatz 1 Satz 2 zwei Monate und
3. in den Fällen des § 31a Absatz 1 Satz 3 jeweils drei Monate.

2In den Fällen des § 31a Absatz 1 Satz 6 ist die Minderung ab dem Zeitpunkt der Pflichterfüllung oder der Erklärung der Bereitschaft zur Pflichterfüllung aufzuheben, soweit der Minderungszeitraum mindestens einen Monat betragen hat, andernfalls nach Ablauf dieses Monats.

(3) Während der Minderung des Auszahlungsanspruchs besteht kein Anspruch auf ergänzende Hilfe zum Lebensunterhalt nach den Vorschriften des Zwölften Buches.

### § 32 Meldeversäumnisse

(1) 1Kommen Leistungsberechtigte trotz schriftlicher Belehrung über die Rechtsfolgen oder deren Kenntnis einer Aufforderung des zuständigen Trägers, sich bei ihm zu melden oder bei einem ärztlichen oder psychologischen Untersuchungstermin zu erscheinen, nicht nach, mindert sich das Bürgergeld jeweils um 10 Prozent des für sie nach § 20 maßgebenden Regelbedarfs. 2Dies gilt nicht, wenn Leistungsberechtigte einen wichtigen Grund für ihr Verhalten darlegen und nachweisen.

(2) 1§ 31a Absatz 2 bis 5 und § 31b Absatz 1 und 3 gelten entsprechend. 2Der Minderungszeitraum beträgt einen Monat.

## Unterabschnitt 6
## Verpflichtungen Anderer

### § 33 Übergang von Ansprüchen

(1) 1Haben Personen, die Leistungen zur Sicherung des Lebensunterhalts beziehen, für die Zeit, für die Leistungen erbracht werden, einen Anspruch gegen einen Anderen, der nicht Leistungsträger ist, geht der Anspruch bis zur Höhe der geleisteten Aufwendungen auf die Träger der Leistungen nach diesem Buch über, wenn bei rechtzeitiger Leistung des Anderen Leistungen zur Sicherung des Lebensunterhalts nicht erbracht worden wären. 2Satz 1 gilt auch, soweit Kinder unter Berücksichtigung von Kindergeld nach § 11 Absatz 1 Satz 4 keine Leistungen empfangen haben und bei rechtzeitiger Leistung des Anderen keine oder geringere Leistungen an die Mitglieder der Haushaltsgemeinschaft erbracht worden wären. 3Der Übergang wird nicht dadurch ausgeschlossen, dass der Anspruch

nicht übertragen, verpfändet oder gepfändet werden kann. [4]Unterhaltsansprüche nach bürgerlichem Recht gehen zusammen mit dem unterhaltsrechtlichen Auskunftsanspruch auf die Träger der Leistungen nach diesem Buch über.

(2) [1]Ein Unterhaltsanspruch nach bürgerlichem Recht geht nicht über, wenn die unterhaltsberechtigte Person

1. mit der oder dem Verpflichteten in einer Bedarfsgemeinschaft lebt,
2. mit der oder dem Verpflichteten verwandt ist und den Unterhaltsanspruch nicht geltend macht; dies gilt nicht für Unterhaltsansprüche
   a) minderjähriger Leistungsberechtigter,
   b) Leistungsberechtigter, die das 25. Lebensjahr noch nicht vollendet und die Erstausbildung noch nicht abgeschlossen haben,

   gegen ihre Eltern,
3. in einem Kindschaftsverhältnis zur oder zum Verpflichteten steht und
   a) schwanger ist oder
   b) ihr leibliches Kind bis zur Vollendung seines sechsten Lebensjahres betreut.

[2]Der Übergang ist auch ausgeschlossen, soweit der Unterhaltsanspruch durch laufende Zahlung erfüllt wird. [3]Der Anspruch geht nur über, soweit das Einkommen und Vermögen der unterhaltsverpflichteten Person das nach den §§ 11 bis 12 zu berücksichtigende Einkommen und Vermögen übersteigt.

(3) [1]Für die Vergangenheit können die Träger der Leistungen nach diesem Buch außer unter den Voraussetzungen des bürgerlichen Rechts nur von der Zeit an den Anspruch geltend machen, zu welcher sie der oder dem Verpflichteten die Erbringung der Leistung schriftlich mitgeteilt haben. [2]Wenn die Leistung voraussichtlich auf längere Zeit erbracht werden muss, können die Träger der Leistungen nach diesem Buch bis zur Höhe der bisherigen monatlichen Aufwendungen auch auf künftige Leistungen klagen.

(4) [1]Die Träger der Leistungen nach diesem Buch können den auf sie übergegangenen Anspruch im Einvernehmen mit der Empfängerin oder dem Empfänger der Leistungen auf diese oder diesen zur gerichtlichen Geltendmachung rückübertragen und sich den geltend gemachten Anspruch abtreten lassen. [2]Kosten, mit denen die Leistungsempfängerin oder der Leistungsempfänger dadurch selbst belastet wird, sind zu übernehmen. [3]Über die Ansprüche nach Absatz 1 Satz 4 ist im Zivilrechtsweg zu entscheiden.

(5) Die §§ 115 und 116 des Zehnten Buches gehen der Regelung des Absatzes 1 vor.

### § 34 Ersatzansprüche bei sozialwidrigem Verhalten

(1) [1]Wer nach Vollendung des 18. Lebensjahres vorsätzlich oder grob fahrlässig die Voraussetzungen für die Gewährung von Leistungen nach diesem Buch an sich oder an Personen, die mit ihr oder ihm in einer Bedarfsgemeinschaft leben, ohne wichtigen Grund herbeigeführt hat, ist zum Ersatz der deswegen erbrachten Geld- und Sachleistungen verpflichtet. [2]Als Herbeiführung im Sinne des Satzes 1 gilt auch, wenn die Hilfebedürftigkeit erhöht, aufrechterhalten oder nicht verringert wurde. [3]Sachleistungen sind, auch wenn sie in Form eines Gutscheins erbracht wurden, in Geld zu ersetzen. [4]§ 40 Absatz 6 Satz 2 gilt entsprechend. [5]Der Ersatzanspruch umfasst auch die geleisteten Beiträge zur Sozialversicherung. [6]Von der Geltendmachung eines Ersatzanspruchs ist abzusehen, soweit sie eine Härte bedeuten würde.

(2) [1]Eine nach Absatz 1 eingetretene Verpflichtung zum Ersatz der Leistungen geht auf den Erben über. [2]Sie ist auf den Nachlasswert zum Zeitpunkt des Erbfalls begrenzt.

(3) [1]Der Ersatzanspruch erlischt drei Jahre nach Ablauf des Jahres, für das die Leistung erbracht worden ist. [2]Die Bestimmungen des Bürgerlichen Gesetzbuchs über die Hemmung, die Ablaufhemmung, den Neubeginn und die Wirkung der Verjährung gelten sinngemäß; der Erhebung der Klage steht der Erlass eines Leistungsbescheides gleich.

### § 34a Ersatzansprüche für rechtswidrig erbrachte Leistungen

(1) [1]Zum Ersatz rechtswidrig erbrachter Geld- und Sachleistungen nach diesem Buch ist verpflichtet, wer diese durch vorsätzliches oder grob fahrlässiges Verhalten an Dritte herbeigeführt hat. [2]Sachleistungen sind, auch wenn sie in Form eines Gutscheins erbracht wurden, in Geld zu ersetzen. [3]§ 40 Absatz 6 Satz 2 gilt entsprechend. [4]Der Ersatzanspruch umfasst auch die geleisteten Beiträge zur Sozialversicherung entsprechend § 40 Absatz 2 Nummer 5.

(2) [1]Der Ersatzanspruch verjährt in vier Jahren nach Ablauf des Kalenderjahres, in dem der Verwaltungsakt, mit dem die Erstattung nach § 50 des Zehnten Buches festgesetzt worden ist, unanfechtbar geworden ist. [2]Soweit gegenüber einer rechtswidrig begünstigten Person ein Verwaltungsakt nicht aufgehoben werden kann, beginnt die Frist nach Satz 1 mit dem Zeitpunkt, ab dem die Behörde Kenntnis von der Rechtswidrigkeit der Leistungserbringung hat. [3]§ 34 Absatz 3 Satz 2 gilt entsprechend.

(3) [1]§ 34 Absatz 2 gilt entsprechend. [2]Der Ersatzanspruch erlischt drei Jahre nach dem Tod der Per-

son, die gemäß Absatz 1 zum Ersatz verpflichtet war; § 34 Absatz 3 Satz 2 gilt entsprechend.

(4) Zum Ersatz nach Absatz 1 und zur Erstattung nach § 50 des Zehnten Buches Verpflichtete haften als Gesamtschuldner.

### § 34b Erstattungsanspruch bei Doppelleistungen

(1) [1]Hat ein vorrangig verpflichteter Leistungsträger in Unkenntnis der Leistung durch Träger nach diesem Buch an eine leistungsberechtigte Person geleistet, ist diese zur Erstattung der Leistung des vorrangigen Trägers an die Träger nach diesem Buch verpflichtet. [2]Der Erstattungsanspruch besteht in der Höhe, in der ein Erstattungsanspruch nach dem Zweiten Abschnitt des Dritten Kapitels des Zehnten Buches bestanden hätte. [3]§ 34c ist entsprechend anwendbar.

(2) Ein Erstattungsanspruch besteht nicht, soweit der geleistete Betrag als Einkommen nach den Vorschriften dieses Buches berücksichtigt werden kann.

(3) Der Erstattungsanspruch verjährt vier Jahre nach Ablauf des Kalenderjahres, in dem der vorrangig verpflichtete Leistungsträger die Leistung erbracht hat.

### § 34c Ersatzansprüche nach sonstigen Vorschriften

Bestimmt sich das Recht des Trägers nach diesem Buch, Ersatz seiner Aufwendungen von einem anderen zu verlangen, gegen den die Leistungsberechtigten einen Anspruch haben, nach sonstigen gesetzlichen Vorschriften, die dem § 33 vorgehen, gelten als Aufwendungen auch solche Leistungen zur Sicherung des Lebensunterhalts, die an die mit der leistungsberechtigten Person in einer Bedarfsgemeinschaft lebenden Personen erbracht wurden.

### § 35 (weggefallen)

## Kapitel 4 Gemeinsame Vorschriften für Leistungen

### Abschnitt 1 Zuständigkeit und Verfahren

### § 36 Örtliche Zuständigkeit

(1) [1]Für die Leistungen nach § 6 Absatz 1 Satz 1 Nummer 1 ist die Agentur für Arbeit zuständig, in deren Bezirk die erwerbsfähige leistungsberechtigte Person ihren gewöhnlichen Aufenthalt hat. [2]Für die Leistungen nach § 6 Absatz 1 Satz 1 Nummer 2 ist der kommunale Träger zuständig, in dessen Gebiet die erwerbsfähige leistungsberechtigte Person ihren gewöhnlichen Aufenthalt hat. [3]Für Leistungen nach den Sätzen 1 und 2 an Minderjährige, die Leistungen für die Zeit der Ausübung des Umgangsrechts nur für einen kurzen Zeitraum beanspruchen, ist der jeweilige Träger an dem Ort zuständig, an dem die umgangsberechtigte Person ihren gewöhnlichen Aufenthalt hat. [4]Kann ein gewöhnlicher Aufenthaltsort nicht festgestellt werden, so ist der Träger nach diesem Buch örtlich zuständig, in dessen Bereich sich die oder der erwerbsfähige Leistungsberechtigte tatsächlich aufhält. [5]Für nicht erwerbsfähige Personen, deren Leistungsberechtigung sich aus § 7 Absatz 2 Satz 3 ergibt, gelten die Sätze 1 bis 4 entsprechend.

(2) [1]Abweichend von Absatz 1 ist für die jeweiligen Leistungen nach diesem Buch der Träger zuständig, in dessen Gebiet die leistungsberechtigte Person nach § 12a Absatz 1 bis 3 des Aufenthaltsgesetzes ihren Wohnsitz zu nehmen hat. [2]Ist die leistungsberechtigte Person nach § 12a Absatz 4 des Aufenthaltsgesetzes verpflichtet, ihren Wohnsitz an einem bestimmten Ort nicht zu nehmen, kann eine Zuständigkeit der Träger in diesem Gebiet für die jeweiligen Leistungen nach diesem Buch nicht begründet werden; im Übrigen gelten die Regelungen des Absatzes 1.

(3) [1]Abweichend von den Absätzen 1 und 2 ist im Fall der Auszahlung der Leistungen nach § 28 Absatz 2 Satz 1 Nummer 1 nach § 29 Absatz 6 der kommunale Träger zuständig, in dessen Gebiet die Schule liegt. [2]Die Zuständigkeit nach Satz 1 umfasst auch Leistungen an Schülerinnen und Schüler, für die im Übrigen ein anderer kommunaler Träger nach den Absätzen 1 oder 2 zuständig ist oder wäre.

### § 36a Kostenerstattung bei Aufenthalt im Frauenhaus

Sucht eine Person in einem Frauenhaus Zuflucht, ist der kommunale Träger am bisherigen gewöhnlichen Aufenthaltsort verpflichtet, dem durch die Aufnahme im Frauenhaus zuständigen kommunalen Träger am Ort des Frauenhauses die Kosten für die Zeit des Aufenthaltes im Frauenhaus zu erstatten.

### § 37 Antragserfordernis

(1) [1]Leistungen nach diesem Buch werden auf Antrag erbracht. [2]Leistungen nach § 24 Absatz 1 und 3 und Leistungen für die Bedarfe nach § 28 Absatz 5 sind gesondert zu beantragen.

(2) [1]Leistungen nach diesem Buch werden nicht für Zeiten vor der Antragstellung erbracht. [2]Der Antrag auf Leistungen zur Sicherung des Lebensunterhalts wirkt auf den Ersten des Monats zurück. [3]Wird ein Antrag auf Leistungen zur Sicherung des Lebens-

unterhalts für einen einzelnen Monat gestellt, in dem aus Jahresabrechnungen von Heizenergiekosten oder aus der angemessenen Bevorratung mit Heizmitteln resultierende Aufwendungen für die Heizung fällig sind, wirkt dieser Antrag, wenn er bis zum Ablauf des dritten Monats nach dem Fälligkeitsmonat gestellt wird, auf den Ersten des Fälligkeitsmonats zurück. 4Satz 3 gilt nur für Anträge, die bis zum 31. Dezember 2023 gestellt werden.

### § 38 Vertretung der Bedarfsgemeinschaft

(1) 1Soweit Anhaltspunkte dem nicht entgegenstehen, wird vermutet, dass die oder der erwerbsfähige Leistungsberechtigte bevollmächtigt ist, Leistungen nach diesem Buch auch für die mit ihm in einer Bedarfsgemeinschaft lebenden Personen zu beantragen und entgegenzunehmen. 2Leben mehrere erwerbsfähige Leistungsberechtigte in einer Bedarfsgemeinschaft, gilt diese Vermutung zugunsten der Antrag stellenden Person.

(2) Für Leistungen an Kinder im Rahmen der Ausübung des Umgangsrechts hat die umgangsberechtigte Person die Befugnis, Leistungen nach diesem Buch zu beantragen und entgegenzunehmen, soweit das Kind dem Haushalt angehört.

6

### § 39 Sofortige Vollziehbarkeit

Keine aufschiebende Wirkung haben Widerspruch und Anfechtungsklage gegen einen Verwaltungsakt,

1. der Leistungen der Grundsicherung für Arbeitsuchende aufhebt, zurücknimmt, widerruft, entzieht, die Pflichtverletzung und die Minderung des Auszahlungsanspruchs feststellt oder Leistungen zur Eingliederung in Arbeit oder Pflichten erwerbsfähiger Leistungsberechtigter bei der Eingliederung in Arbeit regelt,
2. mit dem zur Beantragung einer vorrangigen Leistung aufgefordert wird oder
3. mit dem nach § 59 in Verbindung mit § 309 des Dritten Buches zur persönlichen Meldung bei der Agentur für Arbeit aufgefordert wird.

### § 40 Anwendung von Verfahrensvorschriften

(1) 1Für das Verfahren nach diesem Buch gilt das Zehnte Buch. 2Abweichend von Satz 1 gilt § 44 des Zehnten Buches mit der Maßgabe, dass

1. rechtswidrige nicht begünstigende Verwaltungsakte nach den Absätzen 1 und 2 nicht später als vier Jahre nach Ablauf des Jahres, in dem der Verwaltungsakt bekanntgegeben wurde, zurückzunehmen sind; ausreichend ist, wenn die Rücknahme innerhalb dieses Zeitraums beantragt wird,
2. anstelle des Zeitraums von vier Jahren nach Absatz 4 Satz 1 ein Zeitraum von einem Jahr tritt.

3Abweichend von Satz 1 gelten die §§ 45, 47 und 48 des Zehnten Buches mit der Maßgabe, dass ein Verwaltungsakt mit Wirkung für die Vergangenheit nicht aufzuheben ist, wenn sich ausschließlich Erstattungsforderungen nach § 50 Absatz 1 des Zehnten Buches von insgesamt weniger als 50 Euro für die Gesamtheit der Mitglieder der Bedarfsgemeinschaft ergäben. 4Bei der Prüfung der Aufhebung nach Satz 3 sind Umstände, die bereits Gegenstand einer vorherigen Prüfung nach Satz 3 waren, nicht zu berücksichtigen. 5Die Sätze 3 und 4 gelten in den Fällen des § 50 Absatz 2 des Zehnten Buches entsprechend.

(2) Entsprechend anwendbar sind die Vorschriften des Dritten Buches über

1. und 2. (weggefallen)
3. die Aufhebung von Verwaltungsakten (§ 330 Absatz 2, 3 Satz 1 und 4);
4. die vorläufige Zahlungseinstellung nach § 331 mit der Maßgabe, dass die Träger auch zur teilweisen Zahlungseinstellung berechtigt sind, wenn sie von Tatsachen Kenntnis erhalten, die zu einem geringeren Leistungsanspruch führen;
5. die Erstattung von Beiträgen zur Kranken-, Renten- und Pflegeversicherung (§ 335 Absatz 1, 2 und 5); § 335 Absatz 1 Satz 1 und Absatz 5 in Verbindung mit Absatz 1 Satz 1 ist nicht anwendbar, wenn in einem Kalendermonat für mindestens einen Tag rechtmäßig Bürgergeld nach § 19 Absatz 1 Satz 1 gewährt wurde; in den Fällen des § 335 Absatz 1 Satz 2 und Absatz 5 in Verbindung mit Absatz 1 Satz 2 besteht kein Beitragserstattungsanspruch.

(3) 1Liegen die in § 44 Absatz 1 Satz 1 des Zehnten Buches genannten Voraussetzungen für die Rücknahme eines rechtswidrigen nicht begünstigenden Verwaltungsaktes vor, weil dieser auf einer Rechtsnorm beruht, die nach Erlass des Verwaltungsaktes

1. durch eine Entscheidung des Bundesverfassungsgerichts für nichtig oder für unvereinbar mit dem Grundgesetz erklärt worden ist oder
2. in ständiger Rechtsprechung anders als durch den für die jeweilige Leistungsart zuständigen Träger der Grundsicherung für Arbeitsuchende ausgelegt worden ist,

so ist der Verwaltungsakt, wenn er unanfechtbar geworden ist, nur mit Wirkung für die Zeit nach der Entscheidung des Bundesverfassungsgerichts oder ab dem Bestehen der ständigen Rechtsprechung zurückzunehmen. 2Bei der Unwirksamkeit einer Satzung oder einer anderen im Rang unter einem Landesgesetz stehenden Rechtsvorschrift, die nach § 22a Absatz 1 und dem dazu ergangenen Landesgesetz erlassen worden ist, ist abweichend von

Satz 1 auf die Zeit nach der Entscheidung durch das Landessozialgericht abzustellen.

(4) Der Verwaltungsakt, mit dem über die Gewährung von Leistungen nach diesem Buch abschließend entschieden wurde, ist mit Wirkung für die Zukunft ganz aufzuheben, wenn in den tatsächlichen Verhältnissen der leistungsberechtigten Person Änderungen eintreten, aufgrund derer nach Maßgabe des § 41a vorläufig zu entscheiden wäre.

(5) $_{1}$Verstirbt eine leistungsberechtigte Person oder eine Person, die mit der leistungsberechtigten Person in häuslicher Gemeinschaft lebt, bleiben im Sterbemonat allein die dadurch eintretenden Änderungen in den bereits bewilligten Leistungsansprüchen der leistungsberechtigten Person und der mit ihr in Bedarfsgemeinschaft lebenden Personen unberücksichtigt; die §§ 48 und 50 Absatz 2 des Zehnten Buches sind insoweit nicht anzuwenden. $_{2}$§ 118 Absatz 3 bis 4a des Sechsten Buches findet mit der Maßgabe entsprechend Anwendung, dass Geldleistungen, die für die Zeit nach dem Monat des Todes der leistungsberechtigten Person überwiesen wurden, als unter Vorbehalt erbracht gelten.

(6) $_{1}$§ 50 Absatz 1 des Zehnten Buches ist mit der Maßgabe anzuwenden, dass Gutscheine in Geld zu erstatten sind. $_{2}$Die leistungsberechtigte Person kann die Erstattungsforderung auch durch Rückgabe des Gutscheins erfüllen, soweit dieser nicht in Anspruch genommen wurde. $_{3}$Eine Erstattung der Leistungen nach § 28 erfolgt nicht, soweit eine Aufhebungsentscheidung allein wegen dieser Leistungen zu treffen wäre. $_{4}$Satz 3 gilt nicht im Fall des Widerrufs einer Bewilligungsentscheidung nach § 29 Absatz 5 Satz 2.

(7) § 28 des Zehnten Buches gilt mit der Maßgabe, dass der Antrag unverzüglich nach Ablauf des Monats, in dem die Ablehnung oder Erstattung der anderen Leistung bindend geworden ist, nachzuholen ist.

(8) Für die Vollstreckung von Ansprüchen der in gemeinsamen Einrichtungen zusammenwirkenden Träger nach diesem Buch gilt das Verwaltungs-Vollstreckungsgesetz des Bundes; im Übrigen gilt § 66 des Zehnten Buches.

(9) § 1629a des Bürgerlichen Gesetzbuchs gilt mit der Maßgabe, dass sich die Haftung eines Kindes auf das Vermögen beschränkt, das bei Eintritt der Volljährigkeit den Betrag von 15 000 Euro übersteigt.

(10) $_{1}$Erstattungsansprüche nach § 50 des Zehnten Buches, die auf die Aufnahme einer bedarfsdeckenden sozialversicherungspflichtigen Beschäftigung zurückzuführen sind, sind in monatlichen Raten in Höhe von 10 Prozent des maßgebenden Regelbedarfs zu tilgen. $_{2}$Dies gilt nicht, wenn vor Tilgung der gesamten Summe erneute Hilfebedürftigkeit eintritt.

## § 40a Erstattungsanspruch

$_{1}$Wird einer leistungsberechtigten Person für denselben Zeitraum, für den ein Träger der Grundsicherung für Arbeitsuchende Leistungen nach diesem Buch erbracht hat, eine andere Sozialleistung bewilligt, so steht dem Träger der Grundsicherung für Arbeitsuchende unter den Voraussetzungen des § 104 des Zehnten Buches ein Erstattungsanspruch gegen den anderen Sozialleistungsträger zu. $_{2}$Der Erstattungsanspruch besteht auch, soweit die Erbringung des Arbeitslosengeldes II allein auf Grund einer nachträglich festgestellten vollen Erwerbsminderung rechtswidrig war oder rückwirkend eine Rente wegen Alters oder eine Knappschaftsausgleichsleistung zuerkannt wird. $_{3}$Die §§ 106 bis 114 des Zehnten Buches gelten entsprechend. $_{4}$§ 44a Absatz 3 bleibt unberührt.

## § 41 Berechnung der Leistungen und Bewilligungszeitraum

(1) $_{1}$Anspruch auf Leistungen zur Sicherung des Lebensunterhalts besteht für jeden Kalendertag. $_{2}$Der Monat wird mit 30 Tagen berechnet. $_{3}$Stehen die Leistungen nicht für einen vollen Monat zu, wird die Leistung anteilig erbracht.

(2) $_{1}$Berechnungen werden auf zwei Dezimalstellen durchgeführt, wenn nichts Abweichendes bestimmt ist. $_{2}$Bei einer auf Dezimalstellen durchgeführten Berechnung wird die letzte Dezimalstelle um eins erhöht, wenn sich in der folgenden Dezimalstelle eine der Ziffern 5 bis 9 ergeben würde.

(3) $_{1}$Über den Anspruch auf Leistungen zur Sicherung des Lebensunterhalts ist in der Regel für ein Jahr zu entscheiden (Bewilligungszeitraum). $_{2}$Der Bewilligungszeitraum soll insbesondere in den Fällen regelmäßig auf sechs Monate verkürzt werden, in denen

1. über den Leistungsanspruch vorläufig entschieden wird (§ 41a) oder
2. die Aufwendungen für die Unterkunft und Heizung unangemessen sind.

$_{3}$Die Festlegung des Bewilligungszeitraums erfolgt einheitlich für die Entscheidung über die Leistungsansprüche aller Mitglieder einer Bedarfsgemeinschaft. $_{4}$Wird mit dem Bescheid über Leistungen zur Sicherung des Lebensunterhalts nicht auch über die Leistungen zur Deckung der Bedarfe nach § 28 Absatz 2, 4, 6 und 7 entschieden, ist die oder der Leistungsberechtigte in dem Bescheid über Leistungen zur Sicherung des Lebensunterhalts darauf hinzuweisen, dass die Entscheidung über Leistungen zur Deckung der Bedarfe nach § 28 Absatz 2, 4, 6 und 7 gesondert erfolgt.

### § 41a Vorläufige Entscheidung

(1) 1Über die Erbringung von Geld- und Sachleistungen ist vorläufig zu entscheiden, wenn

1. zur Feststellung der Voraussetzungen des Anspruchs auf Geld- und Sachleistungen voraussichtlich längere Zeit erforderlich ist und die Voraussetzungen für den Anspruch mit hinreichender Wahrscheinlichkeit vorliegen oder
2. ein Anspruch auf Geld- und Sachleistungen dem Grunde nach besteht und zur Feststellung seiner Höhe voraussichtlich längere Zeit erforderlich ist.

2Besteht eine Bedarfsgemeinschaft aus mehreren Personen, ist unter den Voraussetzungen des Satzes 1 über den Leistungsanspruch aller Mitglieder der Bedarfsgemeinschaft vorläufig zu entscheiden. 3Eine vorläufige Entscheidung ergeht nicht, wenn Leistungsberechtigte die Umstände, die einer sofortigen abschließenden Entscheidung entgegenstehen, zu vertreten haben.

6

(2) 1Der Grund der Vorläufigkeit ist anzugeben. 2Die vorläufige Leistung ist so zu bemessen, dass der monatliche Bedarf der Leistungsberechtigten zur Sicherung des Lebensunterhalts gedeckt ist; davon ist auszugehen, wenn das vorläufig berücksichtigte Einkommen voraussichtlich höchstens in Höhe des Absetzbetrages nach § 11b Absatz 1 Satz 1 Nummer 6 von dem nach Satz 3 zugrunde zu legenden Einkommen abweicht. 3Hierbei sind die im Zeitpunkt der Entscheidung bekannten und prognostizierten Verhältnisse zugrunde zu legen. 4Soweit die vorläufige Entscheidung nach Absatz 1 rechtswidrig ist, ist sie für die Zukunft zurückzunehmen. 5§ 45 Absatz 2 des Zehnten Buches findet keine Anwendung.

(3) 1Die Träger der Grundsicherung für Arbeitsuchende entscheiden abschließend über den monatlichen Leistungsanspruch, sofern die vorläufig bewilligte Leistung nicht der abschließend festzustellenden entspricht oder die leistungsberechtigte Person eine abschließende Entscheidung beantragt. 2Die leistungsberechtigte Person und die mit ihr in Bedarfsgemeinschaft lebenden Personen sind nach Ablauf des Bewilligungszeitraums verpflichtet, die von den Trägern der Grundsicherung für Arbeitsuchende zum Erlass einer abschließenden Entscheidung geforderten leistungserheblichen Tatsachen nachzuweisen; die §§ 60, 61, 65 und 65a des Ersten Buches gelten entsprechend. 3Kommen die leistungsberechtigte Person oder die mit ihr in Bedarfsgemeinschaft lebenden Personen ihrer Nachweis- oder Auskunftspflicht bis zur abschließenden Entscheidung nicht, nicht vollständig oder trotz angemessener Fristsetzung und schriftlicher Belehrung über die Rechtsfolgen nicht fristgemäß nach, setzen die Träger der Grundsicherung für Arbeitsuchende den Leistungsanspruch für diejenigen Kalendermonate nur in der Höhe abschließend fest, in welcher seine Voraussetzungen ganz oder teilweise nachgewiesen wurden. 4Für die übrigen Kalendermonate wird festgestellt, dass ein Leistungsanspruch nicht bestand.

(4) Die abschließende Entscheidung nach Absatz 3 soll nach Ablauf des Bewilligungszeitraums erfolgen.

(5) 1Ergeht innerhalb eines Jahres nach Ablauf des Bewilligungszeitraums keine abschließende Entscheidung nach Absatz 3, gelten die vorläufig bewilligten Leistungen als abschließend festgesetzt. 2Dies gilt nicht, wenn

1. die leistungsberechtigte Person innerhalb der Frist nach Satz 1 eine abschließende Entscheidung beantragt oder
2. der Leistungsanspruch aus einem anderen als dem nach Absatz 2 Satz 1 anzugebenden Grund nicht oder nur in geringerer Höhe als die vorläufigen Leistungen besteht und der Träger der Grundsicherung für Arbeitsuchende über den Leistungsanspruch innerhalb eines Jahres seit Kenntnis von diesen Tatsachen, spätestens aber nach Ablauf von zehn Jahren nach der Bekanntgabe der vorläufigen Entscheidung, abschließend entscheidet.

(6) 1Die aufgrund der vorläufigen Entscheidung erbrachten Leistungen sind auf die abschließend festgestellten Leistungen anzurechnen. 2Soweit im Bewilligungszeitraum in einzelnen Kalendermonaten vorläufig zu hohe Leistungen erbracht wurden, sind die sich daraus ergebenden Überzahlungen auf die abschließend bewilligten Leistungen anzurechnen, die für andere Kalendermonate dieses Bewilligungszeitraums nachzuzahlen wären. 3Überzahlungen, die nach der Anrechnung fortbestehen, sind zu erstatten, sofern sie insgesamt mindestens 50 Euro für die Gesamtheit der Mitglieder der Bedarfsgemeinschaft betragen. 4Das gilt auch im Fall des Absatzes 3 Satz 3 und 4.

(7) 1Über die Erbringung von Geld- und Sachleistungen kann vorläufig entschieden werden, wenn

1. die Vereinbarkeit einer Vorschrift dieses Buches, von der die Entscheidung über den Antrag abhängt, mit höherrangigem Recht Gegenstand eines Verfahrens bei dem Bundesverfassungsgericht oder dem Gerichtshof der Europäischen Union ist oder
2. eine entscheidungserhebliche Rechtsfrage von grundsätzlicher Bedeutung Gegenstand eines Verfahrens beim Bundessozialgericht ist.

$_{2}$Absatz 2 Satz 1, Absatz 3 Satz 2 bis 4 sowie Absatz 6 gelten entsprechend.

### § 42 Fälligkeit, Auszahlung und Unpfändbarkeit der Leistungen

(1) Leistungen sollen monatlich im Voraus erbracht werden.

(2) $_{1}$Auf Antrag der leistungsberechtigten Person können durch Bewilligungsbescheid festgesetzte, zum nächsten Zahlungszeitpunkt fällige Leistungsansprüche vorzeitig erbracht werden. $_{2}$Die Höhe der vorzeitigen Leistung ist auf 100 Euro begrenzt. $_{3}$Der Auszahlungsanspruch im Folgemonat verringert sich entsprechend. $_{4}$Soweit eine Verringerung des Auszahlungsanspruchs im Folgemonat nicht möglich ist, verringert sich der Auszahlungsanspruch für den zweiten auf die Bewilligung der vorzeitigen Leistung folgenden Monat. $_{5}$Die vorzeitige Leistung ist ausgeschlossen,

1. wenn im laufenden Monat oder im Monat der Verringerung des Leistungsanspruches eine Aufrechnung zu erwarten ist,
2. wenn der Leistungsanspruch im Folgemonat durch eine Sanktion gemindert ist oder
3. wenn sie bereits in einem der vorangegangenen zwei Kalendermonate in Anspruch genommen wurde.

(3) (weggefallen)

(4) $_{1}$Der Anspruch auf Leistungen zur Sicherung des Lebensunterhaltes kann nicht abgetreten, übertragen, verpfändet oder gepfändet werden. $_{2}$Die Abtretung und Übertragung nach § 53 Absatz 2 des Ersten Buches bleibt unberührt.

### § 42a Darlehen

(1) $_{1}$Darlehen werden nur erbracht, wenn ein Bedarf weder durch Vermögen nach § 12 Absatz 2 und 4 Satz 1 noch auf andere Weise gedeckt werden kann. $_{2}$Darlehen können an einzelne Mitglieder von Bedarfsgemeinschaften oder an mehrere gemeinsam vergeben werden. $_{3}$Die Rückzahlungsverpflichtung trifft die Darlehensnehmer.

(2) $_{1}$Solange Darlehensnehmer Leistungen zur Sicherung des Lebensunterhalts beziehen, werden Rückzahlungsansprüche aus Darlehen ab dem Monat, der auf die Auszahlung folgt, durch monatliche Aufrechnung in Höhe von *5 Prozent* des maßgebenden Regelbedarfs getilgt. $_{2}$§ 43 Absatz 3 gilt entsprechend. $_{3}$Die Aufrechnung ist gegenüber den Darlehensnehmern schriftlich durch Verwaltungsakt zu erklären. $_{4}$Satz 1 gilt nicht, soweit Leistungen zur Sicherung des Lebensunterhalts als Darlehen erbracht werden oder soweit bereits gemäß § 43 in Höhe von mehr als 20 Prozent des für die Darlehensnehmer maßgebenden Regelbedarfs gegen deren Ansprüche auf Geldleistungen zur Sicherung des Lebensunterhalts aufgerechnet wird.

(3) $_{1}$Rückzahlungsansprüche aus Darlehen nach § 24 Absatz 5 sind nach erfolgter Verwertung sofort in voller Höhe und Rückzahlungsansprüche aus Darlehen nach § 22 Absatz 6 bei Rückzahlung durch den Vermieter sofort in Höhe des noch nicht getilgten Darlehensbetrages fällig. $_{2}$Deckt der erlangte Betrag den noch nicht getilgten Darlehensbetrag nicht, soll eine Vereinbarung über die Rückzahlung des ausstehenden Betrags unter Berücksichtigung der wirtschaftlichen Verhältnisse der Darlehensnehmer getroffen werden.

(4) $_{1}$Nach Beendigung des Leistungsbezuges ist der noch nicht getilgte Darlehensbetrag sofort fällig. $_{2}$Über die Rückzahlung des ausstehenden Betrags soll eine Vereinbarung unter Berücksichtigung der wirtschaftlichen Verhältnisse der Darlehensnehmer getroffen werden.

(5) $_{1}$Rückzahlungsansprüche aus Darlehen nach § 27 Absatz 3 sind abweichend von Absatz 4 Satz 1 erst nach Abschluss der Ausbildung fällig. $_{2}$Absatz 4 Satz 2 gilt entsprechend.

(6) Sofern keine abweichende Tilgungsbestimmung getroffen wird, werden Zahlungen, die zur Tilgung der gesamten fälligen Schuld nicht ausreichen, zunächst auf das zuerst erbrachte Darlehen angerechnet.

### § 43 Aufrechnung

(1) Die Jobcenter können gegen Ansprüche von leistungsberechtigten Personen auf Geldleistungen zur Sicherung des Lebensunterhalts aufrechnen mit

1. Erstattungsansprüchen nach § 50 des Zehnten Buches,
2. Ersatzansprüchen nach den §§ 34 und 34a,
3. Erstattungsansprüchen nach § 34b oder
4. Erstattungsansprüchen nach § 41a Absatz 6 Satz 3.

(2) $_{1}$Die Höhe der Aufrechnung beträgt bei Erstattungsansprüchen, die auf § 41a oder auf § 48 Absatz 1 Satz 2 Nummer 3 in Verbindung mit § 50 des Zehnten Buches beruhen, 10 Prozent des für die leistungsberechtigte Person maßgebenden Regelbedarfs, in den übrigen Fällen 30 Prozent. $_{2}$Die Aufrechnung, die zusammen mit bereits laufenden Aufrechnungen nach Absatz 1 und nach § 42a Absatz 2 insgesamt 30 Prozent des maßgebenden Regelbedarfs übersteigen würde, ist unzulässig.

(3) $_{1}$Eine Aufrechnung ist nicht zulässig für Zeiträume, in denen der Auszahlungsanspruch nach § 31b Absatz 1 Satz 1 um mindestens 30 Prozent des maßgebenden Regelbedarfs gemindert ist. $_{2}$Ist die Minderung des Auszahlungsanspruchs geringer, ist die Höhe der Aufrechnung auf die Differenz zwi-

schen dem Minderungsbetrag und 30 Prozent des maßgebenden Regelbedarfs begrenzt.

(4) 1Die Aufrechnung ist gegenüber der leistungsberechtigten Person schriftlich durch Verwaltungsakt zu erklären. 2Sie endet spätestens drei Jahre nach dem Monat, der auf die Bestandskraft der in Absatz 1 genannten Entscheidungen folgt. 3Zeiten, in denen die Aufrechnung nicht vollziehbar ist, verlängern den Aufrechnungszeitraum entsprechend.

### § 43a Verteilung von Teilzahlungen

Teilzahlungen auf Ersatz- und Erstattungsansprüche der Träger nach diesem Buch gegen Leistungsberechtigte oder Dritte mindern die Aufwendungen der Träger der Aufwendungen im Verhältnis des jeweiligen Anteils an der Forderung zueinander.

### § 44 Veränderung von Ansprüchen

Die Träger von Leistungen nach diesem Buch dürfen Ansprüche erlassen, wenn deren Einziehung nach Lage des einzelnen Falles unbillig wäre.

6

## Abschnitt 2
## Einheitliche Entscheidung

### § 44a Feststellung von Erwerbsfähigkeit und Hilfebedürftigkeit

(1) 1Die Agentur für Arbeit stellt fest, ob die oder der Arbeitsuchende erwerbsfähig ist. 2Der Entscheidung können widersprechen:

1. der kommunale Träger,
2. ein anderer Träger, der bei voller Erwerbsminderung zuständig wäre, oder
3. die Krankenkasse, die bei Erwerbsfähigkeit Leistungen der Krankenversicherung zu erbringen hätte.

3Der Widerspruch ist zu begründen. 4Im Widerspruchsfall entscheidet die Agentur für Arbeit, nachdem sie eine gutachterliche Stellungnahme eingeholt hat. 5Die gutachterliche Stellungnahme erstellt der nach § 109a Absatz 4 des Sechsten Buches zuständige Träger der Rentenversicherung. 6Die Agentur für Arbeit ist bei der Entscheidung über den Widerspruch an die gutachterliche Stellungnahme nach Satz 5 gebunden. 7Bis zu der Entscheidung über den Widerspruch erbringen die Agentur für Arbeit und der kommunale Träger bei Vorliegen der übrigen Voraussetzungen Leistungen der Grundsicherung für Arbeitsuchende.

(1a) 1Der Einholung einer gutachterlichen Stellungnahme nach Absatz 1 Satz 4 bedarf es nicht, wenn der zuständige Träger der Rentenversicherung bereits nach § 109a Absatz 2 Satz 2 des Sechsten Buches eine gutachterliche Stellungnahme abgegeben hat. 2Die Agentur für Arbeit ist an die gutachterliche Stellungnahme gebunden.

(2) Die gutachterliche Stellungnahme des Rentenversicherungsträgers zur Erwerbsfähigkeit ist für alle gesetzlichen Leistungsträger nach dem Zweiten, Dritten, Fünften, Sechsten und Zwölften Buch bindend; § 48 des Zehnten Buches bleibt unberührt.

(3) 1Entscheidet die Agentur für Arbeit, dass ein Anspruch auf Leistungen der Grundsicherung für Arbeitsuchende nicht besteht, stehen ihr und dem kommunalen Träger Erstattungsansprüche nach § 103 des Zehnten Buches zu, wenn der oder dem Leistungsberechtigten eine andere Sozialleistung zuerkannt wird. 2§ 103 Absatz 3 des Zehnten Buches gilt mit der Maßgabe, dass Zeitpunkt der Kenntnisnahme der Leistungsverpflichtung des Trägers der Sozialhilfe, der Kriegsopferfürsorge und der Jugendhilfe der Tag des Widerspruchs gegen die Feststellung der Agentur für Arbeit ist.

(4) 1Die Agentur für Arbeit stellt fest, ob und in welchem Umfang die erwerbsfähige Person und die dem Haushalt angehörenden Personen hilfebedürftig sind. 2Sie ist dabei und bei den weiteren Entscheidungen nach diesem Buch an die Feststellung der Angemessenheit der Kosten für Unterkunft und Heizung durch den kommunalen Träger gebunden. 3Die Agentur für Arbeit stellt fest, ob die oder der erwerbsfähige Leistungsberechtigte oder die dem Haushalt angehörenden Personen vom Bezug von Leistungen nach diesem Buch ausgeschlossen sind.

(5) 1Der kommunale Träger stellt die Höhe der in seiner Zuständigkeit zu erbringenden Leistungen fest. 2Er ist dabei und bei den weiteren Entscheidungen nach diesem Buch an die Feststellungen der Agentur für Arbeit nach Absatz 4 gebunden. 3Satz 2 gilt nicht, sofern der kommunale Träger zur vorläufigen Zahlungseinstellung berechtigt ist und dies der Agentur für Arbeit vor dieser Entscheidung mitteilt.

(6) 1Der kommunale Träger kann einer Feststellung der Agentur für Arbeit nach Absatz 4 Satz 1 oder 3 innerhalb eines Monats schriftlich widersprechen, wenn er aufgrund der Feststellung höhere Leistungen zu erbringen hat. 2Der Widerspruch ist zu begründen; er befreit nicht von der Verpflichtung, die Leistungen entsprechend der Feststellung der Agentur für Arbeit zu gewähren. 3Die Agentur für Arbeit überprüft ihre Feststellung und teilt dem kommunalen Träger innerhalb von zwei Wochen ihre endgültige Feststellung mit. 4Hält der kommunale Träger seinen Widerspruch aufrecht, sind die Träger bis zu einer anderen Entscheidung der Agentur für Arbeit oder einer gerichtlichen Entscheidung an die Feststellung der Agentur für Arbeit gebunden.

### § 44b Gemeinsame Einrichtung

(1) 1Zur einheitlichen Durchführung der Grundsicherung für Arbeitsuchende bilden die Träger im Gebiet jedes kommunalen Trägers nach § 6 Absatz 1 Satz 1 Nummer 2 eine gemeinsame Einrichtung. 2Die gemeinsame Einrichtung nimmt die Aufgaben der Träger nach diesem Buch wahr; die Trägerschaft nach § 6 sowie nach den §§ 6a und 6b bleibt unberührt. 3Die gemeinsame Einrichtung ist befugt, Verwaltungsakte und Widerspruchsbescheide zu erlassen. 4Die Aufgaben werden von Beamtinnen und Beamten sowie Arbeitnehmerinnen und Arbeitnehmern wahrgenommen, denen entsprechende Tätigkeiten zugewiesen worden sind.

(2) 1Die Träger bestimmen den Standort sowie die nähere Ausgestaltung und Organisation der gemeinsamen Einrichtung durch Vereinbarung. 2Die Ausgestaltung und Organisation der gemeinsamen Einrichtung sollen die Besonderheiten der beteiligten Träger, des regionalen Arbeitsmarktes und der regionalen Wirtschaftsstruktur berücksichtigen. 3Die Träger können die Zusammenlegung mehrerer gemeinsamer Einrichtungen zu einer gemeinsamen Einrichtung vereinbaren.

(3) 1Den Trägern obliegt die Verantwortung für die rechtmäßige und zweckmäßige Erbringung ihrer Leistungen. 2Sie haben in ihrem Aufgabenbereich nach § 6 Absatz 1 Nummer 1 oder 2 gegenüber der gemeinsamen Einrichtung ein Weisungsrecht; dies gilt nicht im Zuständigkeitsbereich der Trägerversammlung nach § 44c. 3Die Träger sind berechtigt, von der gemeinsamen Einrichtung die Erteilung von Auskunft und Rechenschaftslegung über die Leistungserbringung zu fordern, die Wahrnehmung der Aufgaben in der gemeinsamen Einrichtung zu prüfen und die gemeinsame Einrichtung an ihre Auffassung zu binden. 4Vor Ausübung ihres Weisungsrechts in Angelegenheiten grundsätzlicher Bedeutung befassen die Träger den Kooperationsausschuss nach § 18b. 5Der Kooperationsausschuss kann innerhalb von zwei Wochen nach Anrufung eine Empfehlung abgeben.

(4) 1Die gemeinsame Einrichtung kann einzelne Aufgaben auch durch die Träger wahrnehmen lassen. 2Im Übrigen gelten die §§ 88 bis 92 des Zehnten Buches für die gemeinsamen Einrichtungen im Aufgabenbereich dieses Buches entsprechend.

(5) Die Bundesagentur stellt der gemeinsamen Einrichtung Angebote an Dienstleistungen zur Verfügung.

(6) Die Träger teilen der gemeinsamen Einrichtung alle Tatsachen und Feststellungen mit, von denen sie Kenntnis erhalten und die für die Leistungen erforderlich sind.

### § 44c Trägerversammlung

(1) 1Die gemeinsame Einrichtung hat eine Trägerversammlung. 2In der Trägerversammlung sind Vertreterinnen und Vertreter der Agentur für Arbeit und des kommunalen Trägers je zur Hälfte vertreten. 3In der Regel entsenden die Träger je drei Vertreterinnen oder Vertreter. 4Jede Vertreterin und jeder Vertreter hat eine Stimme. 5Die Vertreterinnen und Vertreter wählen eine Vorsitzende oder einen Vorsitzenden für eine Amtszeit von bis zu fünf Jahren. 6Kann in der Trägerversammlung keine Einigung über die Person der oder des Vorsitzenden erzielt werden, wird die oder der Vorsitzende von den Vertreterinnen und Vertretern der Agentur für Arbeit und des kommunalen Trägers abwechselnd jeweils für zwei Jahre bestimmt; die erstmalige Bestimmung erfolgt durch die Vertreterinnen und Vertreter der Agentur für Arbeit. 7Die Trägerversammlung entscheidet durch Beschluss mit Stimmenmehrheit. 8Bei Stimmengleichheit entscheidet die Stimme der oder des Vorsitzenden; dies gilt nicht für Entscheidungen nach Absatz 2 Satz 2 Nummer 1, 4 und 8. 9Die Beschlüsse sind von der oder dem Vorsitzenden schriftlich oder elektronisch niederzulegen. 10Die Trägerversammlung gibt sich eine Geschäftsordnung.

(2) 1Die Trägerversammlung entscheidet über organisatorische, personalwirtschaftliche, personalrechtliche und personalvertretungsrechtliche Angelegenheiten der gemeinsamen Einrichtung. 2Dies sind insbesondere

1. die Bestellung und Abberufung der Geschäftsführerin oder des Geschäftsführers,
2. der Verwaltungsablauf und die Organisation,
3. die Änderung des Standorts der gemeinsamen Einrichtung,
4. die Entscheidungen nach § 6 Absatz 1 Satz 2 und § 44b Absatz 4, ob einzelne Aufgaben durch die Träger oder durch Dritte wahrgenommen werden,
5. die Regelung der Ordnung in der Dienststelle und des Verhaltens der Beschäftigten,
6. die Arbeitsplatzgestaltung,
7. die Genehmigung von Dienstvereinbarungen mit der Personalvertretung,
8. die Aufstellung des Stellenplans und der Richtlinien zur Stellenbewirtschaftung,
9. die grundsätzlichen Regelungen der innerdienstlichen, sozialen und persönlichen Angelegenheiten der Beschäftigten.

(3) Die Trägerversammlung nimmt in Streitfragen zwischen Personalvertretung und Geschäftsführerin oder Geschäftsführer die Aufgaben einer übergeordneten Dienststelle und obersten Dienstbehör-

6

de nach den §§ 71 bis 75, 77 und 82 des Bundespersonalvertretungsgesetzes wahr.

(4) $_1$Die Trägerversammlung berät zu gemeinsamen Betreuungsschlüsseln. $_2$Sie hat dabei die zur Verfügung stehenden Haushaltsmittel zu berücksichtigen. $_3$Bei der Personalbedarfsermittlung sind im Regelfall folgende Anteilsverhältnisse zwischen eingesetztem Personal und Leistungsberechtigten nach diesem Buch zu berücksichtigen:

1. 1 : 75 bei der Gewährung der Leistungen zur Eingliederung in Arbeit von erwerbsfähigen Leistungsberechtigten bis zur Vollendung des 25. Lebensjahres,
2. 1 : 150 bei der Gewährung der Leistungen zur Eingliederung in Arbeit von erwerbsfähigen Leistungsberechtigten, die das 25. Lebensjahr vollendet und die Altersgrenze nach § 7a noch nicht erreicht haben.

(5) $_1$Die Trägerversammlung stellt einheitliche Grundsätze der Qualifizierungsplanung und Personalentwicklung auf, die insbesondere der individuellen Entwicklung der Mitarbeiterinnen und Mitarbeiter dienen und ihnen unter Beachtung ihrer persönlichen Interessen und Fähigkeiten die zur Wahrnehmung ihrer Aufgaben erforderliche Qualifikation vermitteln sollen. $_2$Die Trägerversammlung stimmt die Grundsätze der Personalentwicklung mit den Personalentwicklungskonzepten der Träger ab. $_3$Die Geschäftsführerin oder der Geschäftsführer berichtet der Trägerversammlung regelmäßig über den Stand der Umsetzung.

(6) In der Trägerversammlung wird das örtliche Arbeitsmarkt- und Integrationsprogramm der Grundsicherung für Arbeitsuchende unter Beachtung von Zielvorgaben der Träger abgestimmt.

## § 44d Geschäftsführerin, Geschäftsführer

(1) $_1$Die Geschäftsführerin oder der Geschäftsführer führt hauptamtlich die Geschäfte der gemeinsamen Einrichtung, soweit durch Gesetz nichts Abweichendes bestimmt ist. $_2$Sie oder er vertritt die gemeinsame Einrichtung gerichtlich und außergerichtlich. $_3$Sie oder er hat die von der Trägerversammlung in deren Aufgabenbereich beschlossenen Maßnahmen auszuführen und nimmt an deren Sitzungen beratend teil.

(2) $_1$Die Geschäftsführerin oder der Geschäftsführer wird für fünf Jahre bestellt. $_2$Für die Ausschreibung der zu besetzenden Stelle findet § 4 der Bundeslaufbahnverordnung entsprechende Anwendung. $_3$Kann in der Trägerversammlung keine Einigung über die Person der Geschäftsführerin oder des Geschäftsführers erzielt werden, unterrichtet die oder der Vorsitzende der Trägerversammlung den Kooperationsausschuss. $_4$Der Kooperationsausschuss hört die Träger der gemeinsamen Einrichtung an und unterbreitet einen Vorschlag. $_5$Können sich die Mitglieder des Kooperationsausschusses nicht auf einen Vorschlag verständigen oder kann in der Trägerversammlung trotz Vorschlags keine Einigung erzielt werden, wird die Geschäftsführerin oder der Geschäftsführer von der Agentur für Arbeit und dem kommunalen Träger abwechselnd jeweils für zweieinhalb Jahre bestimmt. $_6$Die erstmalige Bestimmung erfolgt durch die Agentur für Arbeit; abweichend davon erfolgt die erstmalige Bestimmung durch den kommunalen Träger, wenn die Agentur für Arbeit erstmalig die Vorsitzende oder den Vorsitzenden der Trägerversammlung bestimmt hat. $_7$Die Geschäftsführerin oder der Geschäftsführer kann auf Beschluss der Trägerversammlung vorzeitig abberufen werden. $_8$Bis zur Bestellung einer neuen Geschäftsführerin oder eines neuen Geschäftsführers führt sie oder er die Geschäfte der gemeinsamen Einrichtung kommissarisch.

(3) $_1$Die Geschäftsführerin oder der Geschäftsführer ist Beamtin, Beamter, Arbeitnehmerin oder Arbeitnehmer eines Trägers und untersteht dessen Dienstaufsicht. $_2$Soweit sie oder er Beamtin, Beamter, Arbeitnehmerin oder Arbeitnehmer einer nach § 6 Absatz 2 Satz 1 herangezogenen Gemeinde ist, untersteht sie oder er der Dienstaufsicht ihres oder seines Dienstherrn oder Arbeitgebers.

(4) Die Geschäftsführerin oder der Geschäftsführer übt über die Beamtinnen und Beamten sowie die Arbeitnehmerinnen und Arbeitnehmer, denen in der gemeinsamen Einrichtung Tätigkeiten zugewiesen worden sind, die dienst-, personal- und arbeitsrechtlichen Befugnisse der Bundesagentur und des kommunalen Trägers und die Dienstvorgesetzten- und Vorgesetztenfunktion, mit Ausnahme der Befugnisse zur Begründung und Beendigung der mit den Beamtinnen und Beamten sowie Arbeitnehmerinnen und Arbeitnehmern bestehenden Rechtsverhältnisse, aus.

(5) Die Geschäftsführerin ist Leiterin, der Geschäftsführer ist Leiter der Dienststelle im personalvertretungsrechtlichen Sinn und Arbeitgeber im Sinne des Arbeitsschutzgesetzes.

(6) Bei personalrechtlichen Entscheidungen, die in der Zuständigkeit der Träger liegen, hat die Geschäftsführerin oder der Geschäftsführer ein Anhörungs- und Vorschlagsrecht.

(7) $_1$Bei der besoldungsrechtlichen Einstufung der Dienstposten der Geschäftsführerinnen und der Geschäftsführer sind Höchstgrenzen einzuhalten. $_2$Die Besoldungsgruppe A 16 der Bundesbesoldungsordnung A, in Ausnahmefällen die Besoldungsgruppe B 3 der Bundesbesoldungsordnung B, oder die entsprechende landesrechtliche Besoldungsgruppe darf nicht überschritten werden. $_3$Das

Entgelt für Arbeitnehmerinnen und Arbeitnehmer darf die für Beamtinnen und Beamte geltende Besoldung nicht übersteigen.

### § 44e Verfahren bei Meinungsverschiedenheit über die Weisungszuständigkeit

(1) $_1$Zur Beilegung einer Meinungsverschiedenheit über die Zuständigkeit nach § 44b Absatz 3 und § 44c Absatz 2 können die Träger oder die Trägerversammlung den Kooperationsausschuss anrufen. $_2$Stellt die Geschäftsführerin oder der Geschäftsführer fest, dass sich Weisungen der Träger untereinander oder mit einer Weisung der Trägerversammlung widersprechen, unterrichtet sie oder er unverzüglich die Träger, um diesen Gelegenheit zur Überprüfung der Zuständigkeit zum Erlass der Weisungen zu geben. $_3$Besteht die Meinungsverschiedenheit danach fort, kann die Geschäftsführerin oder der Geschäftsführer den Kooperationsausschuss anrufen.

(2) $_1$Der Kooperationsausschuss entscheidet nach Anhörung der Träger und der Geschäftsführerin oder des Geschäftsführers durch Beschluss mit Stimmenmehrheit. $_2$Bei Stimmengleichheit entscheidet die Stimme der oder des Vorsitzenden. $_3$Die Beschlüsse des Ausschusses sind von der Vorsitzenden oder von dem Vorsitzenden schriftlich oder elektronisch niederzulegen. $_4$Die oder der Vorsitzende teilt den Trägern, der Trägerversammlung sowie der Geschäftsführerin oder dem Geschäftsführer die Beschlüsse mit.

(3) $_1$Die Entscheidung des Kooperationsausschusses bindet die Träger. $_2$Soweit nach anderen Vorschriften der Rechtsweg gegeben ist, wird er durch die Anrufung des Kooperationsausschusses nicht ausgeschlossen.

### § 44f Bewirtschaftung von Bundesmitteln

(1) $_1$Die Bundesagentur überträgt der gemeinsamen Einrichtung die Bewirtschaftung von Haushaltsmitteln des Bundes, die sie im Rahmen von § 46 bewirtschaftet. $_2$Für die Übertragung und die Bewirtschaftung gelten die haushaltsrechtlichen Bestimmungen des Bundes.

(2) $_1$Zur Bewirtschaftung der Haushaltsmittel des Bundes bestellt die Geschäftsführerin oder der Geschäftsführer eine Beauftragte oder einen Beauftragten für den Haushalt. $_2$Die Geschäftsführerin oder der Geschäftsführer und die Trägerversammlung haben die Beauftragte oder den Beauftragten für den Haushalt an allen Maßnahmen von finanzieller Bedeutung zu beteiligen.

(3) Die Bundesagentur hat die Übertragung der Bewirtschaftung zu widerrufen, wenn die gemeinsame Einrichtung bei der Bewirtschaftung wiederholt oder erheblich gegen Rechts- oder Verwaltungsvorschriften verstoßen hat und durch die Bestellung einer oder eines anderen Beauftragten für den Haushalt keine Abhilfe zu erwarten ist.

(4) $_1$Näheres zur Übertragung und Durchführung der Bewirtschaftung von Haushaltsmitteln des Bundes kann zwischen der Bundesagentur und der gemeinsamen Einrichtung vereinbart werden. $_2$Der kommunale Träger kann die gemeinsame Einrichtung auch mit der Bewirtschaftung von kommunalen Haushaltsmitteln beauftragen.

(5) Auf Beschluss der Trägerversammlung kann die Befugnis nach Absatz 1 auf die Bundesagentur zurückübertragen werden.

### § 44g Zuweisung von Tätigkeiten bei der gemeinsamen Einrichtung

(1) $_1$Beamtinnen und Beamten sowie Arbeitnehmerinnen und Arbeitnehmern der Träger und der nach § 6 Absatz 2 Satz 1 herangezogenen Gemeinden und Gemeindeverbände können mit Zustimmung der Geschäftsführerin oder des Geschäftsführers der gemeinsamen Einrichtung nach den beamten- und tarifrechtlichen Regelungen Tätigkeiten bei den gemeinsamen Einrichtungen zugewiesen werden; diese Zuweisung kann auch auf Dauer erfolgen. $_2$Die Zuweisung ist auch ohne Zustimmung der Beamtinnen und Beamten sowie Arbeitnehmerinnen und Arbeitnehmer zulässig, wenn dringende dienstliche Interessen es erfordern.

(2) (weggefallen)

(3) $_1$Die Rechtsstellung der Beamtinnen und Beamten bleibt unberührt. $_2$Ihnen ist eine ihrem Amt entsprechende Tätigkeit zu übertragen.

(4) $_1$Die mit der Bundesagentur, dem kommunalen Träger oder einer nach § 6 Absatz 2 Satz 1 herangezogenen Gemeinde oder einem Gemeindeverband bestehenden Arbeitsverhältnisse bleiben unberührt. $_2$Werden einer Arbeitnehmerin oder einem Arbeitnehmer aufgrund der Zuweisung Tätigkeiten übertragen, die einer niedrigeren Entgeltgruppe oder Tätigkeitsebene zuzuordnen sind, bestimmt sich die Eingruppierung nach der vorherigen Tätigkeit.

(5) $_1$Die Zuweisung kann

1. aus dienstlichen Gründen mit einer Frist von drei Monaten,
2. auf Verlangen der Beamtin, des Beamten, der Arbeitnehmerin oder des Arbeitnehmers aus wichtigem Grund jederzeit

beendet werden. $_2$Die Geschäftsführerin oder der Geschäftsführer kann der Beendigung nach Nummer 2 aus zwingendem dienstlichem Grund widersprechen.

### § 44h Personalvertretung

(1) $_{1}$In den gemeinsamen Einrichtungen wird eine Personalvertretung gebildet. $_{2}$Die Regelungen des Bundespersonalvertretungsgesetzes gelten entsprechend.

(2) Die Beamtinnen und Beamten sowie Arbeitnehmerinnen und Arbeitnehmer in der gemeinsamen Einrichtung besitzen für den Zeitraum, für den ihnen Tätigkeiten in der gemeinsamen Einrichtung zugewiesen worden sind, ein aktives und passives Wahlrecht zu der Personalvertretung.

(3) Der Personalvertretung der gemeinsamen Einrichtung stehen alle Rechte entsprechend den Regelungen des Bundespersonalvertretungsgesetzes zu, soweit der Trägerversammlung oder der Geschäftsführerin oder dem Geschäftsführer Entscheidungsbefugnisse in personalrechtlichen, personalwirtschaftlichen, sozialen oder die Ordnung der Dienststelle betreffenden Angelegenheiten zustehen.



(4) $_{1}$Zur Erörterung und Abstimmung gemeinsamer personalvertretungsrechtlich relevanter Angelegenheiten wird eine Arbeitsgruppe der Vorsitzenden der Personalvertretungen der gemeinsamen Einrichtungen eingerichtet. $_{2}$Die Arbeitsgruppe hält bis zu zwei Sitzungen im Jahr ab. $_{3}$Sie beschließt mit der Mehrheit der Stimmen ihrer Mitglieder eine Geschäftsordnung, die Regelungen über den Vorsitz, das Verfahren zur internen Willensbildung und zur Beschlussfassung enthalten muss. $_{4}$Die Arbeitsgruppe kann Stellungnahmen zu Maßnahmen der Träger, die Einfluss auf die Arbeitsbedingungen aller Arbeitnehmerinnen und Arbeitnehmer sowie Beamtinnen und Beamten in den gemeinsamen Einrichtungen haben können, an die zuständigen Träger abgeben.

(5) Die Rechte der Personalvertretungen der abgebenden Dienstherren und Arbeitgeber bleiben unberührt, soweit die Entscheidungsbefugnisse bei den Trägern verbleiben.

### § 44i Schwerbehindertenvertretung; Jugend- und Auszubildendenvertretung

Auf die Schwerbehindertenvertretung und Jugend- und Auszubildendenvertretung ist § 44h entsprechend anzuwenden.

### § 44j Gleichstellungsbeauftragte

$_{1}$In der gemeinsamen Einrichtung wird eine Gleichstellungsbeauftragte bestellt. $_{2}$Das Bundesgleichstellungsgesetz gilt entsprechend. $_{3}$Der Gleichstellungsbeauftragten stehen die Rechte entsprechend den Regelungen des Bundesgleichstellungsgesetzes zu, soweit die Trägerversammlung und die Geschäftsführer entscheidungsbefugt sind.

### § 44k Stellenbewirtschaftung

(1) Mit der Zuweisung von Tätigkeiten nach § 44g Absatz 1 übertragen die Träger der gemeinsamen Einrichtung die entsprechenden Planstellen und Stellen sowie Ermächtigungen für die Beschäftigung von Arbeitnehmerinnen und Arbeitnehmern mit befristeten Arbeitsverträgen zur Bewirtschaftung.

(2) $_{1}$Der von der Trägerversammlung aufzustellende Stellenplan bedarf der Genehmigung der Träger. $_{2}$Bei Aufstellung und Bewirtschaftung des Stellenplanes unterliegt die gemeinsame Einrichtung den Weisungen der Träger.

**§ 45** (weggefallen)

## Kapitel 5
## Finanzierung und Aufsicht

### § 46 Finanzierung aus Bundesmitteln

(1) $_{1}$Der Bund trägt die Aufwendungen der Grundsicherung für Arbeitsuchende einschließlich der Verwaltungskosten, soweit die Leistungen von der Bundesagentur erbracht werden. $_{2}$Der Bundesrechnungshof prüft die Leistungsgewährung. $_{3}$Dies gilt auch, soweit die Aufgaben von gemeinsamen Einrichtungen nach § 44b wahrgenommen werden. $_{4}$Eine Pauschalierung von Eingliederungsleistungen und Verwaltungskosten ist zulässig. $_{5}$Die Mittel für die Erbringung von Eingliederungsleistungen und Verwaltungskosten werden in einem Gesamtbudget veranschlagt.

(2) $_{1}$Der Bund kann festlegen, nach welchen Maßstäben die Mittel nach Absatz 1 Satz 4 auf die Agenturen für Arbeit zu verteilen sind. $_{2}$Bei der Zuweisung wird die Zahl der erwerbsfähigen Leistungsberechtigten nach diesem Buch zugrunde gelegt. $_{3}$Das Bundesministerium für Arbeit und Soziales kann im Einvernehmen mit dem Bundesministerium der Finanzen durch Rechtsverordnung ohne Zustimmung des Bundesrates andere oder ergänzende Maßstäbe für die Verteilung der Mittel nach Absatz 1 Satz 4 festlegen.

(3) $_{1}$Der Anteil des Bundes an den Gesamtverwaltungskosten der gemeinsamen Einrichtungen beträgt 84,8 Prozent. $_{2}$Durch Rechtsverordnung mit Zustimmung des Bundesrates kann das Bundesministerium für Arbeit und Soziales im Einvernehmen mit dem Bundesministerium der Finanzen festlegen, nach welchen Maßstäben

1. kommunale Träger die Aufwendungen der Grundsicherung für Arbeitsuchende bei der Bundesagentur abrechnen, soweit sie Aufgaben nach § 6 Absatz 1 Satz 1 Nummer 1 wahrnehmen,

2. die Gesamtverwaltungskosten, die der Berechnung des Finanzierungsanteils nach Satz 1 zugrunde liegen, zu bestimmen sind.

(4) (weggefallen)

(5) 1Der Bund beteiligt sich zweckgebunden an den Ausgaben für die Leistungen für Unterkunft und Heizung nach § 22 Absatz 1. 2Der Bund beteiligt sich höchstens mit 74 Prozent an den bundesweiten Ausgaben für die Leistungen nach § 22 Absatz 1. 3Es gelten landesspezifische Beteiligungsquoten, deren Höhe sich nach den Absätzen 6 bis 10 bestimmt.

(6) Der Bund beteiligt sich an den Ausgaben für die Leistungen nach § 22 Absatz 1 ab dem Jahr 2016

1. im Land Baden-Württemberg mit 31,6 Prozent,
2. im Land Rheinland-Pfalz mit 37,6 Prozent sowie
3. in den übrigen Ländern mit 27,6 Prozent.

(7) 1Die in Absatz 6 genannten Prozentsätze erhöhen sich jeweils

1. im Jahr 2018 um 7,9 Prozentpunkte,
2. im Jahr 2019 um 3,3 Prozentpunkte,
3. im Jahr 2020 um 27,7 Prozentpunkte,
4. im Jahr 2021 um 26,2 Prozentpunkte sowie
5. ab dem Jahr 2022 um 35,2 Prozentpunkte.

2Darüber hinaus erhöhen sich die in Absatz 6 genannten Prozentsätze im Jahr 2017 jeweils um weitere 3,7 Prozentpunkte.

(8) 1Die in Absatz 6 genannten Prozentsätze erhöhen sich jeweils um einen landesspezifischen Wert in Prozentpunkten. 2Dieser entspricht den Gesamtausgaben des jeweiligen Landes für die Leistungen nach § 28 dieses Gesetzes sowie nach § 6b des Bundeskindergeldgesetzes des abgeschlossenen Vorjahres geteilt durch die Gesamtausgaben des jeweiligen Landes für die Leistungen nach § 22 Absatz 1 des abgeschlossenen Vorjahres multipliziert mit 100.

(9) Die in Absatz 6 genannten Prozentsätze erhöhen sich in den Jahren 2016 bis 2021 jeweils um einen weiteren landesspezifischen Wert in Prozentpunkten.

(10) 1Das Bundesministerium für Arbeit und Soziales wird ermächtigt, durch Rechtsverordnung mit Zustimmung des Bundesrates

1. die landesspezifischen Werte nach Absatz 8 Satz 1 jährlich für das Folgejahr festzulegen und für das laufende Jahr rückwirkend anzupassen,
2. die weiteren landesspezifischen Werte nach Absatz 9
   a) im Jahr 2019 für das Jahr 2020 festzulegen sowie für das laufende Jahr 2019 und das Vorjahr 2018 rückwirkend anzupassen,
   b) im Jahr 2020 für das Jahr 2021 festzulegen sowie für das laufende Jahr 2020 und das Vorjahr 2019 rückwirkend anzupassen,
   c) im Jahr 2021 für das laufende Jahr 2021 und das Vorjahr 2020 rückwirkend anzupassen,
   d) im Jahr 2022 für das Vorjahr 2021 rückwirkend anzupassen sowie
3. die landesspezifischen Beteiligungsquoten jährlich für das Folgejahr festzulegen und für das laufende Jahr rückwirkend anzupassen sowie in den Jahren 2019 bis 2022 für das jeweilige Vorjahr rückwirkend anzupassen.

2Die Festlegung und Anpassung der Werte nach Satz 1 Nummer 1 erfolgen in Höhe des jeweiligen Wertes nach Absatz 8 Satz 2 des abgeschlossenen Vorjahres. 3Für die Festlegung und Anpassung der Werte nach Satz 1 Nummer 2 werden auf der Grundlage statistischer Daten die Vorjahresausgaben eines Landes für Leistungen nach § 22 Absatz 1 für solche Bedarfsgemeinschaften ermittelt, in denen mindestens eine erwerbsfähige leistungsberechtigte Person, die nicht vor Oktober 2015 erstmals leistungsberechtigt war, über eine Aufenthaltsgestattung, eine Duldung oder eine Aufenthaltserlaubnis aus völkerrechtlichen, humanitären oder politischen Gründen nach den §§ 22 bis 26 des Aufenthaltsgesetzes verfügt. 4Bei der Ermittlung der Vorjahresausgaben nach Satz 3 ist nur der Teil zu berücksichtigen, der nicht vom Bund auf Basis der geltenden landesspezifischen Werte nach Absatz 6 erstattet wurde. 5Die Festlegung und Anpassung der Werte nach Satz 1 Nummer 2 erfolgen in Höhe des prozentualen Verhältnisses der nach den Sätzen 3 und 4 abgegrenzten Ausgaben zu den entsprechenden Vorjahresausgaben eines Landes für die Leistungen nach § 22 Absatz 1 für alle Bedarfsgemeinschaften. 6Soweit die Festlegung und Anpassung nach Satz 1 Nummer 1 und 2 zu landesspezifischen Beteiligungsquoten führen, auf Grund derer sich der Bund mit mehr als 74 Prozent an den bundesweiten Gesamtausgaben für die Leistungen nach § 22 Absatz 1 beteiligt, sind die Werte nach Absatz 7 proportional in dem Umfang zu mindern, dass die Beteiligung an den bundesweiten Gesamtausgaben für die Leistungen nach § 22 Absatz 1 nicht mehr als 74 Prozent beträgt. 7Soweit eine vollständige Minderung nach Satz 6 nicht ausreichend ist, sind anschließend die Werte nach Absatz 9 proportional in dem Umfang zu mindern, dass die Beteiligung an den bundesweiten Gesamtausgaben für die Leistungen nach § 22 Absatz 1 nicht mehr als 74 Prozent beträgt.

(11) 1Die Anteile des Bundes an den Leistungen nach § 22 Absatz 1 werden den Ländern erstattet. 2Der Abruf der Erstattungen ist höchstens zweimal monatlich zulässig. 3Soweit eine Bundesbeteili-

6

gung für Zahlungen geltend gemacht wird, die wegen des fristgerechten Eingangs beim Empfänger bereits am Ende eines Haushaltsjahres geleistet wurden, aber erst im folgenden Haushaltsjahr fällig werden, ist die für das folgende Haushaltsjahr geltende Bundesbeteiligung maßgeblich. $_{4}$Im Rahmen der rückwirkenden Anpassung nach Absatz 10 Satz 1 wird die Differenz, die sich aus der Anwendung der bis zur Anpassung geltenden landesspezifischen Beteiligungsquoten und der durch die Verordnung rückwirkend geltenden landesspezifischen Beteiligungsquoten ergibt, zeitnah im Erstattungsverfahren ausgeglichen. $_{5}$Die Gesamtausgaben für die Leistungen nach § 28 sowie nach § 6b des Bundeskindergeldgesetzes sowie die Gesamtausgaben für Leistungen nach § 22 Absatz 1 sind durch die Länder bis zum 31. März des Folgejahres zu ermitteln und dem Bundesministerium für Arbeit und Soziales mitzuteilen. $_{6}$Bei der Ermittlung ist maßgebend, dass diese Ausgaben im entsprechenden Jahr vom kommunalen Träger tatsächlich geleistet wurden; davon abweichend sind geleistete Ausgaben in Fällen des Satzes 3 den Gesamtausgaben des Jahres zuzurechnen, in dem sie fällig geworden sind. $_{7}$Die Ausgaben nach Satz 6 sind um entsprechende Einnahmen für die jeweiligen Leistungen im entsprechenden Jahr zu mindern. $_{8}$Die Länder gewährleisten, dass geprüft wird, dass die Ausgaben der kommunalen Träger nach Satz 5 begründet und belegt sind und den Grundsätzen der Wirtschaftlichkeit und Sparsamkeit entsprechen.

### § 47 Aufsicht

(1) $_{1}$Das Bundesministerium für Arbeit und Soziales führt die Rechts- und Fachaufsicht über die Bundesagentur, soweit dieser nach § 44b Absatz 3 ein Weisungsrecht gegenüber den gemeinsamen Einrichtungen zusteht. $_{2}$Das Bundesministerium für Arbeit und Soziales kann der Bundesagentur Weisungen erteilen und sie an seine Auffassung binden; es kann organisatorische Maßnahmen zur Wahrung der Interessen des Bundes an der Umsetzung der Grundsicherung für Arbeitsuchende treffen.

(2) $_{1}$Die zuständigen Landesbehörden führen die Aufsicht über die kommunalen Träger, soweit diesen nach § 44b Absatz 3 ein Weisungsrecht gegenüber den gemeinsamen Einrichtungen zusteht. $_{2}$Im Übrigen bleiben landesrechtliche Regelungen unberührt.

(3) $_{1}$Im Aufgabenbereich der Trägerversammlung führt das Bundesministerium für Arbeit und Soziales die Rechtsaufsicht über die gemeinsamen Einrichtungen im Einvernehmen mit der zuständigen obersten Landesbehörde. $_{2}$Kann ein Einvernehmen nicht hergestellt werden, gibt der Kooperationsausschuss eine Empfehlung ab. $_{3}$Von der Empfehlung kann das Bundesministerium für Arbeit und Soziales nur aus wichtigem Grund abweichen. $_{4}$Im Übrigen ist der Kooperationsausschuss bei Aufsichtsmaßnahmen zu unterrichten.

(4) Das Bundesministerium für Arbeit und Soziales kann durch Rechtsverordnung ohne Zustimmung des Bundesrates die Wahrnehmung seiner Aufgaben nach den Absätzen 1 und 3 auf eine Bundesoberbehörde übertragen.

(5) Die aufsichtführenden Stellen sind berechtigt, die Wahrnehmung der Aufgaben bei den gemeinsamen Einrichtungen zu prüfen.

### § 48 Aufsicht über die zugelassenen kommunalen Träger

(1) Die Aufsicht über die zugelassenen kommunalen Träger obliegt den zuständigen Landesbehörden.

(2) $_{1}$Die Rechtsaufsicht über die obersten Landesbehörden übt die Bundesregierung aus, soweit die zugelassenen kommunalen Träger Aufgaben anstelle der Bundesagentur erfüllen. $_{2}$Zu diesem Zweck kann die Bundesregierung mit Zustimmung des Bundesrates allgemeine Verwaltungsvorschriften zu grundsätzlichen Rechtsfragen der Leistungserbringung erlassen. $_{3}$Die Bundesregierung kann die Ausübung der Rechtsaufsicht auf das Bundesministerium für Arbeit und Soziales übertragen.

(3) Das Bundesministerium für Arbeit und Soziales kann mit Zustimmung des Bundesrates allgemeine Verwaltungsvorschriften für die Abrechnung der Aufwendungen der Grundsicherung für Arbeitsuchende erlassen.

### § 48a Vergleich der Leistungsfähigkeit

(1) Zur Feststellung und Förderung der Leistungsfähigkeit der örtlichen Aufgabenwahrnehmung der Träger der Grundsicherung für Arbeitsuchende erstellt das Bundesministerium für Arbeit und Soziales auf der Grundlage der Kennzahlen nach § 51b Absatz 3 Nummer 3 Kennzahlenvergleiche und veröffentlicht die Ergebnisse vierteljährlich.

(2) Das Bundesministerium für Arbeit und Soziales wird ermächtigt, durch Rechtsverordnung mit Zustimmung des Bundesrates die für die Vergleiche erforderlichen Kennzahlen sowie das Verfahren zu deren Weiterentwicklung und die Form der Veröffentlichung der Ergebnisse festzulegen.

### § 48b Zielvereinbarungen

(1) $_{1}$Zur Erreichung der Ziele nach diesem Buch schließen

1. das Bundesministerium für Arbeit und Soziales im Einvernehmen mit dem Bundesministerium der Finanzen mit der Bundesagentur,

2. die Bundesagentur und die kommunalen Träger mit den Geschäftsführerinnen und Geschäftsführern der gemeinsamen Einrichtungen,
3. das Bundesministerium für Arbeit und Soziales mit der zuständigen Landesbehörde sowie
4. die zuständige Landesbehörde mit den zugelassenen kommunalen Trägern

Vereinbarungen ab. 2Die Vereinbarungen nach Satz 1 Nummer 2 bis 4 umfassen alle Leistungen dieses Buches. 3Die Beratungen über die Vereinbarung nach Satz 1 Nummer 3 führen die Kooperationsausschüsse nach § 18b. 4Im Bund-Länder-Ausschuss nach § 18c wird für die Vereinbarungen nach diesem Absatz über einheitliche Grundlagen beraten.

(2) Die Vereinbarungen werden nach Beschlussfassung des Bundestages über das jährliche Haushaltsgesetz abgeschlossen.

(3) 1Die Vereinbarungen umfassen insbesondere die Ziele der Verringerung der Hilfebedürftigkeit, Verbesserung der Integration in Erwerbstätigkeit und Vermeidung von langfristigem Leistungsbezug. 2Die Vereinbarungen nach Absatz 1 Satz 1 Nummer 2 bis 4 umfassen zusätzlich das Ziel der Verbesserung der sozialen Teilhabe.

(4) Die Vereinbarungen nach Absatz 1 Satz 1 Nummer 4 sollen sich an den Vereinbarungen nach Absatz 1 Satz 1 Nummer 3 orientieren.

(5) Für den Abschluss der Vereinbarungen und die Nachhaltung der Zielerreichung sind die Daten nach § 51b und die Kennzahlen nach § 48a Absatz 2 maßgeblich.

(6) Die Vereinbarungen nach Absatz 1 Satz 1 Nummer 1 können

1. erforderliche Genehmigungen oder Zustimmungen des Bundesministeriums für Arbeit und Soziales ersetzen,
2. die Selbstbewirtschaftung von Haushaltsmitteln für Leistungen zur Eingliederung in Arbeit sowie für Verwaltungskosten zulassen.

### § 49 Innenrevision

(1) 1Die Bundesagentur stellt durch organisatorische Maßnahmen sicher, dass in allen Dienststellen und gemeinsamen Einrichtungen durch eigenes, nicht der Dienststelle angehörendes Personal geprüft wird, ob von ihr Leistungen nach diesem Buch unter Beachtung der gesetzlichen Bestimmungen nicht hätten erbracht werden dürfen oder zweckmäßiger oder wirtschaftlicher hätten eingesetzt werden können. 2Mit der Durchführung der Prüfungen können Dritte beauftragt werden.

(2) Das Prüfpersonal der Bundesagentur ist für die Zeit seiner Prüftätigkeit fachlich unmittelbar der Leitung der Dienststelle unterstellt, in der es beschäftigt ist.

(3) Der Vorstand legt die Berichte nach Absatz 1 unverzüglich dem Bundesministerium für Arbeit und Soziales vor.

## Kapitel 6
## Datenverarbeitung und datenschutzrechtliche Verantwortung

### § 50 Datenübermittlung

(1) 1Die Bundesagentur, die kommunalen Träger, die zugelassenen kommunalen Träger, gemeinsame Einrichtungen, die für die Bekämpfung von Leistungsmissbrauch und illegaler Beschäftigung zuständigen Stellen und mit der Wahrnehmung von Aufgaben beauftragte Dritte sollen sich gegenseitig Sozialdaten übermitteln, soweit dies zur Erfüllung ihrer Aufgaben nach diesem Buch oder dem Dritten Buch erforderlich ist. 2Hat die Agentur für Arbeit oder ein zugelassener kommunaler Träger eine externe Gutachterin oder einen externen Gutachter beauftragt, eine ärztliche oder psychologische Untersuchung oder Begutachtung durchzuführen, ist die Übermittlung von Daten an die Agentur für Arbeit oder den zugelassenen kommunalen Träger durch die externe Gutachterin oder den externen Gutachter zulässig, soweit dies zur Erfüllung des Auftrages erforderlich ist.

(2) Die gemeinsame Einrichtung ist Verantwortliche für die Verarbeitung von Sozialdaten nach § 67 Absatz 4 des Zehnten Buches sowie Stelle im Sinne des § 35 Absatz 1 des Ersten Buches.

(3) 1Die gemeinsame Einrichtung nutzt zur Erfüllung ihrer Aufgaben durch die Bundesagentur zentral verwaltete Verfahren der Informationstechnik. 2Sie ist verpflichtet, auf einen auf dieser Grundlage erstellten gemeinsamen zentralen Datenbestand zuzugreifen. 3Verantwortlliche für die zentral verwalteten Verfahren der Informationstechnik nach § 67 Absatz 4 des Zehnten Buches ist die Bundesagentur.

(4) 1 Eine Verarbeitung von Sozialdaten durch die gemeinsame Einrichtung ist nur unter den Voraussetzungen der Verordnung (EU) 2016/679 des Europäischen Parlaments und des Rates vom 27. April 2016 zum Schutz natürlicher Personen bei der Verarbeitung personenbezogener Daten, zum freien Datenverkehr und zur Aufhebung der Richtlinie 95/46/EG (Datenschutz-Grundverordnung) (ABl. L 119 vom 4. 5. 2016, S. 1; L 314 vom 22. 11. 2016, S. 72; L 127 vom 23. 5. 2018, S. 2) in der jeweils geltenden Fassung sowie des Zweiten Kapitels des Zehnten Buches und der übrigen Bücher des Sozialgesetzbuches zulässig. 2Der Anspruch auf Zugang zu

6

amtlichen Informationen gegenüber der gemeinsamen Einrichtung richtet sich nach dem Informationsfreiheitsgesetz des Bundes. $_{3}$Die Datenschutzkontrolle und die Kontrolle der Einhaltung der Vorschriften über die Informationsfreiheit bei der gemeinsamen Einrichtung sowie für die zentralen Verfahren der Informationstechnik obliegen nach § 9 Absatz 1 Satz 1 des Bundesdatenschutzgesetzes der oder dem Bundesbeauftragten für den Datenschutz und die Informationsfreiheit.

### § 50a Speicherung, Veränderung, Nutzung, Übermittlung, Einschränkung der Verarbeitung oder Löschung von Daten für die Ausbildungsvermittlung

$_{1}$Gemeinsame Einrichtungen und zugelassene kommunale Träger dürfen die ihnen nach § 282b Absatz 4 des Dritten Buches von der Bundesagentur übermittelten Daten über eintragungsfähige oder eingetragene Ausbildungsverhältnisse ausschließlich speichern, verändern, nutzen, übermitteln oder in der Verarbeitung einschränken zur Verbesserung der

1. Ausbildungsvermittlung,
2. Zuverlässigkeit und Aktualität der Ausbildungsvermittlungsstatistik oder
3. Feststellung von Angebot und Nachfrage auf dem Ausbildungsmarkt.

$_{2}$Die zu diesen Zwecken übermittelten Daten sind spätestens zum Ende des Kalenderjahres zu löschen.

### § 51 Verarbeitung von Sozialdaten durch nicht-öffentliche Stellen

Die Träger der Leistungen nach diesem Buch dürfen abweichend von § 80 Absatz 3 des Zehnten Buches zur Erfüllung ihrer Aufgaben nach diesem Buch einschließlich der Erbringung von Leistungen zur Eingliederung in Arbeit und Bekämpfung von Leistungsmissbrauch nicht-öffentliche Stellen mit der Verarbeitung von Sozialdaten beauftragen.

### § 51a Kundennummer

$_{1}$Jeder Person, die Leistungen nach diesem Gesetz bezieht, wird einmalig eine eindeutige, von der Bundesagentur oder im Auftrag der Bundesagentur von den zugelassenen kommunalen Trägern vergebene Kundennummer zugeteilt. $_{2}$Die Kundennummer ist vom Träger der Grundsicherung für Arbeitsuchende als Identifikationsmerkmal zu nutzen und dient ausschließlich diesem Zweck sowie den Zwecken nach § 51b Absatz 3. $_{3}$Soweit vorhanden, ist die schon beim Vorbezug von Leistungen nach dem Dritten Buch vergebene Kundennummer der Bundesagentur zu verwenden. $_{4}$Die Kundennummer bleibt der jeweiligen Person auch zugeordnet, wenn sie den Träger wechselt. $_{5}$Bei erneuter Leistung nach längerer Zeit ohne Inanspruchnahme von Leistungen nach diesem Buch oder nach dem Dritten Buch wird eine neue Kundennummer vergeben. $_{6}$Diese Regelungen gelten entsprechend auch für Bedarfsgemeinschaften. $_{7}$Als Bedarfsgemeinschaft im Sinne dieser Vorschrift gelten auch ein oder mehrere Kinder eines Haushalts, die nach § 7 Absatz 2 Satz 3 Leistungen erhalten. $_{8}$Bei der Übermittlung der Daten verwenden die Träger eine eindeutige, von der Bundesagentur vergebene Trägernummer.

### § 51b Verarbeitung von Daten durch die Träger der Grundsicherung für Arbeitsuchende

(1) $_{1}$Die zuständigen Träger der Grundsicherung für Arbeitsuchende erheben laufend die für die Durchführung der Grundsicherung für Arbeitsuchende erforderlichen Daten. $_{2}$Das Bundesministerium für Arbeit und Soziales wird ermächtigt, durch Rechtsverordnung mit Zustimmung des Bundesrates die nach Satz 1 zu erhebenden Daten, die zur Nutzung für die in Absatz 3 genannten Zwecke erforderlich sind, einschließlich des Verfahrens zu deren Weiterentwicklung festzulegen.

(2) Die kommunalen Träger und die zugelassenen kommunalen Träger übermitteln der Bundesagentur die Daten nach Absatz 1 unter Angabe eines eindeutigen Identifikationsmerkmals, personenbezogene Datensätze unter Angabe der Kundennummer sowie der Nummer der Bedarfsgemeinschaft nach § 51a.

(3) Die nach den Absätzen 1 und 2 erhobenen und an die Bundesagentur übermittelten Daten dürfen nur – unbeschadet auf sonstiger gesetzlicher Grundlagen bestehender Mitteilungspflichten – für folgende Zwecke gespeichert, verändert, genutzt, übermittelt, in der Verarbeitung eingeschränkt oder gelöscht werden:

1. die zukünftige Gewährung von Leistungen nach diesem und dem Dritten Buch an die von den Erhebungen betroffenen Personen,
2. Überprüfungen der Träger der Grundsicherung für Arbeitsuchende auf korrekte und wirtschaftliche Leistungserbringung,
3. die Erstellung von Statistiken, Kennzahlen für die Zwecke nach § 48a Absatz 2 und § 48b Absatz 5 und Controllingberichten durch die Bundesagentur, der laufenden Berichterstattung und der Wirkungsforschung nach den §§ 53 bis 55,
4. die Durchführung des automatisierten Datenabgleichs nach § 52,
5. die Bekämpfung von Leistungsmissbrauch.

(4) $_1$Die Bundesagentur regelt im Benehmen mit den kommunalen Spitzenverbänden auf Bundesebene den genauen Umfang der nach den Absätzen 1 bis 2 zu übermittelnden Informationen, einschließlich einer Inventurmeldung, sowie die Fristen für deren Übermittlung. $_2$Sie regelt ebenso die zu verwendenden Systematiken, die Art der Übermittlung der Datensätze einschließlich der Datenformate, sowie Aufbau, Vergabe, Verwendung und Löschungsfristen von Kunden- und Bedarfsgemeinschaftsnummern nach § 51a.

### § 52 Automatisierter Datenabgleich

(1) $_1$Die Bundesagentur und die zugelassenen kommunalen Träger überprüfen Personen, die Leistungen nach diesem Buch beziehen, zum 1. Januar, 1. April, 1. Juli und 1. Oktober im Wege des automatisierten Datenabgleichs daraufhin,

1. ob und in welcher Höhe und für welche Zeiträume von ihnen Leistungen der Träger der gesetzlichen Unfall- oder Rentenversicherung bezogen werden oder wurden,
2. ob und in welchem Umfang Zeiten des Leistungsbezuges nach diesem Buch mit Zeiten einer Versicherungspflicht oder Zeiten einer geringfügigen Beschäftigung zusammentreffen,
3. ob und welche Daten nach § 45d Absatz 1 und § 45e des Einkommensteuergesetzes an das Bundeszentralamt für Steuern übermittelt worden sind,
4. ob und in welcher Höhe ein Kapital nach § 12 Absatz 2 Satz 1 Nummer 2 nicht mehr dem Zweck einer geförderten zusätzlichen Altersvorsorge im Sinne des § 10a oder des Abschnitts XI des Einkommensteuergesetzes dient,
5. ob und in welcher Höhe und für welche Zeiträume von ihnen Leistungen der Bundesagentur als Träger der Arbeitsförderung nach dem Dritten Buch bezogen werden oder wurden,
6. ob und in welcher Höhe und für welche Zeiträume von ihnen Leistungen anderer Träger der Grundsicherung für Arbeitsuchende bezogen werden oder wurden.

$_2$Satz 1 gilt entsprechend für nicht leistungsberechtigte Personen, die mit Personen, die Leistungen nach diesem Buch beziehen, in einer Bedarfsgemeinschaft leben. $_3$Abweichend von Satz 1 können die dort genannten Träger die Überprüfung nach Satz 1 Nummer 2 zum ersten jedes Kalendermonats durchführen.

(2) Zur Durchführung des automatisierten Datenabgleichs dürfen die Träger der Leistungen nach diesem Buch die folgenden Daten einer Person, die Leistungen nach diesem Buch bezieht, an die in Absatz 1 genannten Stellen übermitteln:

1. Name und Vorname,
2. Geburtsdatum und -ort,
3. Anschrift,
4. Versicherungsnummer.

(2a) $_1$Die Datenstelle der Rentenversicherung darf als Vermittlungsstelle die nach den Absätzen 1 und 2 übermittelten Daten speichern und nutzen, soweit dies für die Datenabgleiche nach den Absätzen 1 und 2 erforderlich ist. $_2$Sie darf die Daten der Stammsatzdatei (§ 150 des Sechsten Buches) und des bei ihr für die Prüfung bei den Arbeitgebern geführten Dateisystems (§ 28p Absatz 8 Satz 2 des Vierten Buches) nutzen, soweit die Daten für die Datenabgleiche erforderlich sind. $_3$Die nach Satz 1 bei der Datenstelle der Rentenversicherung gespeicherten Daten sind unverzüglich nach Abschluss des Datenabgleichs zu löschen.

(3) $_1$Die den in Absatz 1 genannten Stellen überlassenen Daten und Datenträger sind nach Durchführung des Abgleichs unverzüglich zurückzugeben, zu löschen oder zu vernichten. $_2$Die Träger der Leistungen nach diesem Buch dürfen die ihnen übermittelten Daten nur zur Überprüfung nach Absatz 1 nutzen. $_3$Die übermittelten Daten der Personen, bei denen die Überprüfung zu keinen abweichenden Feststellungen führt, sind unverzüglich zu löschen.

(4) Das Bundesministerium für Arbeit und Soziales wird ermächtigt, durch Rechtsverordnung das Nähere über das Verfahren des automatisierten Datenabgleichs und die Kosten des Verfahrens zu regeln; dabei ist vorzusehen, dass die Übermittlung an die Auskunftsstellen durch eine zentrale Vermittlungsstelle (Kopfstelle) zu erfolgen hat, deren Zuständigkeitsbereich zumindest das Gebiet eines Bundeslandes umfasst.

### § 52a Überprüfung von Daten

(1) Die Agentur für Arbeit darf bei Personen, die Leistungen nach diesem Buch beantragt haben, beziehen oder bezogen haben, Auskunft einholen

1. über die in § 39 Absatz 1 Nummer 5 und 11 des Straßenverkehrsgesetzes angeführten Daten über ein Fahrzeug, für das die Person als Halter eingetragen ist, bei dem Zentralen Fahrzeugregister;
2. aus dem Melderegister nach den §§ 34 und 38 bis 41 des Bundesmeldegesetzes und dem Ausländerzentralregister,

soweit dies zur Bekämpfung von Leistungsmissbrauch erforderlich ist.

(2) $_1$Die Agentur für Arbeit darf Daten von Personen, die Leistungen nach diesem Buch beantragt haben, beziehen oder bezogen haben und die Wohngeld beantragt haben, beziehen oder bezo-

gen haben, an die nach dem Wohngeldgesetz zuständige Behörde übermitteln, soweit dies zur Feststellung der Voraussetzungen des Ausschlusses vom Wohngeld (§§ 7 und 8 Absatz 1 des Wohngeldgesetzes) erforderlich ist. $_{2}$Die Übermittlung der in § 52 Absatz 2 Nummer 1 bis 3 genannten Daten ist zulässig. $_{3}$Die in Absatz 1 genannten Behörden führen die Überprüfung durch und teilen das Ergebnis der Überprüfungen der Agentur für Arbeit unverzüglich mit. $_{4}$Die in Absatz 1 und Satz 1 genannten Behörden haben die ihnen übermittelten Daten nach Abschluss der Überprüfung unverzüglich zu löschen.

## Kapitel 7
## Statistik und Forschung

### § 53 Statistik und Übermittlung statistischer Daten

(1) $_{1}$Die Bundesagentur erstellt aus den bei der Durchführung der Grundsicherung für Arbeitsuchende von ihr nach § 51b erhaltenen und den ihr von den kommunalen Trägern und den zugelassenen kommunalen Trägern nach § 51b übermittelten Daten Statistiken. $_{2}$Sie übernimmt die laufende Berichterstattung und bezieht die Leistungen nach diesem Buch in die Arbeitsmarkt- und Berufsforschung ein.

(2) Das Bundesministerium für Arbeit und Soziales kann Art und Umfang sowie Tatbestände und Merkmale der Statistiken und der Berichterstattung näher bestimmen.

(3) $_{1}$Die Bundesagentur legt die Statistiken nach Absatz 1 dem Bundesministerium für Arbeit und Soziales vor und veröffentlicht sie in geeigneter Form. $_{2}$Sie gewährleistet, dass auch kurzfristigem Informationsbedarf des Bundesministeriums für Arbeit und Soziales entsprochen werden kann.

(4) Die Bundesagentur stellt den statistischen Stellen der Kreise und kreisfreien Städte die für Zwecke der Planungsunterstützung und für die Sozialberichterstattung erforderlichen Daten und Tabellen der Arbeitsmarkt- und Grundsicherungsstatistik zur Verfügung.

(5) $_{1}$Die Bundesagentur kann dem Statistischen Bundesamt und den statistischen Ämtern der Länder für Zwecke der Planungsunterstützung und für die Sozialberichterstattung für ihren Zuständigkeitsbereich Daten und Tabellen der Arbeitsmarkt- und Grundsicherungsstatistik zur Verfügung stellen. $_{2}$Sie ist berechtigt, dem Statistischen Bundesamt und den statistischen Ämtern der Länder für ergänzende Auswertungen anonymisierte und pseudonymisierte Einzeldaten zu übermitteln. $_{3}$Bei der Übermittlung von pseudonymisierten Einzeldaten sind die Namen durch jeweils neu zu generierende Pseudonyme zu ersetzen. $_{4}$Nicht pseudonymisierte Anschriften dürfen nur zum Zwecke der Zuordnung zu statistischen Blöcken übermittelt werden.

(6) $_{1}$Die Bundesagentur ist berechtigt, für ausschließlich statistische Zwecke den zur Durchführung statistischer Aufgaben zuständigen Stellen der Gemeinden und Gemeindeverbände für ihren Zuständigkeitsbereich Daten und Tabellen der Arbeitsmarkt- und Grundsicherungsstatistik sowie anonymisierte und pseudonymisierte Einzeldaten zu übermitteln, soweit die Voraussetzungen nach § 16 Absatz 5 Satz 2 des Bundesstatistikgesetzes gegeben sind. $_{2}$Bei der Übermittlung von pseudonymisierten Einzeldaten sind die Namen durch jeweils neu zu generierende Pseudonyme zu ersetzen. $_{3}$Dabei dürfen nur Angaben zu kleinräumigen Gebietseinheiten, nicht aber die genauen Anschriften übermittelt werden.

(7) $_{1}$Die §§ 280 und 281 des Dritten Buches gelten entsprechend. $_{2}$§ 282a des Dritten Buches gilt mit der Maßgabe, dass Daten und Tabellen der Arbeitsmarkt- und Grundsicherungsstatistik auch den zur Durchführung statistischer Aufgaben zuständigen Stellen der Kreise und kreisfreien Städte sowie der Gemeinden und Gemeindeverbänden übermittelt werden dürfen, soweit die Voraussetzungen nach § 16 Absatz 5 Satz 2 des Bundesstatistikgesetzes gegeben sind.

### § 53a Arbeitslose

(1) Arbeitslose im Sinne dieses Gesetzes sind erwerbsfähige Leistungsberechtigte, die die Voraussetzungen des § 16 des Dritten Buches in sinngemäßer Anwendung erfüllen.

(2) (weggefallen)

### § 54 (weggefallen)

### § 55 Wirkungsforschung

(1) $_{1}$Die Wirkungen der Leistungen zur Eingliederung und der Leistungen zur Sicherung des Lebensunterhalts sind regelmäßig und zeitnah zu untersuchen und in die Arbeitsmarkt- und Berufsforschung nach § 282 des Dritten Buches einzubeziehen. $_{2}$Das Bundesministerium für Arbeit und Soziales und die Bundesagentur können in Vereinbarungen Einzelheiten der Wirkungsforschung festlegen. $_{3}$Soweit zweckmäßig, können Dritte mit der Wirkungsforschung beauftragt werden.

(2) Das Bundesministerium für Arbeit und Soziales untersucht vergleichend die Wirkung der örtlichen Aufgabenwahrnehmung durch die Träger der Leistungen nach diesem Buch.

## Kapitel 8 Mitwirkungspflichten

### § 56 Anzeige- und Bescheinigungspflicht bei Arbeitsunfähigkeit

*(1) 1Erwerbsfähige Leistungsberechtigte, die Leistungen zur Sicherung des Lebensunterhalts beantragt haben oder beziehen, sind verpflichtet,*

1. eine eingetretene Arbeitsunfähigkeit und deren voraussichtliche Dauer unverzüglich anzuzeigen und
2. spätestens vor Ablauf des dritten Kalendertages nach Eintritt der Arbeitsunfähigkeit eine ärztliche Bescheinigung über die Arbeitsunfähigkeit und deren voraussichtliche Dauer vorzulegen.

2§ 31 Absatz 1 findet keine Anwendung. 3Die Agentur für Arbeit ist berechtigt, die Vorlage der ärztlichen Bescheinigung früher zu verlangen. 4Dauert die Arbeitsunfähigkeit länger als in der Bescheinigung angegeben, so ist der Agentur für Arbeit eine neue ärztliche Bescheinigung vorzulegen. 5Die Bescheinigungen müssen einen Vermerk des behandelnden Arztes darüber enthalten, dass dem Träger der Krankenversicherung unverzüglich eine Bescheinigung über die Arbeitsunfähigkeit mit Angaben über den Befund und die voraussichtliche Dauer der Arbeitsunfähigkeit übersandt wird. 6Zweifelt die Agentur für Arbeit an der Arbeitsunfähigkeit der oder des erwerbsfähigen Leistungsberechtigten, so gilt § 275 Absatz 1 Nummer 3b und Absatz 1a des Fünften Buches entsprechend.

(2) 1Absatz 1 Satz 1 gilt nicht für erwerbsfähige Leistungsberechtigte, die einen Anspruch auf Arbeitslosengeld oder Teilarbeitslosengeld haben. 2Die Agentur für Arbeit kann erwerbsfähige Leistungsberechtigte im Einzelfall von der Verpflichtung nach Absatz 1 Satz 1 befreien. 3Sie soll erwerbsfähige Leistungsberechtigte befreien, sofern die Eingliederung in Arbeit oder Ausbildung hierdurch nicht gefährdet wird.

(3) 1Die Bundesagentur erstattet den Krankenkassen die Kosten für die Begutachtung durch den Medizinischen Dienst nach Absatz 1 Satz 6. 2Die Bundesagentur und der Spitzenverband Bund der Krankenkassen vereinbaren das Nähere über das Verfahren und die Höhe der Kostenerstattung; der Medizinische Dienst Bund ist zu beteiligen. 3In der Vereinbarung kann auch eine pauschale Abgeltung der Kosten geregelt werden.

### § 57 Auskunftspflicht von Arbeitgebern

1Arbeitgeber haben der Agentur für Arbeit auf deren Verlangen Auskunft über solche Tatsachen zu geben, die für die Entscheidung über einen Anspruch auf Leistungen nach diesem Buch erheblich sein können; die Agentur für Arbeit kann hierfür die Benutzung eines Vordrucks verlangen. 2Die Auskunftspflicht erstreckt sich auch auf Angaben über das Ende und den Grund für die Beendigung des Beschäftigungsverhältnisses.

### § 58 Einkommensbescheinigung

(1) 1Wer jemanden, der laufende Geldleistungen nach diesem Buch beantragt hat oder bezieht, gegen Arbeitsentgelt beschäftigt, ist verpflichtet, diesem unverzüglich Art und Dauer dieser Erwerbstätigkeit sowie die Höhe des Arbeitsentgelts oder der Vergütung für die Zeiten zu bescheinigen, für die diese Leistung beantragt worden ist oder bezogen wird. 2Dabei ist der von der Agentur für Arbeit vorgesehene Vordruck zu benutzen. 3Die Bescheinigung ist der- oder demjenigen, die oder der die Leistung beantragt hat oder bezieht, unverzüglich auszuhändigen.

(2) Wer eine laufende Geldleistung nach diesem Buch beantragt hat oder bezieht und gegen Arbeitsentgelt beschäftigt wird, ist verpflichtet, dem Arbeitgeber den für die Bescheinigung des Arbeitsentgelts vorgeschriebenen Vordruck unverzüglich vorzulegen.

### § 59 Meldepflicht

Die Vorschriften über die allgemeine Meldepflicht, § 309 des Dritten Buches, und über die Meldepflicht bei Wechsel der Zuständigkeit, § 310 des Dritten Buches, sind entsprechend anzuwenden.

### § 60 Auskunftspflicht und Mitwirkungspflicht Dritter

(1) Wer jemandem, der Leistungen nach diesem Buch beantragt hat oder bezieht, Leistungen erbringt, die geeignet sind, diese Leistungen nach diesem Buch auszuschließen oder zu mindern, hat der Agentur für Arbeit auf Verlangen hierüber Auskunft zu erteilen, soweit es zur Durchführung der Aufgaben nach diesem Buch erforderlich ist.

(2) 1Wer jemandem, der eine Leistung nach diesem Buch beantragt hat oder bezieht, zu Leistungen verpflichtet ist, die geeignet sind, Leistungen nach diesem Buch auszuschließen oder zu mindern, oder wer für ihn Guthaben führt oder Vermögensgegenstände verwahrt, hat der Agentur für Arbeit auf Verlangen hierüber sowie über damit im Zusammenhang stehendes Einkommen oder Vermögen Auskunft zu erteilen, soweit es zur Durchführung der Aufgaben nach diesem Buch erforderlich ist. 2§ 21 Absatz 3 Satz 4 des Zehnten Buches gilt entsprechend. 3Für die Feststellung einer Unterhaltsverpflichtung ist § 1605 Absatz 1 des Bürgerlichen Gesetzbuchs anzuwenden.

6

(3) Wer jemanden, der

1. Leistungen nach diesem Buch beantragt hat oder bezieht oder dessen Partnerin oder Partner oder
2. nach Absatz 2 zur Auskunft verpflichtet ist,

beschäftigt, hat der Agentur für Arbeit auf Verlangen über die Beschäftigung, insbesondere über das Arbeitsentgelt, Auskunft zu erteilen, soweit es zur Durchführung der Aufgaben nach diesem Buch erforderlich ist.

(4) 1Sind Einkommen oder Vermögen der Partnerin oder des Partners zu berücksichtigen, haben

1. diese Partnerin oder dieser Partner,
2. Dritte, die für diese Partnerin oder diesen Partner Guthaben führen oder Vermögensgegenstände verwahren,

der Agentur für Arbeit auf Verlangen hierüber Auskunft zu erteilen, soweit es zur Durchführung der Aufgaben nach diesem Buch erforderlich ist. 2§ 21 Absatz 3 Satz 4 des Zehnten Buches gilt entsprechend.

6

(5) Wer jemanden, der Leistungen nach diesem Buch beantragt hat, bezieht oder bezogen hat, beschäftigt, hat der Agentur für Arbeit auf Verlangen Einsicht in Geschäftsbücher, Geschäftsunterlagen und Belege sowie in Listen, Entgeltverzeichnisse und Entgeltbelege für Heimarbeiterinnen oder Heimarbeiter zu gewähren, soweit es zur Durchführung der Aufgaben nach diesem Buch erforderlich ist.

### § 61 Auskunftspflichten bei Leistungen zur Eingliederung in Arbeit

(1) 1Träger, die eine Leistung zur Eingliederung in Arbeit erbracht haben oder erbringen, haben der Agentur für Arbeit unverzüglich Auskünfte über Tatsachen zu erteilen, die Aufschluss darüber geben, ob und inwieweit Leistungen zu Recht erbracht worden sind oder werden. 2Sie haben Änderungen, die für die Leistungen erheblich sind, unverzüglich der Agentur für Arbeit mitzuteilen.

(2) 1Die Teilnehmerinnen und Teilnehmer an Maßnahmen zur Eingliederung sind verpflichtet,

1. der Agentur für Arbeit auf Verlangen Auskunft über den Eingliederungserfolg der Maßnahme sowie alle weiteren Auskünfte zu erteilen, die zur Qualitätsprüfung benötigt werden, und
2. eine Beurteilung ihrer Leistung und ihres Verhaltens durch den Maßnahmeträger zuzulassen.

2Die Maßnahmeträger sind verpflichtet,

1. ihre Beurteilung der oder des Teilnehmenden unverzüglich der Agentur für Arbeit zu übermitteln,
2. der für die einzelne Teilnehmerin oder den einzelnen Teilnehmer zuständigen Agentur für Arbeit kalendermonatlich die Fehltage der Teilnehmerin oder des Teilnehmers sowie die Gründe für die Fehltage mitzuteilen.

3Dabei haben sie jeweils die von der Agentur für Arbeit vorgegebenen Verfahren und Formate zu nutzen.

### § 62 Schadenersatz

Wer vorsätzlich oder fahrlässig

1. eine Einkommensbescheinigung nicht, nicht richtig oder nicht vollständig ausfüllt,
2. eine Auskunft nach § 57 oder § 60 nicht, nicht richtig oder nicht vollständig erteilt,

ist zum Ersatz des daraus entstehenden Schadens verpflichtet.

## Kapitel 9
## Straf- und Bußgeldvorschriften

### § 63 Bußgeldvorschriften

(1) Ordnungswidrig handelt, wer vorsätzlich oder fahrlässig

1. entgegen § 57 Satz 1 eine Auskunft nicht, nicht richtig, nicht vollständig oder nicht rechtzeitig erteilt,
2. entgegen § 58 Absatz 1 Satz 1 oder 3 Art oder Dauer der Erwerbstätigkeit oder die Höhe des Arbeitsentgelts oder der Vergütung nicht, nicht richtig, nicht vollständig oder nicht rechtzeitig bescheinigt oder eine Bescheinigung nicht oder nicht rechtzeitig aushändigt,
3. entgegen § 58 Absatz 2 einen Vordruck nicht oder nicht rechtzeitig vorlegt,
4. entgegen § 60 Absatz 1, 2 Satz 1, Absatz 3 oder 4 Satz 1 oder als privater Träger entgegen § 61 Absatz 1 Satz 1 eine Auskunft nicht, nicht richtig, nicht vollständig oder nicht rechtzeitig erteilt,
5. entgegen § 60 Absatz 5 Einsicht nicht oder nicht rechtzeitig gewährt,
6. entgegen § 60 Absatz 1 Satz 1 Nummer 1 des Ersten Buches eine Angabe nicht, nicht richtig, nicht vollständig oder nicht rechtzeitig macht oder
7. entgegen § 60 Absatz 1 Satz 1 Nummer 2 des Ersten Buches eine Änderung in den Verhältnissen, die für einen Anspruch auf eine laufende Leistung erheblich ist, nicht, nicht richtig, nicht vollständig oder nicht rechtzeitig mitteilt.

(1a) Die Bestimmungen des Absatzes 1 Nummer 1, 4, 5, 6 und 7 gelten auch in Verbindung mit § 6b Absatz 1 Satz 2 oder § 44b Absatz 1 Satz 2 erster Halbsatz.

(2) Die Ordnungswidrigkeit kann in den Fällen des Absatzes 1 Nummer 6 und 7 mit einer Geldbuße bis zu fünftausend Euro, in den übrigen Fällen mit einer Geldbuße bis zu zweitausend Euro geahndet werden.

## Kapitel 10
## Bekämpfung von Leistungsmissbrauch

### § 64 Zuständigkeit und Zusammenarbeit mit anderen Behörden

(1) Für die Bekämpfung von Leistungsmissbrauch gilt § 319 des Dritten Buches entsprechend.

(2) Verwaltungsbehörden im Sinne des § 36 Absatz 1 Nummer 1 des Gesetzes über Ordnungswidrigkeiten sind in den Fällen

1. des § 63 Absatz 1 Nummer 1 bis 5 die gemeinsame Einrichtung oder der nach § 6a zugelassene kommunale Träger,
2. des § 63 Absatz 1 Nummer 6 und 7
   a) die gemeinsame Einrichtung oder der nach § 6a zugelassene kommunale Träger sowie
   b) die Behörden der Zollverwaltung

   jeweils für ihren Geschäftsbereich.

(3) Bei der Verfolgung und Ahndung der Ordnungswidrigkeiten nach § 63 Absatz 1 Nummer 6 und 7 arbeiten die Behörden nach Absatz 2 Nummer 2 mit den in § 2 Absatz 4 des Schwarzarbeitsbekämpfungsgesetzes genannten Behörden zusammen.

(4) $_1$Soweit die gemeinsame Einrichtung Verwaltungsbehörde nach Absatz 2 ist, fließen die Geldbußen in die Bundeskasse. $_2$§ 66 des Zehnten Buches gilt entsprechend. $_3$Die Bundeskasse trägt abweichend von § 105 Absatz 2 des Gesetzes über Ordnungswidrigkeiten die notwendigen Auslagen. $_4$Sie ist auch ersatzpflichtig im Sinne des § 110 Absatz 4 des Gesetzes über Ordnungswidrigkeiten.

## Kapitel 11
## Übergangs- und Schlussvorschriften

### § 65 Übergangsregelungen aus Anlass des Zwölften Gesetzes zur Änderung des Zweiten Buches Sozialgesetzbuch und anderer Gesetze – Einführung eines Bürgergeldes

(1) § 3 Absatz 2a in der bis zum 31. Dezember 2022 geltenden Fassung findet bis zur erstmaligen Erstellung eines Kooperationsplans nach § 15, spätestens bis zum Ablauf des 31. Dezember 2023, weiter Anwendung.

(2) Sofern die Träger der Grundsicherung für Arbeitsuchende vor dem 1. Januar 2023 nach § 5 Absatz 3 Satz 1 Leistungsberechtigte aufgefordert haben, eine Rente wegen Alters vorzeitig in Anspruch zu nehmen, ist die Stellung eines entsprechenden Antrages durch die Träger nach diesem Buch nach dem 31. Dezember 2022 unzulässig.

(3) Zeiten eines Leistungsbezugs bis zum 31. Dezember 2022 bleiben bei den Karenzzeiten nach § 12 Absatz 3 Satz 1 und § 22 Absatz 1 Satz 2 unberücksichtigt.

(4) § 15 ist in der bis zum Ablauf des 30. Juni 2023 geltenden Fassung für bis zu diesem Zeitpunkt abgeschlossene Eingliederungsvereinbarungen bis zur erstmaligen Erstellung eines Kooperationsplans nach § 15, spätestens bis zum Ablauf des 31. Dezember 2023, weiter anzuwenden.

(5) Abweichend von § 20 Absatz 1a Satz 3 SGB II ist für das Jahr 2023 auf den Betrag abzustellen, der sich aus der Tabelle in der Anlage zu § 28 SGB XII in Verbindung mit § 134 Absatz 2 SGB XII ergibt.

(6) § 22 Absatz 1 Satz 2 gilt nicht in den Fällen, in denen in einem der vorangegangenen Bewilligungszeiträume für die aktuell bewohnte Unterkunft die angemessenen und nicht die tatsächlichen Aufwendungen als Bedarf anerkannt wurden.

(6a) In den Fällen des Absatz 4 ist § 31 Absatz 1 Nummer 1 in der bis zum Ablauf des 30. Juni 2022 geltenden Fassung weiter anzuwenden.

(7) $_1$§ 40 Absatz 1 Satz 3 bis 5 ist bei Prüfungen ab dem 1. Januar 2023 anzuwenden. $_2$§ 41a Absatz 6 Satz 3 in der ab dem 1. Januar 2023 geltenden Fassung ist bei abschließenden Entscheidungen anzuwenden, die ab dem 1. Januar 2023 getroffen werden.

(8) $_1$Erwerbsfähige Leistungsberechtigte, die am 31. Dezember 2022 aufgrund von § 53a Absatz 2 in der bis zum 31. Dezember 2022 geltenden Fassung nicht als arbeitslos galten, gelten auch weiterhin nicht als arbeitslos, sofern die Voraussetzungen des § 53a Absatz 2 in der bis zum 31. Dezember 2022 geltenden Fassung weiter vorliegen. $_2$Die Vorschrift hat keine Auswirkungen auf die Erbringung von Eingliederungsleistungen.

(9) Bis zum Ablauf des 30. Juni 2023 kann von den zuständigen Behörden für den Begriff Bürgergeld auch der Begriff „Arbeitslosengeld II" oder „Sozialgeld" verwendet werden.

### §§ 65a bis 65c (weggefallen)

### § 65d Übermittlung von Daten

(1) Der Träger der Sozialhilfe und die Agentur für Arbeit machen dem zuständigen Leistungsträger auf Verlangen die bei ihnen vorhandenen Unterlagen über die Gewährung von Leistungen für Per-

sonen, die Leistungen der Grundsicherung für Arbeitsuchende beantragt haben oder beziehen, zugänglich, soweit deren Kenntnis im Einzelfall für die Erfüllung der Aufgaben nach diesem Buch erforderlich ist.

(2) Die Bundesagentur erstattet den Trägern der Sozialhilfe die Sachkosten, die ihnen durch das Zugänglichmachen von Unterlagen entstehen; eine Pauschalierung ist zulässig.

### § 65e Übergangsregelung zur Aufrechnung

1Der zuständige Träger der Leistungen nach diesem Buch kann mit Zustimmung des Trägers der Sozialhilfe dessen Ansprüche gegen den Leistungsberechtigten mit Geldleistungen zur Sicherung des Lebensunterhalts nach den Voraussetzungen des § 43 Absatz 2, 3 und 4 Satz 1 aufrechnen. 2Die Aufrechnung wegen eines Anspruchs nach Satz 1 ist auf die ersten zwei Jahre der Leistungserbringung nach diesem Buch beschränkt.



### § 66 Rechtsänderungen bei Leistungen zur Eingliederung in Arbeit

(1) Wird dieses Gesetzbuch geändert, so sind, soweit nichts Abweichendes bestimmt ist, auf Leistungen zur Eingliederung in Arbeit bis zum Ende der Leistungen oder der Maßnahme die Vorschriften in der vor dem Tag des Inkrafttretens der Änderung geltenden Fassung weiter anzuwenden, wenn vor diesem Tag

1. der Anspruch entstanden ist,
2. die Leistung zuerkannt worden ist oder
3. die Maßnahme begonnen hat, wenn die Leistung bis zum Beginn der Maßnahme beantragt worden ist.

(2) Ist eine Leistung nur für einen begrenzten Zeitraum zuerkannt worden, richtet sich eine Verlängerung nach den zum Zeitpunkt der Entscheidung über die Verlängerung geltenden Vorschriften.

### § 67 Vereinfachtes Verfahren für den Zugang zu sozialer Sicherung aus Anlass der COVID-19-Pandemie; Verordnungsermächtigung

(1) Leistungen für Bewilligungszeiträume, die in der Zeit vom 1. März 2020 bis zum 31. März 2022 beginnen, werden nach Maßgabe der Absätze 2 bis 4 erbracht.

(2) 1Abweichend von den §§ 9, 12 und 19 Absatz 3 wird Vermögen für die Dauer von sechs Monaten nicht berücksichtigt. 2Satz 1 gilt nicht, wenn das Vermögen erheblich ist; es wird vermutet, dass kein erhebliches Vermögen vorhanden ist, wenn die Antragstellerin oder der Antragsteller dies im Antrag erklärt.

(3) 1§ 22 Absatz 1 ist mit der Maßgabe anzuwenden, dass die tatsächlichen Aufwendungen für Unterkunft und Heizung für die Dauer von sechs Monaten als angemessen gelten. 2Nach Ablauf des Zeitraums nach Satz 1 ist § 22 Absatz 1 Satz 3 mit der Maßgabe anzuwenden, dass der Zeitraum nach Satz 1 nicht auf die in § 22 Absatz 1 Satz 3 genannte Frist anzurechnen ist. 3Satz 1 gilt nicht in den Fällen, in denen im vorangegangenen Bewilligungszeitraum die angemessenen und nicht die tatsächlichen Aufwendungen als Bedarf anerkannt wurden.

(4) 1Sofern über die Leistungen nach § 41a Absatz 1 Satz 1 vorläufig zu entscheiden ist, ist über den Anspruch auf Leistungen zur Sicherung des Lebensunterhalts abweichend von § 41 Absatz 3 Satz 1 und 2 für sechs Monate zu entscheiden. 2In den Fällen des Satzes 1 entscheiden die Träger der Grundsicherung für Arbeitsuchende für Bewilligungszeiträume, die bis zum 31. März 2021 begonnen haben, abweichend von § 41a Absatz 3 nur auf Antrag abschließend über den monatlichen Leistungsanspruch.

(5) Die Bundesregierung wird ermächtigt, den in Absatz 1 genannten Zeitraum durch Rechtsverordnung ohne Zustimmung des Bundesrates längstens bis zum 31. Dezember 2022 zu verlängern.

---

Der in § 67 Absatz 1 genannte Zeitraum wurde bis zum 31. Dezember 2022 verlängert (Verordnung vom 10. März 2022, BGBl. I S. 426).

### § 68 (weggefallen)

### § 69 Übergangsregelung zum Freibetrag für Grundrentenzeiten und vergleichbare Zeiten

Über die Erbringung der Leistungen zur Sicherung des Lebensunterhalts ist ohne Berücksichtigung eines möglichen Freibetrages nach § 11b Absatz 2a in Verbindung mit § 82a des Zwölften Buches zu entscheiden, solange nicht durch eine Mitteilung des Rentenversicherungsträgers oder einer berufsständischen Versicherungs- oder Versorgungseinrichtung nachgewiesen ist, dass die Voraussetzungen für die Einräumung des Freibetrages vorliegen.

### § 70 Einmalzahlung aus Anlass der COVID-19-Pandemie

1Leistungsberechtigte, die für den Monat Mai 2021 Anspruch auf Arbeitslosengeld II oder Sozialgeld haben und deren Bedarf sich nach Regelbedarfsstufe 1 oder 2 richtet, erhalten für den Zeitraum vom 1. Januar 2021 bis zum 30. Juni 2021 zum Ausgleich der mit der COVID-19-Pandemie in Zusammenhang stehenden Mehraufwendungen eine Einmalzahlung in Höhe von 150 Euro. 2Satz 1 gilt auch für Leistungsberechtigte, deren Bedarf sich nach Regelbedarfsstufe 3 richtet, sofern bei ihnen kein Kindergeld als Einkommen berücksichtigt wird.

### § 71 Kinderfreizeitbonus und weitere Regelung aus Anlass der COVID-19-Pandemie

(1) 1Abweichend von § 37 Absatz 1 Satz 2 gilt der Antrag auf Leistungen nach § 28 Absatz 5 in der Zeit vom 1. Juli 2021 bis zum Ablauf des 31. Dezember 2023 als von dem Antrag auf Leistungen zur Sicherung des Lebensunterhalts mit umfasst. 2Dies gilt für ab dem 1. Juli 2021 entstehende Lernförderungsbedarfe auch dann, wenn die jeweiligen Bewilligungszeiträume nur teilweise in den in Satz 1 genannten Zeitraum fallen, weil sie entweder bereits vor dem 1. Juli 2021 begonnen haben oder erst nach dem 31. Dezember 2023 enden.

(2) 1Leistungsberechtigte, die für den Monat August 2021 Anspruch auf Arbeitslosengeld II oder Sozialgeld und das 18. Lebensjahr noch nicht vollendet haben, erhalten eine Einmalzahlung in Höhe von 100 Euro. 2Satz 1 gilt nicht für Leistungsberechtigte, für die im Monat August 2021 Kinderzuschlag nach § 6a des Bundeskindergeldgesetzes gezahlt wird. 3Eines gesonderten Antrags bedarf es nicht. 4Erhält die leistungsberechtigte Person Arbeitslosengeld II oder Sozialgeld in zwei Bedarfsgemeinschaften, wird die Leistung nach Satz 1 in der Bedarfsgemeinschaft erbracht, in der das Kindergeld für die leistungsberechtigte Person berücksichtigt wird.

### § 72 Sofortzuschlag

(1) 1Kinder, Jugendliche und junge Erwachsene, die Anspruch auf Bürgergeld haben, dem ein Regelbedarf nach den Regelbedarfsstufen 3, 4, 5 oder 6 zu Grunde liegt, haben zusätzlich Anspruch auf einen monatlichen Sofortzuschlag in Höhe von 20 Euro. 2Satz 1 gilt auch für Kinder, Jugendliche und junge Erwachsene, die

1. nur einen Anspruch auf eine Bildungs- und Teilhabeleistung haben oder
2. nur deshalb keinen Anspruch auf Bürgergeld haben, weil im Rahmen der Prüfung der Hilfebedürftigkeit Kindergeld berücksichtigt wurde (§ 11 Absatz 1 Satz 5).

3Der Sofortzuschlag wird erstmalig für den Monat Juli 2022 erbracht.

(2) 1Wird die Entscheidung über die Bewilligung von Bürgergeld oder der Bildungs- und Teilhabeleistung rückwirkend geändert oder fällt sie rückwirkend weg, erfolgt keine rückwirkende Aufhebung der Bewilligung und keine Rückforderung des Sofortzuschlages. 2Dies gilt auch, wenn sich aufgrund einer abschließenden Entscheidung nach § 41a Absatz 3 kein Anspruch auf Bürgergeld oder eine Bildungs- und Teilhabeleistung ergibt.

(3) § 42 Absatz 4 gilt auch für den Anspruch auf den Sofortzuschlag.

### § 73 Einmalzahlung für den Monat Juli 2022

Leistungsberechtigte, die für den Monat Juli 2022 Anspruch auf Arbeitslosengeld II oder Sozialgeld haben und deren Bedarf sich nach der Regelbedarfsstufe 1 oder 2 richtet, erhalten für diesen Monat zum Ausgleich der mit der COVID-19-Pandemie in Zusammenhang stehenden Mehraufwendungen eine Einmalzahlung in Höhe von 200 Euro.

### § 74 Ansprüche von Ausländerinnen und Ausländern mit einer Fiktionsbescheinigung

(1) 1Abweichend von § 7 Absatz 1 Satz 2 Nummer 1 und 2 erhalten Leistungen nach diesem Buch auch Personen, die gemäß § 49 des Aufenthaltsgesetzes erkennungsdienstlich behandelt worden sind, eine Aufenthaltserlaubnis nach § 24 Absatz 1 des Aufenthaltsgesetzes beantragt haben und denen eine entsprechende Fiktionsbescheinigung nach § 81 Absatz 5 in Verbindung mit Absatz 3 des Aufenthaltsgesetzes ausgestellt worden ist. 2§ 7 Absatz 1 Satz 1 Nummer 4 und § 8 Absatz 2 sind nicht anzuwenden. 3Der Bewilligungszeitraum ist abweichend von § 41 Absatz 3 Satz 1 auf längstens sechs Monate zu verkürzen.

(2) Absatz 1 gilt auch für Personen, die gemäß § 49 des Aufenthaltsgesetzes erkennungsdienstlich behandelt worden sind, eine Aufenthaltserlaubnis nach § 24 Absatz 1 des Aufenthaltsgesetzes beantragt haben und denen daher eine entsprechende Fiktionsbescheinigung nach § 81 Absatz 5 in Verbindung mit Absatz 4 des Aufenthaltsgesetzes ausgestellt worden ist.

(3) 1Die Absätze 1 und 2 sind bei Personen, denen nach dem 24. Februar 2022 und vor dem 1. Juni 2022 auf Grund eines Antrages auf eine Aufenthaltserlaubnis nach § 24 Absatz 1 des Aufenthaltsgesetzes eine entsprechende Fiktionsbescheinigung nach § 81 Absatz 5 in Verbindung mit Absatz 3 oder Absatz 4 des Aufenthaltsgesetzes ausgestellt worden ist, mit der Maßgabe anzuwenden, dass anstelle der erkennungsdienstlichen Behandlung die Speicherung der Daten nach § 3 Absatz 1 des AZR-Gesetzes erfolgt ist. 2Eine nicht durchgeführte erkennungsdienstliche Behandlung nach § 49 des Aufenthaltsgesetzes oder nach § 16 des Asylgesetzes ist in diesen Fällen durch die zuständige Behörde bis zum Ablauf des 31. Oktober 2022 nachzuholen.

(4) Das Erfordernis des Nachholens einer erkennungsdienstlichen Behandlung in Absatz 3 gilt

6

nicht, soweit eine erkennungsdienstliche Behandlung nach § 49 des Aufenthaltsgesetzes nicht vorgesehen ist.

(5) $_{1}$In der Zeit vom 1. Juni 2022 bis einschließlich 31. August 2022 gilt der Antrag auf Leistungen zur Sicherung des Lebensunterhalts nach diesem Buch für Leistungsberechtigte nach § 18 des Asylbewerberleistungsgesetzes als gestellt. $_{2}$Die Leistungen nach diesem Buch sind gegenüber den Leistungen nach § 18 des Asylbewerberleistungsgesetzes vorrangig. $_{3}$Wenn die Träger der Grundsicherung für Arbeitsuchende Leistungsberechtigten nach § 18 des Asylbewerberleistungsgesetzes laufende Leistungen zur Sicherung des Lebensunterhalts bewilligt haben, haben sie den Zeitpunkt der Aufnahme der laufenden Leistungsgewährung den für die Durchführung des Asylbewerberleistungsgesetzes zuständigen Behörden unverzüglich anzuzeigen. $_{4}$Der für die Durchführung des Asylbewerberleistungsgesetzes zuständigen Behörde stehen Erstattungsansprüche nach Maßgabe des § 104 des Zehnten Buches zu.

**§ 75** (weggefallen)

### § 76 Gesetz zur Weiterentwicklung der Organisation der Grundsicherung für Arbeitsuchende

(1) Nimmt im Gebiet eines kommunalen Trägers nach § 6 Absatz 1 Satz 1 Nummer 2 mehr als eine Arbeitsgemeinschaft nach § 44b in der bis zum 31. Dezember 2010 geltenden Fassung die Aufgaben nach diesem Buch wahr, kann insoweit abweichend von § 44b Absatz 1 Satz 1 mehr als eine gemeinsame Einrichtung gebildet werden.

(2) $_{1}$Bei Wechsel der Trägerschaft oder der Organisationsform tritt der zuständige Träger oder die zuständige Organisationsform an die Stelle des bisherigen Trägers oder der bisherigen Organisationsform; dies gilt auch für laufende Verwaltungs- und Gerichtsverfahren. $_{2}$Die Träger teilen sich alle Tatsachen mit, die zur Vorbereitung eines Wechsels der Organisationsform erforderlich sind. $_{3}$Sie sollen sich auch die zu diesem Zweck erforderlichen Sozialdaten in automatisierter und standardisierter Form übermitteln.

**§ 77** (weggefallen)

**§ 78 (weggefallen)**

### § 79 Achtes Gesetz zur Änderung des Zweiten Buches Sozialgesetzbuch – Ergänzung personalrechtlicher Bestimmungen

(1) Hat ein nach § 40a zur Erstattung verpflichteter Sozialleistungsträger in der Zeit vom 31. Oktober 2012 bis zum 5. Juni 2014 in Unkenntnis des Bestehens der Erstattungspflicht bereits an die leistungsberechtigte Person geleistet, entfällt der Erstattungsanspruch.

(2) Eine spätere Zuweisung von Tätigkeiten in den gemeinsamen Einrichtungen, die nach § 44g Absatz 2 in der bis zum 31. Dezember 2014 geltenden Fassung erfolgt ist, gilt fort.

**§ 80** (weggefallen)

**§ 81** (weggefallen)

### § 82 Gesetz zur Förderung der beruflichen Weiterbildung im Strukturwandel und zur Weiterentwicklung der Ausbildungsförderung

Für Maßnahmen der ausbildungsbegleitenden Hilfen, die bis zum 28. Februar 2021 beginnen und bis zum 30. September 2021, im Fall des § 75 Absatz 2 Satz 2 des Dritten Buches in der bis zum 28. Mai 2020 geltenden Fassung bis zum 31. März 2022, enden, und für Maßnahmen der Assistierten Ausbildung, die bis zum 30. September 2020 beginnen, gelten § 16 Absatz 1 Satz 2 Nummer 3 in der bis zum 28. Mai 2020 geltenden Fassung in Verbindung mit § 450 Absatz 2 Satz 1 und Absatz 3 Satz 1 des Dritten Buches.

### § 83 Übergangsregelung aus Anlass des Gesetzes zur Ermittlung der Regelbedarfe und zur Änderung des Zwölften Buches Sozialgesetzbuch sowie weiterer Gesetze

(1) $_{1}$§ 21 Absatz 4 Satz 1 in der bis zum 31. Dezember 2019 geltenden Fassung ist für erwerbsfähige Leistungsberechtigte mit Behinderungen, bei denen bereits bis zu diesem Zeitpunkt Eingliederungshilfe nach § 54 Absatz 1 Satz 1 Nummer 1 bis 3 des Zwölften Buches erbracht wurde und deswegen ein Mehrbedarf anzuerkennen war, ab dem 1. Januar 2020 für die Dauer der Maßnahme weiter anzuwenden, sofern der zugrundeliegende Maßnahmenbescheid noch wirksam ist. $_{2}$Der Mehrbedarf kann auch nach Beendigung der Maßnahme während einer angemessenen Übergangszeit, vor allem einer Einarbeitungszeit, anerkannt werden.

(2) $_{1}$§ 23 Nummer 2 in der bis zum 31. Dezember 2019 geltenden Fassung ist für nichterwerbsfähige Leistungsberechtigte mit Behinderungen, bei denen bereits bis zu diesem Zeitpunkt Eingliederungshilfe nach § 54 Absatz 1 Satz 1 Nummer 1 und 2 des Zwölften Buches erbracht wurde und deswegen ein Mehrbedarf anzuerkennen war, ab dem 1. Januar 2020 für die Dauer der Maßnahme weiter anzuwenden, sofern der zugrundeliegende Maßnahmenbescheid noch wirksam ist. $_{2}$Der

Mehrbedarf kann auch nach Beendigung der Maßnahme während einer angemessenen Übergangszeit, vor allem einer Einarbeitungszeit, anerkannt werden.

**§ 84** (weggefallen)

### § 85 Übergangsregelung aus Anlass des Wohngeld-Plus-Gesetzes

Abweichend von § 12a Satz 1 sind Leistungsberechtigte für am 31. Dezember 2022 laufende Bewilligungszeiträume oder Bewilligungszeiträume, die in der Zeit vom 1. Januar 2023 bis 30. Juni 2023 beginnen, nicht verpflichtet, Wohngeld nach dem Wohngeldgesetz in Anspruch zu nehmen.

# Verordnung zur Berechnung von Einkommen sowie zur Nichtberücksichtigung von Einkommen und Vermögen beim Bürgergeld (Bürgergeld-Verordnung – Bürgergeld-V)

**Vom 17. Dezember 2007 (BGBl. I S. 2942)**

Zuletzt geändert durch
Zwölftes Gesetz zur Änderung des Zweiten Buches Sozialgesetzbuch und anderer Gesetze – Einführung eines Bürgergeldes (Bürgergeld-Gesetz)
vom 16. Dezember 2022 (BGBl. I S. 2328)

**Inhaltsübersicht**

Auf Grund des § 13 des Zweiten Buches Sozialgesetzbuch – Grundsicherung für Arbeitsuchende – (Artikel 1 des Gesetzes vom 24. Dezember 2003, BGBl. I S. 2954, 2955), der durch Artikel 1 Nr. 11 des Gesetzes vom 20. Juli 2006 (BGBl. I S. 1706) geändert worden ist, verordnet das Bundesministerium für Arbeit und Soziales im Einvernehmen mit dem Bundesministerium der Finanzen:

### § 1 Nicht als Einkommen zu berücksichtigende Einnahmen

(1) Außer den in § 11a des Zweiten Buches Sozialgesetzbuch genannten Einnahmen sind nicht als Einkommen zu berücksichtigen:

1. Einnahmen, wenn sie innerhalb eines Kalendermonats 10 Euro nicht übersteigen,
2. (weggefallen)
3. Einnahmen aus Kapitalvermögen, soweit sie 100 Euro kalenderjährlich nicht übersteigen,
4. nicht steuerpflichtige Einnahmen einer Pflegeperson für Leistungen der Grundpflege und der hauswirtschaftlichen Versorgung,
5. bei Soldaten der Auslandsverwendungszuschlag,
6. die aus Mitteln des Bundes gezahlte Überbrückungsbeihilfe nach Artikel IX Abs. 4 des Abkommens zwischen den Parteien des Nordatlantikvertrages über die Rechtsstellung ihrer Truppen (NATO-Truppenstatut) vom 19. Juni 1951 (BGBl. 1961 II S. 1190) an ehemalige Arbeitnehmer bei den Stationierungsstreitkräften und nach Artikel 5 des Gesetzes zu den Notenwechseln vom 25. September 1990 und 23. September 1991 über die Rechtsstellung der in Deutschland stationierten verbündeten Streitkräfte und zu den Übereinkommen vom 25. September 1990 zur Regelung bestimmter Fragen in Bezug auf Berlin vom 3. Januar 1994 (BGBl. 1994 II S. 26) an ehemalige Arbeitnehmer bei den alliierten Streitkräften in Berlin,
7. nach § 3 Nummer 11c des Einkommensteuergesetzes steuerfrei gewährte Leistungen zur Abmilderung der gestiegenen Verbrauchspreise,
8. Kindergeld für Kinder des Hilfebedürftigen, soweit es nachweislich an das nicht im Haushalt des Hilfebedürftigen lebende Kind weitergeleitet wird,
9. bei Beziehenden von Bürgergeld nach § 19 Absatz 1 Satz 2 des Zweiten Buches Sozialgesetzbuch, die das 15. Lebensjahr noch nicht vollendet haben, Einnahmen aus Erwerbstätigkeit, soweit sie einen Betrag von 100 Euro monatlich nicht übersteigen,
10. nach § 3 Nummer 11a oder 11b des Einkommensteuergesetzes steuerfrei gewährte Leistungen aufgrund der COVID-19-Pandemie sowie den Leistungen nach § 3 Nummer 11a des Einkommensteuergesetzes entsprechende Zahlungen aus den Haushalten des Bundes und der Länder,
11. Verpflegung, die außerhalb der in den §§ 2, 3 und 4 Nummer 4 genannten Einkommensarten bereitgestellt wird,
12. Geldgeschenke an Minderjährige anlässlich der Firmung, Kommunion, Konfirmation oder vergleichbarer religiöser Feste sowie anlässlich der Jugendweihe, soweit sie den in § 12 Absatz 2 Satz 1 Nummer 1a des Zweiten Buches Sozialgesetzbuch genannten Betrag nicht überschreiten,
13. die auf Grund eines Bundesprogramms gezahlten Außerordentlichen Wirtschaftshilfen zur Abfederung von Einnahmeausfällen, die ab dem 2. November 2020 infolge der vorübergehenden Schließung von Betrieben und Einrichtungen entstanden sind (Novemberhilfe und Dezemberhilfe),
14. die pauschalierten Betriebskostenzuschüsse, die auf Grund des Förderelements „Neustarthilfe" des Bundesprogramms Überbrückungshilfe III gezahlt werden,
15. Hilfen zur Beschaffung von Hygiene- oder Gesundheitsartikeln, die auf Grund einer epidemischen Lage von nationaler Tragweite, die vom Deutschen Bundestag gemäß § 5 Absatz 1 Satz 1 des Infektionsschutzgesetzes festgestellt worden ist, aus Mitteln des Bundes oder der Länder gezahlt werden.

(2) $_1$Bei der § 9 Abs. 5 des Zweiten Buches Sozialgesetzbuch zugrunde liegenden Vermutung, dass Verwandte und Verschwägerte an mit ihnen in Haushaltsgemeinschaft lebende Hilfebedürftige Leistungen erbringen, sind die um die Absetzbeträge nach § 11b des Zweiten Buches Sozialgesetzbuch bereinigten Einnahmen in der Regel nicht als Einkommen zu berücksichtigen, soweit sie einen Freibetrag in Höhe des doppelten Betrags des nach § 20 Absatz 2 Satz 1 maßgebenden Regelbedarfs zuzüglich der anteiligen Aufwendungen für Unterkunft und Heizung sowie darüber hinausgehend 50 Prozent der diesen Freibetrag übersteigenden bereinigten Einnahmen nicht überschreiten. $_2$§ 11a des Zweiten Buches Sozialgesetzbuch gilt entsprechend.

(3) $_1$Die Verletztenrente nach dem Siebten Buch Sozialgesetzbuch ist teilweise nicht als Einkommen zu berücksichtigen, wenn sie auf Grund eines in Ausübung der Wehrpflicht bei der Nationalen

6

Volksarmee der ehemaligen Deutschen Demokratischen Republik erlittenen Gesundheitsschadens erbracht wird. 2Dabei bestimmt sich die Höhe des nicht zu berücksichtigenden Betrages nach der Höhe der Grundrente nach § 31 des Bundesversorgungsgesetzes, die für den Grad der Schädigungsfolgen zu zahlen ist, der der jeweiligen Minderung der Erwerbsfähigkeit entspricht. 3Bei einer Minderung der Erwerbsfähigkeit um 20 Prozent beträgt der nicht zu berücksichtigende Betrag zwei Drittel, bei einer Minderung der Erwerbsfähigkeit um 10 Prozent ein Drittel der Mindestgrundrente nach dem Bundesversorgungsgesetz.

### § 2 Berechnung des Einkommens aus nichtselbständiger Arbeit

(1) Bei der Berechnung des Einkommens aus nichtselbständiger Arbeit (§ 14 des Vierten Buches Sozialgesetzbuch) ist von den Bruttoeinnahmen auszugehen.

(2) bis (4) (weggefallen)

(5) 1Bei der Berechnung des Einkommens ist der Wert der vom Arbeitgeber bereitgestellten Vollverpflegung mit täglich 1 Prozent des nach § 20 des Zweiten Buches Sozialgesetzbuch maßgebenden monatlichen Regelbedarfs anzusetzen. 2Wird Teilverpflegung bereitgestellt, entfallen auf das Frühstück ein Anteil von 20 Prozent und auf das Mittag- und Abendessen Anteile von je 40 Prozent des sich nach Satz 1 ergebenden Betrages.

(6) Sonstige Einnahmen in Geldeswert sind mit ihrem Verkehrswert als Einkommen anzusetzen.

(7) Das Einkommen kann nach Anhörung geschätzt werden, wenn

1. Leistungen der Grundsicherung für Arbeitsuchende einmalig oder für kurze Zeit zu erbringen sind oder Einkommen nur für kurze Zeit zu berücksichtigen ist oder
2. die Entscheidung über die Erbringung von Leistungen der Grundsicherung für Arbeitsuchende im Einzelfall keinen Aufschub duldet.

### § 3 Berechnung des Einkommens aus selbständiger Arbeit, Gewerbebetrieb oder Land- und Forstwirtschaft

(1) 1Bei der Berechnung des Einkommens aus selbständiger Arbeit, Gewerbebetrieb oder Land- und Forstwirtschaft ist von den Betriebseinnahmen auszugehen. 2Betriebseinnahmen sind alle aus selbständiger Arbeit, Gewerbebetrieb oder Land- und Forstwirtschaft erzielten Einnahmen, die im Bewilligungszeitraum nach § 41 Absatz 3 des Zweiten Buches Sozialgesetzbuch tatsächlich zufließen. 3Wird eine Erwerbstätigkeit nach Satz 1 nur während eines Teils des Bewilligungszeitraums ausgeübt, ist das Einkommen nur für diesen Zeitraum zu berechnen.

(1a) Nicht zu den Betriebseinnahmen zählen abweichend von Absatz 1 Satz 2 die pauschalierten Betriebskostenzuschüsse, die auf Grund des Förderelements „Neustarthilfe" des Bundesprogramms Überbrückungshilfe III gezahlt werden.

(2) Zur Berechnung des Einkommens sind von den Betriebseinnahmen die im Bewilligungszeitraum tatsächlich geleisteten notwendigen Ausgaben mit Ausnahme der nach § 11b des Zweiten Buches Sozialgesetzbuch abzusetzenden Beträge ohne Rücksicht auf steuerrechtliche Vorschriften abzusetzen.

(3) 1Tatsächliche Ausgaben sollen nicht abgesetzt werden, soweit diese ganz oder teilweise vermeidbar sind oder offensichtlich nicht den Lebensumständen während des Bezuges der Leistungen zur Grundsicherung für Arbeitsuchende entsprechen. 2Nachgewiesene Einnahmen können bei der Berechnung angemessen erhöht werden, wenn anzunehmen ist, dass die nachgewiesene Höhe der Einnahmen offensichtlich nicht den tatsächlichen Einnahmen entspricht. 3Ausgaben können bei der Berechnung nicht abgesetzt werden, soweit das Verhältnis der Ausgaben zu den jeweiligen Erträgen in einem auffälligen Missverhältnis steht. 4Ausgaben sind ferner nicht abzusetzen, soweit für sie Darlehen oder Zuschüsse nach dem Zweiten Buch Sozialgesetzbuch erbracht oder betriebliche Darlehen aufgenommen worden sind. 5Dies gilt auch für Ausgaben, soweit zu deren Finanzierung andere Darlehen verwandt werden.

(4) 1Für jeden Monat ist der Teil des Einkommens zu berücksichtigen, der sich bei der Teilung des Gesamteinkommens im Bewilligungszeitraum durch die Anzahl der Monate im Bewilligungszeitraum ergibt. 2Im Fall des Absatzes 1 Satz 3 gilt als monatliches Einkommen derjenige Teil des Einkommens, der der Anzahl der in den in Absatz 1 Satz 3 genannten Zeitraum fallenden Monate entspricht. 3Von dem Einkommen sind die Beträge nach § 11b des Zweiten Buches Sozialgesetzbuch abzusetzen.

(5) (weggefallen)

(6) (weggefallen)

(7) 1Wird ein Kraftfahrzeug überwiegend betrieblich genutzt, sind die tatsächlich geleisteten notwendigen Ausgaben für dieses Kraftfahrzeug als betriebliche Ausgabe abzusetzen. 2Für private Fahrten sind die Ausgaben um 0,10 Euro für jeden gefahrenen Kilometer zu vermindern. 3Ein Kraftfahrzeug gilt als überwiegend betrieblich genutzt, wenn es zu mindestens 50 Prozent betrieblich genutzt wird. 4Wird ein Kraftfahrzeug überwiegend privat genutzt, sind die tatsächlichen Ausgaben keine Betriebsausgaben. 5Für betriebliche Fahrten

können 0,10 Euro für jeden mit dem privaten Kraftfahrzeug gefahrenen Kilometer abgesetzt werden, soweit der oder die erwerbsfähige Leistungsberechtigte nicht höhere notwendige Ausgaben für Kraftstoff nachweist.

### § 4 Berechnung des Einkommens in sonstigen Fällen

1Für die Berechnung des Einkommens aus Einnahmen, die nicht unter die §§ 2 und 3 fallen, ist § 2 entsprechend anzuwenden. 2Hierzu gehören insbesondere Einnahmen aus

1. Sozialleistungen,
2. Vermietung und Verpachtung,
3. Kapitalvermögen sowie
4. Wehr-, Ersatz- und Freiwilligendienstverhältnissen.

### § 5 Begrenzung abzugsfähiger Ausgaben

1Ausgaben sind höchstens bis zur Höhe der Einnahmen aus derselben Einkunftsart abzuziehen. 2Einkommen darf nicht um Ausgaben einer anderen Einkommensart vermindert werden.

### § 5a Beträge für die Prüfung der Hilfebedürftigkeit

Bei der Prüfung der Hilfebedürftigkeit ist zugrunde zu legen

1. für die Schulausflüge (§ 28 Absatz 2 Satz 1 Nummer 1 des Zweiten Buches Sozialgesetzbuch) ein Betrag von drei Euro monatlich,
2. für die mehrtägigen Klassenfahrten (§ 28 Absatz 2 Satz 1 Nummer 2 des Zweiten Buches Sozialgesetzbuch) monatlich der Betrag, der sich bei der Teilung der Aufwendungen, die für die mehrtägige Klassenfahrt entstehen, auf einen Zeitraum von sechs Monaten ab Beginn des auf den Antrag folgenden Monats ergibt.

### § 6 Pauschbeträge für vom Einkommen abzusetzende Beträge

(1) Als Pauschbeträge sind abzusetzen

1. von dem Einkommen volljähriger Leistungsberechtigter ein Betrag in Höhe von 30 Euro monatlich für die Beiträge zu privaten Versicherungen nach § 11b Absatz 1 Satz 1 Nummer 3 des Zweiten Buches Sozialgesetzbuch, die nach Grund und Höhe angemessen sind,
2. von dem Einkommen Minderjähriger ein Betrag in Höhe von 30 Euro monatlich für die Beiträge zu privaten Versicherungen nach § 11b Absatz 1 Satz 1 Nummer 3 des Zweiten Buches Sozialgesetzbuch, die nach Grund und Höhe angemessen sind, wenn der oder die Minderjährige eine entsprechende Versicherung abgeschlossen hat,
3. von dem Einkommen Leistungsberechtigter monatlich ein Betrag in Höhe eines Zwölftels der zum Zeitpunkt der Entscheidung über den Leistungsanspruch nachgewiesenen Jahresbeiträge zu den gesetzlich vorgeschriebenen Versicherungen nach § 11b Absatz 1 Satz 1 Nummer 3 des Zweiten Buches Sozialgesetzbuch,
4. von dem Einkommen Leistungsberechtigter ein Betrag in Höhe von 3 Prozent des Einkommens, mindestens 5 Euro, für die zu einem geförderten Altersvorsorgevertrag entrichteten Beiträge nach § 11b Absatz 1 Satz 1 Nummer 4 des Zweiten Buches Sozialgesetzbuch; der Prozentwert mindert sich um 1,5 Prozentpunkte je zulageberechtigtes Kind im Haushalt der oder des Leistungsberechtigten,
5. von dem Einkommen Erwerbstätiger für die Beträge nach § 11b Absatz 1 Satz 1 Nummer 5 des Zweiten Buches Sozialgesetzbuch bei Benutzung eines Kraftfahrzeuges für die Fahrt zwischen Wohnung und Arbeitsstätte für Wegstrecken zur Ausübung der Erwerbstätigkeit 0,20 Euro für jeden Entfernungskilometer der kürzesten Straßenverbindung, soweit der oder die erwerbsfähige Leistungsberechtigte nicht höhere notwendige Ausgaben nachweist.

(2) Sofern die Berücksichtigung des Pauschbetrags nach Absatz 1 Nummer 5 im Vergleich zu den bei Benutzung eines zumutbaren öffentlichen Verkehrsmittels anfallenden Fahrtkosten unangemessen hoch ist, sind nur diese als Pauschbetrag abzusetzen.

(3) Für Mehraufwendungen für Verpflegung ist, wenn die erwerbsfähige leistungsberechtigte Person vorübergehend von seiner Wohnung und dem Mittelpunkt seiner dauerhaft angelegten Erwerbstätigkeit entfernt erwerbstätig ist, für jeden Kalendertag, an dem die erwerbsfähige leistungsberechtigte Person wegen dieser vorübergehenden Tätigkeit von seiner Wohnung und dem Tätigkeitsmittelpunkt mindestens zwölf Stunden abwesend ist, ein Pauschbetrag in Höhe von 6 Euro abzusetzen.

### § 7 Nicht zu berücksichtigendes Vermögen

(1) Außer dem in § 12 Abs. 3 des Zweiten Buches Sozialgesetzbuch genannten Vermögen sind Vermögensgegenstände nicht als Vermögen zu berücksichtigen, die zur Aufnahme oder Fortsetzung der Berufsausbildung oder der Erwerbstätigkeit unentbehrlich sind.

(2) Bei der § 9 Abs. 5 des Zweiten Buches Sozialgesetzbuch zu Grunde liegenden Vermutung, dass Verwandte und Verschwägerte an mit ihnen in Haushaltsgemeinschaft lebende Leistungsberechtigte Leistungen erbringen, ist Vermögen nicht zu berücksichtigen, das nach § 12 Abs. 2 des Zweiten Buches Sozialgesetzbuch abzusetzen oder nach

§ 12 Abs. 3 des Zweiten Buches Sozialgesetzbuch nicht zu berücksichtigen ist.

### § 8 Wert des Vermögens

Das Vermögen ist ohne Rücksicht auf steuerrechtliche Vorschriften mit seinem Verkehrswert zu berücksichtigen.

### § 9 Übergangsvorschrift

§ 6 Absatz 1 Nummer 3 und 4 in der ab dem 1. August 2016 geltenden Fassung ist erstmals anzuwenden für Bewilligungszeiträume, die nach dem 31. Juli 2016 begonnen haben.

### § 10 Inkrafttreten, Außerkrafttreten

1Diese Verordnung tritt am 1. Januar 2008 in Kraft. 2Gleichzeitig tritt die Arbeitslosengeld II/Sozialgeld-Verordnung vom 20. Oktober 2004 (BGBl. I S. 2622), zuletzt geändert durch Artikel 3 Abs. 3 der Verordnung vom 21. Dezember 2006 (BGBl. I S. 3385), außer Kraft.

6